Hans-Günter Beyer

Zur Wirkung positiver und negativer Leistungsrückmeldung auf die Problemlösungsleistung, die emotionale Befindlichkeit und die physiologische Aktivierung

Studien zur experimentellen
und klinischen Psychologie
Band 4

Hans-Günter Beyer

Zur Wirkung positiver und negativer Leistungsrückmeldung auf die Problemlösungsleistung, die emotionale Befindlichkeit und die physiologische Aktivierung

E. Weiss

CIP - Kurztitelaufnahme der Deutschen Bibliothek

Beyer, Hans-Günter:
Zur Wirkung positiver und negativer Leistungsrückmeldung auf
die Problemlösungsleistung, die emotionale Befindlichkeit und
die physiologische Aktivierung / Hans-Günter Beyer. –
München; Dreieich : E. Weiss, 1986.
ISBN 3-88753-085-3

D 30

© 1986 by E. Weiss Verlag
Prinzenstr. 48, 8000 München 19 – Veilchenstr. 2, 6072 Dreieich
Alle Rechte, auch die der Übersetzung, vorbehalten. Kein Teil des
Werkes darf in irgendeiner Form, Druck, Fotokopie, Mikrofilm, oder
einem anderen Verfahren, ohne schriftliche Genehmigung des
Verlages reproduziert oder unter Verwendung elektronischer
Systeme verarbeitet, vervielfältigt oder verbreitet werden.
Gesamtherstellung:
E. Weiss Druck und Verlag GmbH, 6072 Dreieich
Printed in Germany

ISBN 3-88753-085-3

VORWORT

Ich möchte mich an dieser Stelle bei all jenen bedanken, die zur Erstellung der vorliegenden Arbeit beigetragen haben.

An erster Stelle gilt mein Dank Prof. Dr. F. Süllwold für die mir entgegengebrachte freundliche Unterstützung in bezug auf thematische, inhaltliche und sachliche Belange. Ebenfalls gilt mein Dank Prof. Dr. W. Bauer für die großzügige Bereitstellung der technischen und räumlichen Voraussetzungen, ohne die eine Erhebung der physiologischen Daten nicht möglich gewesen wäre.

Mein besonderer Dank gilt Dr. G. Weyer und Dipl.-Psych. S. Reiß, die mir mit vielen Anregungen und kritischen Hinweisen in inhaltlicher Hinsicht zur Seite standen. Auch danke ich meiner Kollegin Dipl.-Psych. Ch. Monden-Engelhardt für die klärenden Diskussionen auftretender Fragen.

Herrn Diplom Physiker Dr. M. Wolf danke ich ebenso wie Dipl.-Kaufm. Steve Blythe für ihre Hinweise bei der Erstellung der für die Untersuchungsdurchführung und Auswertung der physiologischen Maße notwendingen Computerprogramme.

Mein spezieller Dank gilt meiner Frau, die auf manche ansonsten ihr zukommende freie Stunde verzichtet hat, damit ich mich dieser Arbeit widmen konnte.

INHALTSVERZEICHNIS

Seite

1	E I N L E I T U N G	1
2	T H E O R E T I S C H E R T E I L	6
2.1	D E N K E N U N D P R O B L E M L Ö S E N	6
2.1.1	DEFINITION DES DENKENS	8
2.1.2	THEORETISCHE MODELLE INNERHALB DER DENKPSYCHOLOGIE	11
2.1.2.1	Psychologische Forschungsansätze zum Denken	13
2.1.2.2	Gestaltpsychologische Denkpsychologie	13
2.1.2.3	Der Problemlösungsprozeß bei DUNCKER	14
2.1.3	METHODEN DER DENKPSYCHOLOGIE	16
2.1.3.1	EINZELDARSTELLUNG DENKPSYCHOLOGISCHER FORSCHUNGSMETHODEN	16
2.1.3.1.1	Die Methode des lautes Denkens	17
2.1.3.1.2	Assoziationsmethode	18
2.1.3.1.3	Retrospektive Analyse von Denkprozessen	18
2.1.3.1.4	Methode der objektiven Beobachtung in der Denkpsychologie	19
2.1.3.1.5	Das Experiment in der Denkpsychologie	19
2.1.3.1.6	Die Methode der Hilfen in der Denkpsychologie	20
2.1.3.1.7	Faktorenanalytische Methoden in der Denkpsychologie	20
2.1.3.1.8	Die Computersimulation in der denkpsychologischen Forschung	21
2.2	E M O T I O N	23
2.2.1	DEFINITION EMOTIONALER PROZESSE	24
2.2.2	KLASSIFIKATIONSANSÄTZE IN DER EMOTIONSPSYCHOLOGIE	25
2.2.3	FUNKTIONALISTISCHE ANSÄTZE IN DER EMOTIONSPSYCHOLOGIE	26
2.2.4	EMOTIONSTHEORETISCHE EMOTIONSMODELLE EINZELNER AUTOREN	27
2.2.4.1	Der emotionstheoretische Ansatz von SCHACHTER	27
2.2.4.2	Der emotionstheoretische Ansatz von LAZARUS	28
2.2.4.3	Der emotionstheoretische Ansatz von WEINER	32
2.2.4.4	Der emotionstheoretische Ansatz von PLUTCHIK	33
2.2.4.5	Der emotionstheoretische Ansatz von IZARD	37

2.2.5	AKTIVATION UND LEISTUNG	38
2.3	MOTIVATION	40
2.3.1	LEISTUNGSMOTIVATION, ANSPRUCHSNIVEAU IN IHRER BEZIEHUNG ZU ERFOLG UND MISSERFOLG	42
2.4	ZUSAMMENFASSUNG DES THEORETISCHEN TEILS	46
2.5	EXPERIMENTELLE ARBEITEN ZUR WIRKUNG VON ERFOLGS- UND MISSERFOLGSRÜCKMELDUNG	47
2.6	ABLEITUNG DER FRAGESTELLUNG	50
2.7	HYPOTHESEN	52
2.7.1	Allgemeine Hypothesen	52
3	METHODEN	53
3.1	UNTERSUCHUNGSPLANUNG	53
3.1.1	AUSWAHL DES UNTERSUCHUNGSMATERIALS	53
3.1.1.1	Auswahl des verwendeten Aufgabentyps	56
3.2	AUSWAHL DER UNABHÄNGIGEN VARIABLEN	59
3.3	DIE LEISTUNGSRÜCKMELDUNG ALS GRUPPENBILDENDE VARIABLE	60
3.3.1	Gestaltung der gruppenspezifischen Leistungsrückmeldungen	61
3.4	FESTLEGUNG UND AUFBAU DER UNTERSUCHUNGSPHASEN	65
3.4.1	PLANUNG DER UNTERSUCHUNGSPHASEN	65
3.4.2	BESCHREIBUNG DER UNTERSUCHUNGSSITUATIONEN	66
3.4.2.1	Erste Ruhesituation (R1)	66
3.4.2.2	Aufgabeninstruktion	66
3.4.2.3	Erste zu bearbeitende Aufgabe (A1)	67
3.4.2.4	Bearbeitung der Schätzaufgaben (SCH)	67
3.4.2.5	Mittlere Ruhephase (RM)	69
3.4.2.6	Rückmeldephase (RÜ)	69
3.4.2.7	Kriterienaufgaben (KR)	69
3.4.2.8	Zweite Ruhesituation (R2)	70
3.4.3	STRUKTUR DER UNTERSUCHUNGSSITUATIONEN	70

3.5	SYNCHRONISATION DER DATENERHEBUNG IN DEN UNTERSUCHUNGSPHASEN	74
3.6	ERHEBUNG DER PERSÖNLICHKEITSDATEN	76
3.7	OPERATIONALISIERUNG DER ABHÄNGIGEN VARIABLEN	76
3.7.1	ERFASSUNG DER LEISTUNGSGÜTE BEI DEN PROBLEMLÖSEAUFGABEN	77
3.7.2	ERFASSUNG DER EMOTIONALEN BEFINDLICHKEIT	78
3.7.2.1	Auswahl der Skala zur Erfassung der emotionalen Befindlichkeit	78
3.7.2.2	Klassifikation der emotionalen Selbstbeschreibungen in dem Fragebogen zur Erfassung der emotionalen Befindlichkeit	81
3.7.3	AUSWAHL DER PHYSIOLOGISCHEN VARIABLEN	84
3.7.3.1	Die Herzperiode (HP)	86
3.7.3.2	Die Fingerpulsamplitude (FPA)	88
3.7.3.3	Die Pulswellenlaufzeit (PLZ)	91
3.7.3.4	Die Hautleitfähigkeit (LEIT)	93
3.7.3.5	Das Elektromyogramm (EMG)	95
3.7.4	METHODENPROBLEME BEI DER ERHEBUNG UND AUSWERTUNG PHYSIOLOGISCHER VARIABLEN	98
3.7.4.1	SPEZIFITÄTSPROBLEME PHYSIOLOGISCHER MASSE	98
3.7.4.1.1	Individualspezifische Reaktionsmuster (ISR)	98
3.7.4.1.2	Stimulusspezifische Reaktionsmuster (SSR)	99
3.7.4.1.3	Motivationsspezifische Reaktionsmuster (MSR)	100
3.7.4.2	BIOMETRISCHE PROBLEME	101
3.7.4.2.1	Generalität der Aktivierungsindikatoren	102
3.7.4.2.2	Mehrdeutigkeit isolierter Meßwerte	102
3.7.4.2.3	Bestimmung von Reaktionswerten	102
3.7.4.2.4	Das Ausgangswertproblem	105
3.8	AUSWAHL DER PERSÖNLICHKEITSFRAGEBOGEN	106
3.8.1	Zur Auswahl einzelner Persönlichkeitsmerkmale	107
3.8.2	Zur Attribution von Erfolg und Mißerfolg	109
3.8.3	Erhebungsverfahren der Persönlichkeitsmerkmale	111
3.8.4	Die Prüferwahlaufgabe	113

3.9	UNTERSUCHUNGSDURCHFÜHRUNG	116
3.9.1	VERSUCHSPERSONEN	116
3.9.2	TECHNISCHE EINRICHTUNGEN	117
3.9.2.1	Räumlichkeiten	117
3.9.2.2	Apparativer Untersuchungsaufbau	118
3.9.3	UNTERSUCHUNGSABLAUF	119
3.10	AUSWERTEMETHODIK	124
3.10.1	ÜBERLEGUNGEN ZUM EINSATZ VON MULTIVARIATEN VARIANZANALYSEN BEI DER AUSWERTUNG DER ABHÄNGIGEN VARIABLEN	124
3.10.1.1	Vorüberlegungen zur univariaten varianzanalytischen Auswertung der Daten	127
3.10.1.2	Zur Prüfung von Mittelwertunterschieden zwischen Faktorstufen anhand orthogonaler Kontraste	129
3.10.1.3	Festlegung des Signifikanzniveaus der orthogonalen Kontraste	130
3.11	FORMULIERUNG DER SPEZIFISCHEN HYPOTHESEN	132
3.11.1	Spezifische Hypothesen zu den Leistungsvariablen	132
3.11.2	Spezifische Hypothesen zu den Daten der emotionalen Befindlichkeit	133
3.11.3	Spezifische Hypothesen zu den physiologischen Variablen	134
3.12	BILDUNG DER ORTHOGONALER KONTRASTE FÜR DIE FAKTOREN DES EXPERIMENTELLEN DESIGNS	135
3.12.1	Mittelwertprüfung für den Faktor Gruppe (GR)	135
3.12.2	Mittelwertsprüfung für den Faktor Geschlecht (MW)	137
3.12.3	Mittelwertsprüfung für den Verlaufsfaktor	137
3.12.3.1	Orthogonale Kontraste für den Verlaufsfaktor bei den Leistungsvariablen	137
3.12.3.2	Orthogonale Kontraste für den Verlaufsfaktor bei der Variablen emotionale Befindlichkeit	138
3.12.3.3	Orthogonale Kontraste für die physiologischen Variablen	139
3.13	ÜBERLEGUNGEN ZUR STATISTISCHEN AUSWERTUNG DER PHYSIOLOGISCHEN VARIABLEN	142
3.14	ZUR DATENAUSWERTUNG MITTELS STATISTISCHER PROGRAMMPAKETE	143
3.15	AUFZEICHNUNG UND AUSWERTUNG DER PHYSIOLOGISCHEN PARAMETER	143
3.15.1	Datenaufzeichnung	143
3.15.2	Datenauswertung	144

4	ERGEBNISTEIL	145
4.1	AUSWERTUNG DER LEISTUNGSDATEN	145
4.1.1	Multivariate Auswertung der Leistungsvariablen	145
4.1.2	Varianzanalytische Ergebnisse für die Anzahl der benötigten Züge bis zur Lösung der Aufgaben	147
4.1.3	Varianzanalytische Ergebnisse für die transformierten Lösungszeiten der Problemlöseaufgaben	154
4.2	VARIANZANALYTISCHE ERGEBNISSE FÜR DAS AUSMASS EMOTIONALEN MISSEMPFINDENS	159
4.2.1	Einzelbetrachtung der Items zum emotionalen Befinden	165
4.3	DARSTELLUNG DER VARIANZANALYTISCHEN ERGEBNISSE FÜR DIE PHYSIOLOGISCHEN VARIABLEN	171
4.3.1	Varianzanalytische Ergebnisse für die Variable Fingerpulsamplitude (FPA)	171
4.3.2	Varianzanalytische Ergebnisse für die Variable Herzperiode (HP)	175
4.3.3	Varianzanalytische Ergebnisse für die Variable Pulswellenlaufzeit (PLZ)	177
4.3.4	Varianzanalytische Ergebnisse für die Variable Hautleitfähigkeit (LEIT)	181
4.3.5	Varianzanalytische Ergebnisse für die Anzahl erfolgter Resets innerhalb des Elektromyogramms (NEMG)	184
4.4	ERGEBNISSE DER NACHBEFRAGUNG ZUM VERSUCHSERLEBEN	187
5	DISKUSSION	193
5.1	DISKUSSION DER ERGEBNISSE DES LEISTUNGSBEREICHS	193
5.2	DISKUSSION DER ERGEBNISSE ZUR EMOTIONALEN BEFINDLICHKEIT	198
5.3	DISKUSSION DER ERGEBNISSE ZU DEN ERHOBENEN PHYSIOLOGISCHEN VARIABLEN	199
5.4	DISKUSSION DER VERSUCHSLEITER-VEPSUCHSPERSONEN INTERAKTION	201
5.5	DISKUSSION DER EXPERIMENTELLEN MANIPULATION DIE GRUPPENBILDUNG BETREFFEND	202
5.6	DISKUSSION DES AKTIVATIONSTHEORETISCHEN ERKLÄRUNGS-ANSATZES	203
5.7	ZUR GENERALISIERBARKEIT DER ERGEBNISSE	204

6	AUSBLICK	209
7	GESAMTZUSAMMENFASSUNG	210
	LITERATUR	219
	ANHANG	240

TABELLENVERZEICHNIS:

SEITE

TABELLE 1
SPEARMAN RANGKORRELATIONEN DER ANZAHL BENÖTIGTER 125
ZÜGE UND TRANSFORMIERTE LÖSUNGSZEITEN FÜR DIE VIER
ZU BEARBEITENDEN UMORDNUNGSAUFGABEN

TABELLE 2
GRUPPENMITTELWERTE DER ANZAHL BENÖTIGTER ZÜGE 147

TABELLE 3
ERGEBNISSE DER DREIFAKTORIELLEN VARIANZANALYSE FÜR 147
DIE ANZAHL DER ERFOLGTEN ZÜGE IN DEN VIER PROBLEM-
LÖSEAUFGABEN

TABELLE 4
ERGEBNISTABELLE DER ORTHOGONALEN KONTRASTE FÜR DIE 148
ANZAHL DER BENÖTIGTEN ZÜGE PRO AUFGABE

TABELLE 5
GRUPPENMITTELWERTE DER TRANSFORMIERTEN LÖSUNGSZEITEN 154
($x'=100/x*$) FÜR DIE VIER UMORDNUNGSAUFGABEN

TABELLE 6
GRUPPENMITTELWERTE DER UNTRANSFORMIERTEN LÖSUNGS- 154
ZEITEN IN SEKUNDEN FÜR DIE VIER UMORDNUNGSAUFGABEN
(A1, K1, K2, K3)

TABELLE 7
ERGEBNISSE DER DREIFAKTORIELLEN VARIANZANALYSE FÜR 155
DIE TRANSFORMIERTEN LÖSUNGSZEITEN DER VIER PROBLEM-
LÖSEAUFGABEN

TABELLE 8
ERGEBNISTABELLE DER ORTHOGONALEN KONTRASTE FÜR DIE 156
TRANSFORMIERTEN LÖSUNGSZEITEN DER DENKAUFGABEN

TABELLE 9
GRUPPENMITTELWERTE FÜR DAS EMOTIONALE BEFINDEN ZU 159
DEN FÜNF MESSZEITPUNKTEN

TABELLE 10
ERGEBNISSE DER DREIFAKTORIELLEN VARIANZANALYSE FÜR 160
DIE EMOTIONALE BEFINDLICHKEIT ERFASST MIT DEM A-
STATE FRAGEBOGEN VON SPIELBERGER

TABELLE 11
ERGEBNISTABELLE DER ORTHOGONALEN KONTRASTE 160

TABELLE 12
STATISTISCHE ERGEBNISSE FÜR DIE EINZELITEMS DER SKALA 168
ZUR EMOTIONALEN BEFINDLICHKEIT IN DER VOREXPERIMEN-
TELLEN UNTERSUCHUNGSSITUATION

TABELLE 13
STATISTISCHE ERGEBNISSE FÜR DIE EINZELITEMS DER 170
SKALA ZUR EMOTIONALEN BEFINDLICHKEIT IN DER
SITUATION NACH ERFOLGTER GRUPPENSPEZIFISCHER
LEISTUNGSRÜCKMELDUNG

SEITE

TABELLE 14
MITTELWERTE DER INTRAINDIVIDUELL GEWONNENEN 173
DIFFERENZWERTE DER FINGERPULSAMPLITUDE (FPA) FÜR
DIE SECHS UNTERSUCHUNGSGRUPPEN UND ACHT UNTER-
SUCHUNGSPHASEN (R1-R2)

TABELLE 15
ERGEBNISSE DER DREIFAKTORIELLEN VARIANZANALYSE MIT 173
MESSWIEDERHOLUNG FÜR DIE FINGERPULSAMPLITUDE (FPA)

TABELLE 16
ERGEBNISTABELLE DER ORTHOGONALEN KONTRASTE FÜR 174
DIE FINGERPULSAMPLITUDE (FPA)

TABELLE 17
MITTELWERTE DER INTRAINDIVIDUELL GEWONNENEN 176
DIFFERENZWERTE DER HERZPERIODE (HP) FÜR DIE SECHS
UNTERSUCHUNGSGRUPPEN IN ACHT UNTERSUCHUNGS-
SITUATIONEN

TABELLE 18
ERGEBNISSE DER DREIFAKTORIELLEN VARIANZANALYSE MIT 176
MESSWIEDERHOLUNG FÜR DIE HERZPERIODE (HP)

TABELLE 19
ERGEBNISTABELLE DER ORTHOGONALEN KONTRASTE FÜR 178
DIE HERZPERIODE (HP)

TABELLE 20
MITTELWERTE DER INTRAINDIVIDUELL GEWONNENEN 179
DIFFERENZWERTE DER PULSWELLENLAUFZEIT (PLZ) FÜR
DIE SECHS UNTERSUCHUNGSGRUPPEN UND ACHT
UNTERSUCHUNGSPHASEN

TABELLE 21
ERGEBNISSE DER DREIFAKTORIELLEN VARIANZANALYSE MIT 179
MESSWIEDERHOLUNG FÜR DIE PULSLAUFZEIT (PLZ)

TABELLE 22
ERGEBNISTABELLE DER ORTHOGONALEN KONTRASTE FÜR 180
DIE PULSLAUFZEIT (PLZ)

TABELLE 23
MITTELWERTE DER INTRAINDIVIDUELL GEWONNENEN 182
DIFFERENZWERTE DER HAUTLEITFÄHIGKEIT (LEIT) FÜR
DIE SECHS UNTERSUCHUNGSGRUPPEN UND ACHT UNTER-
SUCHUNGSPHASEN

TABELLE 24
ERGEBNISSE DER DREIFAKTORIELLEN VARIANZANALYSE MIT 182
MESSWIEDERHOLUNG FÜR DIE VARIABLE HAUTLEIT-
FÄHIGKEIT (LEIT)

TABELLE 25
ERGEBNISTABELLE DER ORTHOGONALEN KONTRASTE FÜR DIE 183
VARIABLE HAUTLEITFÄHIGKEIT (LEIT)

TABELLE 26
MITTELWERTE DER INTRAINDIVIDUELL GEWONNENEN 186
DIFFERENZWERTE DER ANZAHL ERFOLGTER RESETS IM
ELEKTROMYOGRAMM (EMG) FÜR DIE SECHS UNTERSUCHUNGS-
GRUPPEN UND ACHT UNTERSUCHUNGSPHASEN

SEITE

TABELLE 27
ERGEBNISSE DER DREIFAKTORIELLEN VARIANZANALYSE MIT　186
MESSWIEDERHOLUNG FÜR DIE ANZAHL DER ERFOLGTEN
RESETS IN DER VARIABLEN MUSKELSPANNUNG (NEMG)

TABELLE 28
ERGEBNISTABELLE DER ORTHOGONALEN KONTRASTE FÜR DIE　187
VARIABLE (NEMG)

TABELLE 29
ERGEBNISTABELLE DER KRUSKAL-WALLIS RANGVARIANZ-　190
ANALYSEN UND ORTHOGONALEN KONTRASTE ZWISCHEN DEN
UNTERSUCHUNGSRUPPEN FÜR DIE ITEMS DER NACH-
BEFRAGUNG

TABELLE 30
MITTELWERTE DER NACHBEFRAGUNGS-ITEMS, DIE SICH　191
ZWISCHEN DEN UNTERSUCHUNGSGRUPPEN UNTERSCHEIDEN

TABELLE 31
MITTELWERTE DER SIGNIFIKANTEN ITEMS DER NACH-　192
BEFRAGUNG FÜR DIE ORTHOGONALEN KONTRASTE ZWISCHEN
DER KONTROLLGRUPPE (KON) UND DEN ZUSAMMENGEFASSTEN
EXPERIMENTALGRUPPEN (EXP)

VERZEICHNIS DER ABBILDUNGEN

SEITE

ABBILDUNG 1
ZUSAMMENHANG ZWISCHEN KAUSALATTRIBUTIONEN UND
GEFÜHLEN IN ABHÄNGIGKEIT VON HANDLUNGSRESULTATEN
NACH WEINER (1980, S. 5)
32

ABBILDUNG 2 :
DIE DEN ACHT PRIMÄREMOTIONEN VON PLUTCHIK ZUGEORD-
NETEN PROTOTYPEN ADAPTIVEN VERHALTENS (PLUTCHIK
1980 S. 16)
33

ABBILDUNG 3 :
KREISDARSTELLUNG DER EMOTIONEN IM EMOTIONS-
THEORETISCHEN MODELL NACH PLUTCHIK (1980, S. 11)
34

ABBILDUNG 4 :
HALBKUGELDARSTELLUNG DER PRIMÄREMOTIONEN IM EMOTIONS-
THEORETISCHEN MODELL PLUTCHIK'S (1980, S. 10)
34

ABBILDUNG 5 :
ZWEIDIMENSIONALE KLASSIFIKATIONSSCHEMA FÜR DIE
WAHRGENOMMENEN URSACHEN VON ERFOLG UND MISSERFOLG
(WEINER 1984, S. 270)
44

ABBILDUNG 6
DREIFAKTORIELLER UNTERSUCHUNGSPLAN MIT DEN
FAKTOREN GRUPPE (GR; ERF,MIS,KON), GESCHLECHT (MW;
M,W) UND VERLAUF (V; S_1 -S_N)
58

ABBILDUNG 7
ABFOLGE DER UNTERSUCHUNGSSITUATION UND DER ZEITDAUER
69

ABBILDUNG 8
VERANSCHAULICHUNG DER ABFOLGE DER UNTER-
SUCHUNGSPHASEN UND DEREN IN DIE AUSWERTUNG
EINGEHENDEN LÄNGE IN SEKUNDEN
72

ABBILDUNG 9 :
DARSTELLUNG DES POLYGRAFISCH AUFGEZEICHNETEN
ANALOG VORVERARBEITETEN EKGs
87

ABBILDUNG 10
DARSTELLUNG DES POLYGRAFISCH AUFGEZEICHNETEN
PHOTOPLETHYSMOGRAMMS AM MITTELFINGER DER LINKEN
HAND
89

ABBILDUNG 11
DARSTELLUNG DER POLYGRAFISCH AUFGEZEICHNETEN
PULSWELLENLAUFZEIT
91

ABBILDUNG 12 :
DARSTELLUNG DER POLYGRAFISCH AUFGEZEICHNETEN
HAUTLEITFÄHIGKEIT
93

ABBILDUNG 13 :
BEFESTIGUNG DER ELEKTRODEN AM UNTERARM NACH
ANDREASSIE (1980, S. 155).
95

ABBILDUNG 14
DARSTELLUNG DES POLYGRAFISCH AUFGEZEICHNETEN
ELEKTROMYOGRAMMS
96

	SEITE
ABBILDUNG 15 : NOTENVERTEILUNG DER IN DER PRÜFERWAHLAUFGABE VORGEGEBENEN PRÜFER A (LINKS) und B (RECHTS)	114
ABBILDUNG 16 SKIZZE DER UNTERSUCHUNGSRÄUME UND DES TECHNISCHEN UNTERSUCHUNGSAUFBAUS	117
ABBILDUNG 17 ORTHOGONALE KONTRASTE FÜR DEN GRUPPENFAKTOR	136
ABBILDUNG 18 ORTHOGONALE KONTRASTE INNERHALB DES VERLAUFS- FAKTORS FÜR DIE LEISTUNGSVARIABLEN	138
ABBILDUNG 19 ORTHOGONALE KONTRASTE INNERHALB DES VERLAUFS- FAKTORS FÜR DIE EMOTIONALE BEFINDLICHKEIT	139
ABBILDUNG 20 ORTHOGONALE KONTRASTE INNERHALB DES VERLAUFS- FAKTORS FÜR DIE PHYSIOLOGISCHEN VARIABLEN	140
ABBILDUNG 21 DARSTELLUNG DER ANZAHL BENÖTIGTER ZÜGE ÜBER DIE DREI KRITERIENAUFGABEN (K1,K2,K3) FÜR DIE FRAUEN UND MÄNNER DER MISSERFOLGSGRUPPE	149
ABBILDUNG 22 DARSTELLUNG DER ANZAHL VON ZÜGEN ÜBER DIE DREI KRITERIENAUFGABEN (K1,K2,K3) FÜR DIE FRAUEN UND MÄNNER DER KONTROLLGRUPPE	150
ABBILDUNG 23 ANZAHL BENÖTIGTER ZÜGE FÜR ERFOLGSGRUPPE (ERF) UND MISSERFOLGSGRUPPE (MIS) IN DER ERSTEN ZU BEARBEITENDEN AUFGABE (A1) UND IN DEM MITTELWERT DER DREI KRITERIENAUFABEN (KR)	152
ABBILDUNG 24 ANZAHL BENÖTIGTER ZÜGE FÜR DIE EXPERIMENTALGRUPPEN (EXP) UND DIE KONTROLLGRUPPE (KON) IN DER ERSTEN ZU BEARBEITENDEN AUFGABE (A1) UND IN DEM MITTELWERT DER DREI KRITERIENAUFABEN (KR)	152
ABBILDUNG 25 TRANSFORMIERTE LÖSUNGSZEITEN FÜR DIE EXPERIMENTAL- GRUPPEN (EXP) UND DIE KONTROLLGRUPPE (KON) FÜR DIE DREI KRITERIENAUFGABEN (K1, K2, K3)	157
ABBILDUNG 26 TRANSFORMIERTE LÖSUNGSZEITEN FÜR DIE EXPERIMENTAL- GRUPPEN (EXP) UND DIE KONTROLLGRUPPE (KON) FÜR DIE DREI KRITERIENAUFGABEN (K1,K2,K3)	158
ABBILDUNG 27 MITTELWERTE DES A-STATE-FRAGEBOGENS (AUSMASS EMOTIONALEN MISSEMPFINDENS) FÜR DIE ERFOLGSGRUPPE (ERF), MISSERFOLGSGRUPPE (MIS) UND KONTROLLGRUPPE (KON) IN FÜNF UNTERSUCHUNGSPHASEN	162

	SEITE
ABBILDUNG 28 MITTELWERTE DES A-STATE-FRAGEBOGENS FÜR DIE ERSTE ZU BEARBEITENDE AUFGABE (A1) UND DIE KRITERIEN-AUFGABEN (KR) ZWISCHEN DER ERFOLGSGRUPPE (ERF) UND DER MISSERFOLGSGRUPPE (MIS)	163
ABBILDUNG 29 MITTELWERTE DES A-STATE-FRAGEBOGENS FÜR DIE ERSTE RUHEPHASE (R1) UND DIE RÜCKMELDEPHASE (RÜ) ZWISCHEN DER ERFOLGSGRUPPE (ERF) UND DER MISSERFOLGSGRUPPE (MIS)	164
ABBILDUNG 30 MITTELWERTE DES A-STATE-FRAGEBOGENS (AUSMASS EMOTIONALEN MISSEMPFINDENS) IN DER ERSTEN RUHEPHASE (R1) UND DER RÜCKMELDEPHASE (RÜ) FÜR DIE ZUSAMMENGEFASSTEN EXPERIMENTALGRUPPEN (EXP) UND DIE KONTROLLGRUPPE (KON)	166
ABBILDUNG 31 FINGERPULSAMPLITUDENWERTE (FPA) ÜBER DIE DREI KRITERIENAUFGABEN (K1, K2, K3) FÜR DIE ERFOLGS-GRUPPE (ERF) UND DIE MISSERFOLGSGRUPPE (MIS) (K1, K2, K3).	175
ABBILDUNG 32 PULSWELLENLAUFZEIT DER ERFOLGSGRUPPE (ERF) UND DER MISSERFOLGSGRUPPE (MIS) FÜR DIE DREI KRITERIEN-AUFGABEN (K1,K2,K3)	181
ABBILDUNG 33 VERLAUF DER LEITFÄHIGKEIT ÜBER DIE DREI KRITERIEN-AUFGABEN (K1,K2,K3) FÜR DIE ERFOLGSGRUPPE (ERF) UND DIE MISSERFOLGSGRUPPE (MIS)	184
ABBILDUNG 34 ANZAHL ERFOLGTER RESETS IM ELEKTROMYOGRAMM FÜR DIE ZUSAMMENGEFASSTEN EXPERIMENTALGRUPPEN (EXP) UND DIE KONTROLLGRUPPE (KON) IN DER MITTLEREN RUHEPHASE (RM) UND DER LEISTUNGSRÜCKMELDEPHASE (RÜ)	188

1 EINLEITUNG

Schon immer interessierte den Menschen die Frage, wie Denken sich vollzieht, was die Grundlage des Denkens ist und welche Bedingungen sich fördernd oder hemmend auf das Denken auswirken.

Untersuchungen zum Denken sind bereits in den frühesten Ansätzen der Psychologie zu finden. Während sich die ersten Untersuchungen introspektiver Methodik bedienten, bestanden die ersten experimentellen Ansätze in der Vorgabe von Problemlöseaufgaben, deren Struktur dem Untersucher ebenso gut bekannt war wie die Lösungen der Aufgaben.

Neben den Fragen, die den Denkprozeß selbst betreffen, gilt es zu klären, welche Randbedingungen des Problemlöseprozesses die Leistungsgüte beim Problemlösung beeinflussen. Diese Randbedingungen können zum einen Leistungsverbesserungen, zum anderen aber auch Leistungsverschlechterungen in der Problemlöseleistung bewirken.

Unter Randbedingungen sind solche Umstände zu verstehen, die direkt nichts mit dem Finden der Problemlösung zu tun haben, aber trotzdem die Lösung erleichtern oder erschweren. Als Beispiele können die Wirkung von störenden Geräuschen, Ermüdung, Über- bzw. Unterforderung, Set-Bildung oder der Einfluß emotionaler Zustände genannt werden.

Die frühesten Ergebnisse zur Wirkung nicht unmittelbar zur Problemlösung gehöriger störender emotionaler Zustände wurden unter dem Begriff der affektiven Denkhemmung zusammengefaßt. Dem Begriff der affektiven Denkhemmung liegt die Beobachtung zugrunde, daß Personen, die aufgrund von Zeitdruck oder anderen Bedingungen emotional erregt waren, schlechtere Problemlöseleistungen erbrachten als Personen ohne emotionale Erregung oder die gleiche Person unter emotional neutralen Bedingungen.

Der Begriff der affektiven Denkhemmung findet heute zur Charakterisierung des gleichen Sachverhalts nur noch selten Verwendung. An seine Stelle ist der von SELYE eingeführte Begriff Streß getreten.

Während für den Begriff der affektiven Denkhemmung eine recht präzise Definition erfolgen kann, ist dies für den Begriff Streß nicht ohne weiteres der Fall. Hierfür lassen sich mehrere Gründe anführen. Während sich der

Streßbegriff auf eine Vielzahl von Gegenstandsbereichen bezieht und zur Charakterisierung der Auswirkung einer Streßwirkung in den unterschiedlichsten Variablenbereichen und den dort verwendeten Indikatoren eingesetzt wird, bezieht sich der Begriff der affektiven Denkhemmung allein auf die Wirkung emotionaler Erregung auf das Denken.

Weiter ist zu bemerken, daß die Übernahme des Streßbegriffs in den alltäglichen Sprachgebrauch zu einer zusätzlichen Ausweitung des Bedeutungsgehaltes führte. Unter Streß wird heute umgangssprachlich vornehmlich die arbeitsmäßige Überlastung unter Zeitdruck verstanden. Ursprünglich wurde Streß von SELYE (1953, 1956, 1969, 1974) als generelle physiologische Anpassungsreaktion auf körperlich-physiologisch schädigend wirkende Reize konzipiert.

Eine Anpassung des Streßkonzepts in den psychologischen Bereich erfolgte über verhaltensbiologische Ansätze. Dem schädigenden Einfluß von körperlich wirkenden Stressoren wie Krankheitserreger, Verletzung, Vergiftungen und ähnlichem wurden psychologisch wirkenden Stressoren der Überforderung verschiedenster Art gleichgestellt. Der physiologischen Anpassungsreaktion wurde die psychologische Anpassungsreaktion unter dem Stichwort der Streßbewältigung bzw. des Coping gegenübergestellt.

Trotz des Unterschieds zwischen dem Begriff der affektiven Denkhemmung und dem Begriff Streß haben beide Gemeinsamkeiten. Beide beschreiben unter anderem eine negative Wirkung von wie auch immer gearteten emotionalen Bedingungen auf den Leistungsbereich und damit auch auf das Problemlösen.

Unter den "wie auch immer gearteten Bedingungen" wird in aller Regel die Wirkung von belastenden Situationen verstanden. Betrachtet man die Untersuchungen zur Wirkung von emotionaler Belastung auf die Leistung, werden dort, ebenso wie in vielen Streßuntersuchungen, durch die Vorgabe von unlösbaren Aufgaben, die Schaffung von Zeitdruck und die Rückmeldung von Fehlern und Mißerfolgen bei den Vpn negative Emotionen ausgelöst, die zu einer Reduktion der Problemlöseleistung führen. Begrifflich kann deshalb sowohl das Konstrukt der affektiven Denkhemmung als auch der Streßwirkung herangezogen werden.

Aus dem Begriff der affektiven Denkhemmung kann aber ebensowenig wie aus der von SELYE ursprünglich erfolgten Definition von Streß auf die Wirksamkeit von positiv erlebten Situationen geschlossen werden.

Der Begriff der affektiven Denkhemmung läßt von sich aus offen, ob es sich bei der affektiven Erregung um eine emotional negative oder emotional positive affektive Erregung handelt. Da die affektive Denkhemmung allerdings bisher fast ausschließlich zur Beschreibung von emotional negativ erlebten Situationen gebraucht wurde, stellt sich die Frage, ob der Begriff zutreffend gewählt wurde.

Demgegenüber stellt SELYE, über seine frühe Streßdefinition hinausgehend, zwei Streßarten in seinem Streßkonzept vor: Disstreß als Reaktion auf schädigende, negativ erlebte Stimuli und demgegenüber Eustreß als lebensförderliche oder positiv erlebte Stimuli.

Während die meisten der bislang vorliegenden Untersuchungen sich mit der Wirkung von negativ erlebten Untersuchungsbedingungen auf die Denkleistung beschäftigen, liegen im Vergleich hierzu nur wenige Arbeiten vor, die unter anderem die Wirkung positiver emotionaler Zustände auf die Denkleistung in den Mittelpunkt ihres Interesses stellten (BAYTON & WHYTE 1950, CRAPARO et al. 1981, GATES & RISSELAND 1923, GREENBERG 1978, HARVEY 1982, HELM 1954, 1958, HOPPE 1930, RAAHEIM & KAUFMANN 1972, RESTLE 1962, SHROUGER & ROSENBERG 1970, SYNDER & KATAHN 1973, WEINER 1966).

Diese Untersuchungen wendeten verschiedene Verfahren an, um positive emotionale Zustände bei den Vpn zu induzieren:

    1.) Rückmeldung von falschen erfolgvermittelnden Leistungsbeurteilungen.

    2.) Vorgabe von relativ leichten Aufgaben, die als besonders schwer ausgegeben werden.

Die Rückmeldung von Erfolg zur Induktion von "Eustreß" analog zu der ansonsten üblichen Rückmeldung von Mißerfolg zur Induktion von "Dißstreß" erscheint eine sinnvolle Vorgehensweise zu sein.

Werden durch die Rückmeldung von Mißerfolg negative Emotionen hervorgerufen, ist zu erwarten, daß die Rückmeldung von Erfolg positive Emotionen verursacht. Entsprechende Überlegungen findet man bei mehreren namhaften Autoren, wie die folgenden Zitate belegen.

"Erfolg beim Problemlösen wird Freude erzeugen, vielleicht auch Stolz und Triumph." (DÖRNER 1984, S. 16)

"... Freude kann aus den verschiedensten Stadien kreativer Bestrebungen folgen, aus Entdeckung, aus der Vollendung eines kreativen Prozesses oder aus Triumph." (IZARD 1981, S.275)

"Als mit Erfolg und Mißerfolg einhergehende Selbstbelohnungen und Selbstbestrafungen werden hier Gefühle des Stolzes und der Beschämung aufgefaßt, die die Wahrnehmung begleiten ... " (WEINER 1975, S. 15).

Darüber hinaus können Überlegungen angestellt werden, aus denen die Wichtigkeit von Rückmeldungen für die handelnde Person deutlich wird.

In der Interaktion einer Person mit ihrer materiell-physikalischen und sozialen Umwelt werden von jeder Person Handlungen ausgeführt. Diese führen zu Rückmeldungen, die die Handlung anhand der eintretenden Handlungskonsequenzen bewertet.

Rückmeldungen aus dem sozialen Umfeld können verbal oder nonverbal erfolgen. Je nach der sie beinhaltenden positiven oder negativen Wertung dürften die Rückmeldungen zu sehr unterschiedlichen emotionalen Reaktionen bei der Person führen. Handelt es sich um eine für die Person gesehen positive Rückmeldung, im Sinne von Bekräftigung wie Lob, Anerkennung, Zustimmung oder ähnlichem, wird es zu einer emotional positiven Reaktion kommen. Bestrafung, Tadel, Mißbilligung oder Ablehnung werden emotional negative Emotionen hervorrufen.

Die Wirkung von erlebtem Erfolg oder Mißerfolg kommt in unterschiedlichsten Bereichen zum Ausdruck. Erinnert man sich an Momente des Erfolgs und des Mißerfolgs, denkt man zuerst an die Unterschiede im emotionalen Befinden. Erfolg führt zu positiven Gefühlen, wie Freude, Erleichterung, Ausgelassensein; Mißerfolg zu negativen Emotionen, wie Trauer, Niedergeschlagenheit, Ärger oder Enttäuschung. Zusammen mit dem emotionalen Erleben treten Veränderungen im physiologischen Bereich auf.

Erfolgs- oder Mißerfolgsrückmeldungen haben allerdings nicht nur Wirkungen im emotionalen Bereich. Ebenso ist der motivationale Bereich betroffen. DÖRNER (1984, S.14) schreibt:

"Daß Motivation und Problemlösen in enger Beziehung zueinander stehen, ist ganz klar. Motivationen setzen Problemlöseprozesse in Gang. Andererseits können Problemlöseprozesse auch Motive erzeugen."

Wie aus den Aussagen zum operanten Lernen ableitbar ist, wird die Erfahrung von Erfolg die Tendenz zur Ausführung der gleichen Verhaltensweise erhöhen, die Erfahrung von Mißerfolg die Tendenz hierfür in der Regel eher senken. Dieser motivationale Einfluß von Erfolg und Mißerfolg läßt sich bereits aus den in tierexperimentellen Untersuchungen gewonnenen Lerngesetzen THORNDIKES ableiten und ist durch die vielfältigen experimentellen Ergebnisse zur Wirkung von "Belohnung" bzw. "Bestrafung" beim instrumentellen Lernen belegbar.

Handelt es sich um Erfolg- bzw. Mißerfolg im Leistungsbereich, etwa bei der Lösung von Problemlöseaufgaben, werden nachfolgende Aufgaben bei erlebtem Mißerfolg motivational eher behindert. Die Wirkung von Erfolg läßt dagegen eine Verbesserung der Problemlöseleistung durch eine Motivationserhöhung erwarten.

DÖRNER et al. 1983 und LAZARUS et al. 1980 weisen darauf hin, daß die Wirkung positiver, d.h. von Vpn freudig erlebten Situationen, bisher nur in wenigen Arbeiten untersucht wurde. Dies dürfte darin begründet sein, daß die Induktion positiver Gefühle innerhalb von Laboruntersuchungen schwieriger ist als die Induktion negativer Gefühle.

Eine naheliegende Möglichkeit der Induktion emotional positiver Reaktionen besteht in der Vermittlung individuellen Erfolgserlebens. Analog zu der Rückmeldung von Mißerfolg, die, wie die Untersuchungsergebnisse vieler Streßarbeiten zeigen, zu massiven Änderungen in einer Reihe von Variablenbereichen führte, kann die Rückmeldung von Erfolg als Möglichkeit zur Induktion positiver Emotionen angesehen werden.

2 THEORETISCHER TEIL

Versucht man, die vorliegende Arbeit in eines der psychologischen Teilgebiete einzuordnen, fällt dies nicht leicht. Der Grund hierfür besteht in den vielfältigen thematischen Zuordnungsmöglichkeiten. Als mögliche psychologische Forschungsbereiche kommen in Frage:

- Denken und Problemlösen
- Emotion und Motivation
- Aktivation und Leistung
- Streß und Angst.

Das Thema der vorliegende Arbeit zeigt somit eine Vielzahl von Beziehungen zu den verschiedensten Teilgebieten der Psychologie auf.

Um eine theoretische Einordnung und Standortbestimmung zu ermöglichen, werden zu den genannten Bereichen die wesentlichen und für die vorliegende Arbeit wichtigsten theoretischen Konzepte, Untersuchungsansätze und Hauptergebnisse referiert.

Aufgrund der Fülle des Materials kann dies allerdings nur in recht allgemeiner Weise geschehen. Die zu den einzelnen Teilbereichen vorgenommenen Ausführungen erheben daher keinen Anspruch auf Vollständigkeit.

2.1 DENKEN UND PROBLEMLÖSEN

Denken ist für den Menschen ein wesentliches Bestimmungsstück. Die Aussage Decartes: "Cogito, ergo sum" - Ich denke, also bin ich - definiert das Sein des Menschen über die Funktion des Denkens.

Neben den vielfältigen auf einer langen historischen Tradition aufbauenden philosophischen Vorstellungen zum Denken beschäftigt sich die Psychologie erst seit rund 100 Jahren mit diesem Gegenstand. Die vielfältigen Ansätze sind ebenso wie die Definitionen und Erklärungen des Denkens sehr unterschiedlich.

Die Unterschiedlichkeit der theoretischen Ansätze läßt sich teilweise erklären, wenn man sich die verschiedenen Fragestellungen, unter denen Denken betrachtet wird, vergegenwärtigt.

Als kleine Auswahl der Fragestellungen seien genannt:

- Was ist die Grundlage des Denkens?
- Wie kommt es zur Ausbildung von Elementen, die Grundlage des Denkprozesses sind?
- Welche Faktoren spielen für den Erwerb dieser Elemente eine Rolle?
- Wie werden die ausgebildeten Elemente gespeichert? Welche Faktoren spielen für die Speicherung eine Rolle?
- Wie werden die gespeicherten Elemente abgerufen? Welche Faktoren spielen für den Abruf der gespeicherten Elemente eine Rolle?
- Was ist die Grundlage der Verknüpfung von Elementen? Welche Faktoren spielen bei der Verknüpfung von Elementen eine Rolle?
- Gibt es unterschiedliche Typen des Denkens?
- In welcher Beziehung stehen Denken und Problemlösen?
- Was geschieht bei der Konfrontation mit bereits bekannten, was bei der Konfrontation mit neuen, bisher unbekannten Problemen?
- Welche Prozesse laufen beim Problemlösen intern ab?
- Welche Bedingungen fördern das Finden von Problemlösungen, welche behindern eine Lösungsfindung?
- Welche Bedeutung hat das Denken für die Sprache und umgekehrt?
- Welche Prozesse laufen beim Sprechen oder dem Verstehen von Texten ab?
- Was ist unter logischem Denken zu verstehen?
- Kann menschliches Denken durch Computer simuliert werden? Wo liegen Gemeinsamkeiten, wo Unterschiede?
- Wie entwickelt sich das Denken über die Lebensspanne eines Menschen?
- Wie müßte eine adäquate Denkerziehung aussehen?

usw.

Die in den Fragestellungen zum Ausdruck kommenden vielfältigen und unterschiedlichen Interessen weisen jeweils einen anderen Aspekt des Denkens auf.

Im Rahmen dieser Arbeit interessiert in erster Linie die Frage nach Denken und Problemlösen. Andere Aspekte des Denkens, so bedeutsam sie für die Denkpsychologie auch sein mögen, konnten nur am Rande oder überhaupt nicht berücksichtigt werden.

2.1.1 DEFINITION DES DENKENS

Bisher kann keine allgemein anerkannte Definition des Denkens gegeben werden. Je nach theoretischem Standpunkt und Interessen an spezifischen Aspekten des Denkens unterscheiden sich die gegebenen Definitionen des Denkens beträchtlich.

Das Hauptproblem besteht darin, daß eine Definition des Denkens kaum in einer solchen Art und Weise gegeben werden kann, daß Alltagsanschauung, philosophische und methodische Aspekte gleichzeitig integriert werden können.

Während psychologisch "naive" Personen nahezu alle geistigen Prozesse als Denken bezeichnen, versteht die Psychologie Denken im engeren Sinne als die Prozesse, die beim Lösen von Problemen auftreten. Denken im engen Sinne tritt auf, wenn eine Person vor einem Problem steht und dieses durch Überlegung zu lösen versucht.

Definiert man Denken als die den Lösungsprozeß eines Problems begleitenden geistigen Prozesse, bedarf es einer genaueren Definition des Problems. Eine solche Definition wird von SÜLLWOLD (1959) gegeben. Ein Problem liegt danach dann vor, wenn "ein Individuum ein bestimmtes Ziel erreichen will, jedoch nicht weiß, wie es zu diesem Ziel gelangen kann, also nicht auf wohlbekannte spezifische Verfahren, spezifische Techniken und Operationen zurückzugreifen vermag. Das Individuum sieht sich einem Hindernis, einer Barriere, einer Schwierigkeit gegenüber, für deren Überwindung die ihm zur Zeit verfügbaren Mittel und Maßnahmen nicht ausreichen" (SÜLLWOLD, 1959, S.96).

Für die Problemdefinition müssen also zwei Bedingungen erfüllt sein:

- Eine Person möchte ein Ziel erreichen,
- der Lösungsweg ist der Person unbekannt.

Während die erste Bedingung den motivationalen Aspekt der Problemsituation charakterisiert, betrifft die zweite Bedingung die Unterscheidung von reproduktivem und produktivem Denken. Definiert man Denken im engeren Sinne in der voran dargestellten Weise, ist Denken mit produktivem Denken gleichzusetzen.

Die Gewichtung des Neuheitscharakters gefundener Lösungen, die sich auf die Verfügbarkeit bekannter Lösungswege bezieht und die Unterscheidung von produktivem und reproduktivem Denken bewirkt, ist innerhalb der verschiedenen theoretischen Schulen recht unterschiedlich, worauf an späterer Stelle noch eingegangen wird.

Definiert man Denken als Finden neuer, bisher unbekannter Lösungen, wären alle geistigen Prozesse, die sich auf bekannte Verfahrensweisen beziehen nicht mit Denken verbunden. Tatsächlich stellen diese Prozesse aber den weitaus größeren Teil geistiger Tätigkeit dar. Es ist aber nicht nur allein der größere Anteil an den geistigen Prozessen, der die Wichtigkeit und Bedeutung reproduktiven Denkens ausmacht, sondern die Tatsache, daß kreatives und produktives Denken ohne reproduktives Denken nicht möglich erscheint.

Die Wissensaktualisierung (SELZ 1913, 1924) stellt für sich gerade die Grundlage des produktiven Denkens dar und macht die Lösung von Problemen durch reproduktives Denken erst möglich. In jede produktive Problemlösung geht Vorwissen über den Gegenstand und über Vorgehensweisen ein. In nicht seltenem Umfang sind Problemlösungen Übertragungen bzw. Transferergebnisse von Verfahrensweisen aus anderen Gebieten. Die Fruchtbarkeit dieses Ansatzes als Lösungsprinzip wird in neuer Zeit in der Bio-Ingenieurwissenschaft belegt. Diese versucht, mit bemerkenswerten Erfolgen, Problemlösungen der Natur zur Lösung technischer Probleme heranzuziehen. Die hierbei notwendigen Transferleistungen müssen sicherlich als Denken bezeichnet werden. Es handelt sich keinesfalls um rein mechanische oder assoziative Verknüpfungen, da es auf eine intelligente, problemadäquate Übertragung von Prinzipien und Vorgehensweisen ankommt.

Die Aussage, daß Probleme sowohl reproduktiv als auch produktiv gelöst werden können, darf nicht so verstanden werden, daß bei der produktiven Lösung von Problemen kein reproduktives Denken auftritt. Eine nicht geringe Anzahl fundamentaler Erkenntnisse der Menschheit sind gerade im Wiederfinden des Einfachen und Bekannten im Neuen und Komplexen gewonnen worden. Es sei nur an die Berechnung der Kreisfläche durch Archimedes erinnert, der den Kreis als ein Vieleck mit unendlich vielen Ecken auffaßte und durch diese Rückführung eines komplexen Gegenstandes auf einen anderen Gegenstand die Problemlösung fand.

Die Definition des Denkens von N.R.F. MAIERS (1930), der Denken als Neukombination früherer Erfahrungen unter einer Richtungsvorstellung definiert, bezieht die Wichtigkeit der Reproduktion früherer Erfahrungen mit ein.

Unter der Vielzahl von Definitionen des Denkens nimmt die von WENZL (1933, 1934) eine Sonderstellung ein. Er definierte Denken schon recht früh in einer Form, deren wichtigste Bestimmungsstücke in einer nicht geringen Anzahl von Definitionen nachfolgender Autoren zum Ausdruck kommen. Der Kern der Definition des Denkens findet sich in der Intelligenzdefinition SPEARMANS wieder. WENZL definiert Denken wie folgt: "Denken ist die Erfassung und Herstellung von Bedeutungen, Beziehungen und Sinnzusammenhängen." (WENZL 1934, S. 14).

Die starke Ähnlichkeit zur Intelligenzdefinition von SPEARMAN, der unter Intelligenz die Fähigkeit zur Erfassung und Herstellung von Relationen versteht, ist offensichtlich.

Neben dem Bemühen, eine allgemeinen Definition des Denkens zu geben, versuchten verschiedene Autoren, eine Unterteilung des Denkens in verschiedene Denkarten vorzunehmen. Es werden verschiedene Denkarten unterschieden, die in polaren Gegensätzen angeordnet sind:

produktives	-	reproduktives Denken
diskursives	-	intuitives Denken
aktives	-	passives Denken
abstraktes	-	anschauliches Denken
analytisches	-	synthetisches Denken
konvergentes	-	divergentes Denken

usw.

Die Unterteilung des Denkens in verschiedene Arten ermöglicht eine bessere Beschreibung des Denkens, wenn es um bestimmte konkrete Denkprobleme, d.h. Aufgabentypen, oder aber um bestimmte Lösungsstrategien geht. In die genannten Unterteilungen des Denkens gehen sowohl Materialaspekte als auch Strategieaspekte ein.

Neben der Unterteilung des Denkens in Arten des Denkens versuchten verschiedene Autoren eine genauere Beschreibung des während einer Problemlösung ablaufenden Problemlösungsprozesses (DUNCKER 1935, PATRIK 1935, 1937, WALLAS 1926). Sie gingen dabei von der Beobachtung aus, daß unabhängig von der Problemstellung und dem Sachgebiet während der Problemlösung gleichartige, voneinander unterscheidbare Stadien oder Phasen beobachtet werden können. Aus dieser Beobachtung heraus versuchten sie, durch die nähere Beschreibung der Stadien eine Klärung der bei der Problemlösung auftretenden Phänomene vorzunehmen.

Ein erster Untersuchungsansatz bestand in der retrospektiven Befragung guter Problemlöser (Wissenschaftler, Ingenieure, Erfinder usw.) bezüglich der bei ihnen während Problemlösungen aufgetretenen Gedankengänge, wie dies von einigen Autoren (PATRIK, WALLAS, WERTHEIMER) durchgeführt wurde.

Als ein Beispiel für die während einer Problemlösung auftretenden Phasen kann das Stadienmodell von Wallas (1926) benannt werden. Nach WALLAS treten, unabhängig von dem Gebiet, auf dem ein Problem vorliegt, beim produktiven Problemlösen gleichartige Phasen innerhalb des Lösungsprozesses auf. Diese Phasen charakterisieren bestimmte Stadien bei der Lösungsfindung. Die einzelnen Problemlösungsphasen werden:

- Präparation,
- Inkubation,
- Illumination u.
- Verifikation.

In der Präparationsphase macht sich der Problemlöser mit dem Problem und den relevanten Sachverhalten vertraut, die Inkubationsphase dient der inneren Konsolidierung der Problemstellung und der teils unbewußt ablaufenden Lösungsfindung. In der Illuminationsphase findet eine meist plötzliche Einsicht in die Problemlösung statt, die in der Verifikationsphase auf die Nützlichkeit und Tauglichkeit für die Problemstellung bewertet wird.

2.1.2 THEORETISCHE MODELLE INNERHALB DER DENKPSYCHOLOGIE

Im folgenden sollen solche psychologische Ansätze referiert werden, die sich in mehr oder weniger expliziter Weise mit Denken im Sinne von Problemlösen beschäftigen. Hierzu gehört neben der sogenannten Würzburger Schule (KÜLPE, ACH, MAIER, MARBE, MESSER, WATT) die Gestalttheorie (WERTHEIMER, DUNCKER, KOHLER).

2.1.2.1 Psychologische Forschung des Denkens

Die Erforschung der Denkens war schon recht früh ein Anliegen der Psychologie. Bereits WUNDT zeigte an diesem Gebiet Interesse. Er hielt die Erforschung des Denkens durch experimentelle Methodik jedoch für unmöglich, da er Denken den höheren geistigen Prozessen zuordnete, die er durch experimentelle Methoden für nicht untersuchbar hielt.

Anstelle einer Darstellung der denkpsychologischen Schulen und deren Auffassungen des Denkens, wie sie zumeist in Lehrbüchern vorzufinden sind, soll an dieser Stelle eine Übersicht über die Methoden, mit denen Denken untersucht wurde, erfolgen. Aufgrund der Bedeutung der Gestaltpsychologie und deren personalen Bezug zu dem Frankfurter Psychologichen Institut soll dieser Ansatz als einzige denkpsychologische Schule in aller Kürze dargestellt werden.

2.1.2.2 Gestalttheoretische Denkpsychologie

Eine erste experimentell belegbare Theorie des Denkens stellt die in den zwanziger Jahren entwickelte Gestalttheorie dar. Als Begründer und hervorragendster Vertreter kann MAX WERTHEIMER genannt werden. Neben den Wahrnehmungsprozessen widmeten sich die Gestaltpsychologie und deren Vertreter den Denkprozessen.

Gegenstand gestaltpsychologischer Untersuchungen zum Denken ist in erster Linie das Problemlösen. Dabei wird von den Autoren (DUNCKER, KÖHLER, WERTHEIMER) zwischen produktivem und reproduktivem Denken unterschieden. Reproduktives Denken setzt ein, wenn für ein Problem eine bekannte Lösung vorliegt. In diesem Fall wird die erinnerte Lösung reproduziert, wobei eine gewisse Art der Anpassung bzw. des Transfers allgemeiner Lösungsprizipien auf das konkret vorliegende Material erfolgt. Für das reproduktive Denken spielt es keine Rolle, ob die Lösung selbst zu einem früheren Zeitpunkt eigenständig entwickelt oder aber durch andere vermittelt wurde.

Produktives Denken findet statt, wenn Personen mit einem für sie Problem konfrontiert werden, für das sie keine erlernte Lösung kennen. Die Entwicklung einer für die Personen neuen Lösung ist nur durch produktives Denken möglich.

Ein Denkproblem liegt vor, wenn zur Realisierung eines Ziels die bisher erlernten Denk- oder Verfahrensweisen nicht ausreichen. Nur eine neue, bisher nicht erlernte oder praktizierte Betrachtungs- oder Verfahrensweise führt zur Lösung des Problems und damit zum angestrebten Ziel.

In der Terminologie der Gestalttheorie, die in erster Linie auf dem Gebiet der Wahrnehmungspsychologie entwickelt wurde, handelt es sich bei einem Problem um eine Struktur mit einer schlechten Gestalt. Die Problemlösung besteht in der Umstrukturierung der gegebenen schlechten Gestalt in eine gute Gestalt.

Die in den experimentellen Überprüfungen der gestaltpsychologischen Denkforschung benutzten Aufgaben waren Problemlöseaufgaben in dem soeben genannten Sinn. Es bedurfte des beschriebenen produktiven Denkens, um die Aufgaben zu lösen. Der produktive Akt besteht hierbei in der Umzentrierung bzw. der Umstrukturierung. Unter Umzentrierung ist die Verlagerung bzw. Veränderung des Aspektcharakters der vorgegebenen Materialien gemeint. Die

Aufmerksamkeit zentriert auf einen nicht unmittelbar im Vordergrund liegenden Aspekt des Aufgabenmaterials, was zu einer nahezu plötzlichen Einsicht in die Lösung führt und deshalb von K. BÜHLER als "AHA-Erlebnis" bezeichnet wurde.

Um den Effekt der Umzentrierung zu veranschaulichen, waren die Aufgaben meist so aufgebaut, daß das Ziel nur erreicht werden konnte, wenn die vorgegebenen Materialien in einer für die übliche Funktion andersgearteten Weise benutzt wurden.

Umstrukturierung hat einen weiteren Bedeutungsgehalt. Es handelt sich hierbei nicht wie bei Umzentrierung um einen einzelnen Aspekt des Materials, sondern um eine die gesamte Problemkonstellation betreffende veränderte Sichtweise der Relation einzelner Elemente bzw. Aspekte der vorliegenden Problemkonstellation.

Der Vorgang der Umstrukturierung stellt für die gestaltpsychologische Denkforschung den eigentlichen geistigen Akt und damit ein wesentliches Bestimmungsstück des Denken dar. Problemlösen durch Umstrukturierung findet sich in zahlreichen und bekannten Untersuchungen (WERTHEIMER 1945, DUNCKER 1935, MAIER 1930, REID 1959).

Die Möglichkeit der Manipulation von Untersuchungsmaterial und Informationsstand der Vpn erlaubt eine experimentalpsychologische Überprüfung denkpsychologischer Fragestellungen und Theorienbildung sowie der förderlichen bzw. hemmenden Faktoren des Denkens.

2.1.2.3 Der Problemlösungsprozeß bei DUNCKER

DUNCKERS Auswertung seiner mittels der Methode des lauten Denkens durchgeführten Untersuchungen (DUNCKER 1935) zeigte, daß während des Problemlösens eine mehrfache Umformung oder Neuformulierung der Aufgabenstellung erfolgte. Von einer Problemanforderung ausgehend, wird ein allgemeines Lösungsprinzip festgelegt, aus dem nachfolgend spezielle und konkrete aber noch allgemeine Funktionsanforderungen abgeleitet werden. Durch eine fortschreitende Konkretisierung wird die Endform der Problemlösung gefunden.

Bei dem Problemlösungsprozeß werden Gegebenheiten in ihrer Verwertbarkeit für die Problemlösung überprüft. Jede Teillösung generiert ein neues Teilproblem. Die Lösungsvorschläge werden hierbei ständig spezifischer und konkreter für die jeweilige Problemstellung. Im letzten Schritt kann ein konkreter Lösungsvorschlag für die allgemeine Problemstellung gegeben werden.

Die Problemlösung besteht in diesem Sinne in einer Konkretisierung des Funktionalwerts bzw. in der Überführung eines einmal gefundenen allgemeinen Lösungsprinzips in konkrete Operationen. Als Illustration dieser Lösungsstrategie wird häufig die von Duncker eingeführte Strahlenaufgabe herangezogen.

Das Hauptanliegen gestaltpsychologischer Denkpsychologie und deren entscheidender Beitrag besteht in der Klärung der während produktiven Denkens auftretenden geistigen Prozesse und deren fördernden bzw. hemmenden Faktoren. In diesem Sinne ist die vorliegende Arbeit vom Interesse her eng mit gestaltpsychologischer Forschungsthematik verbunden.

2.1.3 METHODEN DER DENKPSYCHOLOGIE

Bei der Erforschung von wie auch immer gearteten Gegenständen spielt die angewendete Methodik eine entscheidende Rolle. Es gibt kaum ein anderes Gebiet der Psychologie, das eine solche Vielfalt unterschiedlicher methodischer und methodologischer Verfahren im Laufe ihrer Entwicklung zur Anwendung brachte, wie die Denkpsychologie. Diese Methoden reichen von der introspektiven über assoziative, experimentelle, korrelative und faktorenanalytische Verfahren bis hin zur Computersimulation.

Betrachtet man die Entwicklung der Denkpsychologie seit Beginn dieses Jahrhunderts, kann an den Untersuchungen die Methodenentwicklung innerhalb der Psychologie nachvollzogen werden.

2.1.3.1 EINZELDARSTELLUNG DENKPSYCHOLOGISCHER FORSCHUNGS-METHODEN

Die Definition des Denkens bestimmt in einem nicht unerheblichen Maße die angewendeten Methoden. Definiert man Denken allgemein als Bewußtseinsvorgänge, können alle bewußten geistigen Prozesse Gegenstand denkpsychologischen Forschung sein.

Die früheste Methode zur Untersuchung des Denkens ist eine genuin menschliche, die als Selbstreflexion bezeichnet werden kann und in der Psychologie als introspektive Methode bezeichnet wird. Die introspektive Methode besteht in der Beobachtung des Denkens und der das Denken begleitenden Prozesse durch den Denkenden selbst.

Als Hauptnachteil wird die Subjektivität der Methode angeführt. Es kann nicht ausgeschlossen werden, daß die theoretischen Vorstellungen, die der Untersucher über das Denken hat, sich auf die Wahrnehmung und Beschreibung der introspektiv gewonnenen Ergebnisse auswirken. Die hohe Subjektivität der Introspektion, bei der Versuchsleiter und Versuchsperson in einer Person vereinigt sind, versuchte man durch die Anwendung der Methode des lauten Denkens zu umgehen.

2.1.3.1.1 Die Methode des lauten Denkens

Bei der Methode des lauten Denkens wird eine Person aufgefordert, ein Problem zu lösen und dabei alle ihr durch den Kopf gehenden Gedanken laut zu äußern. Die Aufzeichnung und Auswertung der geäußerten Gedanken erlaubt eine Beschreibung des Lösungsvorgangs. Dies trifft aber nur dann zu, wenn die Personen auch wirklich alle ihr durch den Kopf gehenden Gedanken äußert. Voraussetzung hierfür ist, daß alle Gedanken, die zur Lösungsfindung beitragen, ein ausreichend hohes Bewußtseinsniveau erreichen. Nur wenn alle lösungsrelevanten Gedanken bewußt werden, kann die Person diese Gedanken auch tatsächlich verbalisieren.

Als eines der Hauptprobleme der Methode des lauten Denkens gilt die Frage, ob durch die Methode selbst der Denkprozeß nicht verfälscht wird. Die Person ist während des Vorgangs der Problemlösung zwangsläufig nicht nur mit dem Problem, sondern auch mit der Umsetzung ihrer Gedanken in Sprache konfrontiert. Selbst wenn diese Zusatzaufgaben von Personen quasi automatisch bearbeitet werden könnten und hierdurch keine Veränderung des Denkens eintritt, bleibt die Frage der Generalisierbarkeit. Ist es möglich, die Ergebnisse von Problembearbeitungen, bei denen aktiv verbalisiert werden mußte, auf Problembearbeitungen zu übertragen, die ohne aktive Verbalisierung erfolgen?

Durch den Zwang zur verbalen Äußerung wird Sprechen und Denken aufgrund der Untersuchungsmethodik in einen Zusammenhang gebracht, der eventuell nicht besteht. Gegen die Methode des lauten Denkens wird weiter die Beobachtung angeführt, daß die Personen kurz vor der Lösungsfindung an der Stelle, an dem der entscheidende Einfall erfolgt, schweigen. Die Methode des lauten Denkens versagt gerade an der Stelle der Problembearbeitung, die von größtem Interesse ist.

2.1.3.1.2 Assoziationsmethode

Die Assoziationsmethode wurde besonders in der Würzburger Schule (KÜLPE, MARBE, WATT. MESSER, BÜHLER) zur Untersuchung des Denkens benutzt. Hierbei werden Reizworte vorgegeben, zu denen von den Personen passende Wörter gefunden werden sollen, die in einer bestimmten Relation zu dem Reizwort stehen, etwa der zugehörige Oberbegriff, die Ursache, die zu dem vorgegebenen Reizwort führt oder die Wirkung, die dieses Reizwort auslöst.

Aufgrund ihrer Arbeiten zum Denken, das als Vorstellungsverlauf verstanden wurde, kamen sie zur Überzeugung, daß ein Gedanke an keine konkreten Vorstellungen gebunden ist ("Unanschaulichkeit des Denkens") und eine eigene Entität besitzt, sich also nicht auf etwas anderes zurückführen läßt.

Die Ergebnisse und Methoden der Würzburger Schule waren nicht selten der Kritik ausgesetzt. So läßt sich die These der Entität der Gedanken aufgrund der angewendeten Assoziationsmethoden allein prinzipiell nicht nachweisen. Die behauptete Unanschaulichkeit des Denkens könnte unter Umständen allein aufgrund der Verwendung abstrakter Probleme und der Heranziehung von im Denken besonders geschulter Akademiker begründet sein.

2.1.3.1.3 Retrospektive Analyse von Denkprozessen

Interessiert man sich in erster Linie für das produktive Denken, sind die mit wirklich bahnbrechenden Erfindungen einhergehenden Denkprozesse von besonderer Bedeutung. Derartige kreative Leistungen lassen sich innerhalb experimenteller Studien nicht untersuchen. Als einzige Möglichkeit bleibt die retrospektive Analyse. Dabei werden die bereits vollzogenen, allgemein als neu und wertvoll anerkannten Leistungen im nachhinein durch Befragung analysiert. Die Befragung bezieht sich hierbei zum einen auf die während der Lösungsfindung ablaufenden Prozesse, zum anderen auf die den Lösungsprozeß fördernden Bedingungen. Eine der berühmtesten Befragungen ist die von WERTHEIMER (1945) durchgeführte Befragung von Albert Einstein.

2.1.3.1.4 Methode der objektiven Beobachtung in der Denkpsychologie

Alle voran genannten Methoden denkpsychologischer Forschung bedürfen in mehr oder minder starker Weise der Selbstbeobachtung intern ablaufender geistiger Prozesse. Hierdurch ergeben sich, was von Kritikern dieser Methoden immer wieder hervorgehoben wurde, Fehlermöglichkeiten. Als Alternative wird die Beobachtung von äußerem Verhalten in Problemsituationen vorgeschlagen. Das von außen beobachtbare Problemlösungsverhalten bedarf nicht der verbalen Äußerung intern ablaufenden Denkprozesse. Von dem beobachteten Lösungsverhalten wird auf die intern ablaufenden Denkprozesse zurückgeschlossen.

Die Registrierung äußeren Verhaltens hat den Vorteil, daß durch diese Methode auch Untersuchungen über Problemlösefähigkeiten bei Tieren durchgeführt werden können, wie dies z.B. in Arbeiten von KÖHLER (1921) und THORNDIKE (1911) geschah. Die Erfassung objektiv registrierbarer Verhaltens- und Leistungsmaßen erlaubt darüber hinaus den effizienten Einsatz experimenteller Untersuchungsanordnungen zur Untersuchung des Denkens.

2.1.3.1.5 Das Experiment in der Denkpsychologie

Die bereits von WUNDT formulierten Forderungen an ein Experiment: Willkürlichkeit, Wiederholbarkeit und Variierbarkeit lassen sich besonders gut durch die Erfassung von Verhaltensdaten, in denen sich die Problemlösungsversuche konkret widerspiegeln, erfüllen.

Die Anwendung experimentalpsychologischer Methodik brachte, wie in allen anderen Teilen psychologischer Forschung, einen bedeutsamen Erkenntnisgewinn. Die Menge von denkpsychologischen Untersuchungen mit experimentalpsychologischer Methodik ist so groß, daß an dieser Stelle auf die Nennung spezieller Arbeiten verzichtet werden kann.

2.1.3.1.6 Die Methode der Hilfen in der Denkpsychologie

Innerhalb experimenteller Ansätze nimmt die Methode der Hilfen eine wichtige Rolle ein. Durch sie kann die Frage nach fördernden bzw. hemmenden Faktoren des Denkens geklärt werden.

Steht eine Person einer Aufgabenstellung gegenüber, welche sie aufgrund ihres Wissens- und Erfahrungsstandes in mehreren Versuchen nicht lösen konnte, kann sie durch die Vorgabe weiterer für die Lösungsfindung relevanter Informationen in die Lage versetzt werden, das Problem zu lösen. Durch die Gabe unterschiedlicher Informationen für verschiedene Untersuchungsgruppen kann die Nützlichkeit dieser Information für die Lösungsfindung beurteilt werden.

Die Methode der Hilfen beschränkt sich nicht nur auf die Vorgabe weiterer Informationen. Die Anregung bestimmter Lösungsstrategien kann in einem erweiterten Sinne auch als eine Methode der Hilfe bezeichnet werden.

Die von DUNCKER (1935) angeregte "Zielanalyse", wie von REID (1951) vorgenommen, sind Beispiele für die Methode der Hilfen durch Induktion von Lösungsstrategien.

Der für die Theorieprüfung besonders bedeutsame Aspekt liegt dabei in dem Sachverhalt, daß die Hilfen gegeben werden, die gemäß den theoretischen Aussagen für den Denkprozeß entscheidend sind. Erweisen sich die gegebenen Informationen oder Lösungsstrategien als wirksam, werden die theoretischen Annahmen hierdurch entscheidend gestützt.

2.1.3.1.7 Faktorenanalytische Methoden in der Denkpsychologie

Auf der Suche nach den Prozeßparametern des Denkens bietet die Faktorenanalyse, aufbauend auf der Korrelationsrechnung, die Möglichkeit der Klassifikation von Aufgaben und der ihnen zugrundeliegenden Fähigkeiten.

Die beim Problemlösen beobachtbaren interindividuellen Unterschiede in der Leistungsfähigkeit werden auf ihre gemeinsamen Grundlagen oder Ursachen zurückzuführen versucht. Korrelieren zwei Aufgaben oder Aufgabentypen hoch miteinander, weisen sie also einen bedeutsamen Anteil gemeinsamer Varianz auf, wird hinter diesem Ergebnis die Wirkung eines gemeinsamen Faktors vermutet.

Da in Intelligenztests Aufgaben Verwendung finden, die im Idealfall als Problemlöseaufgaben zu bezeichnen sind und einer produktiven Idee bedürfen, damit sie gelöst werden können, kann, wie dies auch teilweise geschieht, die Intelligenzforschung der Denkpsychologie zugeordnet werden. Häufig wird die Intelligenzforschung, wohl aufgrund der vielfältigen methodischen und inhaltlichen Aspekte, als eigenständiger Forschungsbereich behandelt.

Eine nähere und eingehendere Betrachtung faktorenanalytischer Ergebnisse zum Forschungsgegenstand Intelligenz kann an dieser Stelle aus Platzgründen nicht erfolgen.

2.1.3.1.8 Die Computersimulation in der denkpsychologischen Forschung

Ziel der Computersimulation innerhalb der Denkpsychologie ist es, menschliches Denken durch Computerprogramme auf Rechenanlagen nachzubilden. Das Computerprogramm dient hierbei als Modell menschlichen Denkens.

Aufgaben wie die Lösung eingekleideter Rechenaufgaben, der Turm von Hanoi, logische Beweise, oder Schachaufgaben, für die Menschen einen nicht als gering einzustufenden Aufwand an Denkaktivität aufbringen müssen, sind von einem Computer - genauer von einem Computerprogramm - lösbar.

Der Vorteil der Computersimulation besteht in der Offenlegung möglicher Lösungsstrategien, die dem Lösungsprozeß zugrunde liegen. Während diese Lösungsstrategien durch Programm- und Ablaufprotokoll offen zugänglich sind, bleibt der eigentliche Denkprozeß bei einer Person, die die gleiche Aufgabe löst, nur schwer zugänglich.

Die Übersetzung von Prozessen des menschlichen Denkens in ein Computerprogramm bedarf einer präzisen Definition wirksamer Faktoren und vermeidet hierdurch die in Theorienbildungen nicht selten anzutreffenden begrifflichen Unschärfen.

Trotz dieser Vorteile und der erzielten Resultate ergeben sich doch generelle Probleme. Die Lösung eines Problems kann auf verschiedenste Weise erfolgen. Ist der Computer in der Lage, ein Problem zu lösen, kann daraus nicht geschlossen werden, daß Menschen das Problem gerade nach dieser Methode lösen. Trifft die Bedingung der Übertragbarkeit der Lösungsprozesse nicht zu, kann von einer Computersimulation des menschlichen Denkens im engeren Sinne nicht gesprochen werden.

Am deutlichsten kann dieser Einwand anhand des Unterschiedes im Schachspiel durch Computerprogramm und Mensch gezeigt werden. Ein Schachspieler bewertet seine Spielposition stärker ganzheitlich, d.h. er denkt nicht alle nur möglichen Züge durch und bewertet sie gegeneinander ab, wie dies ein Computerprogramm tut, sondern er sieht und bewertet nur wenige mögliche Zugfolgen. Dabei wählt er gezielt nur die Zugfolgen aus, die aufgrund der Spiellage, die er eher intuitiv einschätzt, als zielrelevant erscheinen.

Aufgrund des Gesagten muß festgestellt werden, daß nicht angenommen werden kann, bei der Computersimulation würden die menschlichem Denken zugrundeliegenden kognitiven Prozesse simuliert. Vielmehr wird ein an dem Ergebnis der menschlichen Denkleistung orientierter Algorithmus gesucht, der mittels Programmierung eine gleiche Leistung des Computers ermöglicht.

Ein weiteres Problem besteht in der populärwissenschaftlich häufig aufgeworfenen Frage, ob der Computer denken könne bzw. intelligent sei. Versteht man Denken allein als Informationsverarbeitung, muß Denken wohl auch als Charakteristikum eines Computers angesehen werden. Bei dieser sehr weiten Definition des Denkens gehen allerdings wichtige Aspekte gerade des für menschliches Denken typischen produktiven Denkens verloren.

Aufgrund der grundsätzlichen Probleme, die sich bei der Computersimulation menschlichen Denkens ergeben, bleibt abzuwarten, ob auch unter Einbeziehung der Entwicklungen auf technischer Seite die Nachbildung menschlicher Denkprozesse zu einem entscheidenden Erkenntnisgewinn bezüglich menschlichen Denkens führt.

2.2 EMOTION

Bei der Rückmeldung von Erfolg und Mißerfolg ist mit Veränderungen im emotionalen Befinden zu rechnen. Erfolgsrückmeldungen führen in der Regel zu positiven, Mißerfolgsrückmeldungen zu negativen Emotionen.

Im folgenden soll deshalb der Versuch unternommen werden, die wichtigsten Beiträge zur Psychologie der Emotion kurz in den für die vorliegende Arbeit wichtigen Teilbereichen darzustellen.

Innerhalb der emotionspsychologischen Forschung können mehrere Forschungsrichtungen unterschieden werden. Eine grundsätzliche Unterscheidung betrifft die Forschungsaktivitäten, die sich allein mit der Klassifikation emotionalen Geschehens beschäftigen, von solchen Ansätzen, die stärkeres Gewicht auf den prozessualen Aspekt der Emotionen legen.

Während einige Emotionstheoretiker (WUNDT, SCHLOSBERG) stärker die Klassifikation der Emotionen in den Mittelpunkt ihres Interesses stellten, heben andere den Prozeßcharakter von Emotionen hervor (CANNON 1914, 1927, 1931; JAMES 1884, LANGE 1887, LAZARUS 1966, LAZARUS et al. 1980). Die in neuester Zeit vorgestellten emotionstheoretischen Ansätze (IZARD 1971, 1977, PLUTCHIK 1962, 1980) beinhalten sowohl Aussagen zur Klassifikation von Emotionen als auch zu dem Emotionsprozeß.

Zwischen den emotionstheoretischen Ansätzen können wiederum eher psychologisch ausgerichtete Modellvorstellungen gegenüber stärker physiologisch ausgerichteten Ansätzen unterschieden werden. Letztere lassen sich wiederum in eher peripher-physiologische oder eher zentralnervöse physiologische Ansätze unterteilen. Beide Ansätze beschäftigen sich mit der Frage nach den physiologischen Grundlagen emotionalen Geschehens. Während die peripher-physiologischen Emotionsmodelle (JAMES, LANGE, ARNOLD, DUFFY, MALMO u.a.) stärker die Gewichtung auf die peripheren physiologischen Veränderungen und deren Rückmeldung für die Emotionsentstehung betonen, interessieren sich die zentralnervös orientierten Ansätze für die Funktion beteiligter Hirnareale und deren Lokalisation (McLEAN 1954, PAPEZ 1937, PRIBRAM 1967).

2.2.1 DEFINITION EMOTIONALER PROZESSE

Die Definition und die Erfassung von emotionalen Zuständen bereitet auch heute noch mehr oder weniger große Schwierigkeiten. Wie DEBUS (1977) feststellt ist eine allgemein anerkannte Definition oder Theorie der Emotion bisher noch nicht gefunden:

"Eine theoretische Integration der vielfältigen empirischen Ergebnisse innerhalb einer einheitlichen Theorie der Gefühle ist bislang nicht gelungen. Vielmehr sind die theoretischen Konzeptionen Ausdruck der verschiedenen methodischen Ansätze." (DEBUS 1977, S.158).

Die verschiedenen theoretischen Ansätze unterscheiden sich beträchtlich in ihren Interessen und Zielen. Für die begriffliche Fassung des emotionalen Bereichs spielt neben der Qualität emotionaler Erfahrungen die Intensität des emotionalen Erlebens eine wichtige Rolle.

Die Intensitätsdimension des emotionalen Erlebens findet zum Teil ihren Niederschlag in der emotionspsychologischen Begriffsbestimmung. Einige Autoren sprechen allein von Emotionen, unabhängig von der Intensität, während andere Autoren zwischen Affekten als intensiv erlebtem und qualitativ eindeutig benennbaren emotionalen Zustand und Stimmungen bzw. Gefühl unterscheiden, die als mehr oder weniger lange andauernde Basiszustände des emotionalen Befindens angesehen werden (DEBUS 1977, EWERT 1965)

Eine einheitliche Begriffsbestimmung ist bisher nicht erfolgt. Es wird deshalb im folgenden der Begriff des emotionalen Befindens bzw. der emotionalen Befindlichkeit zur Bezeichnung des aktuellen emotionalen Zustands der Vpn verwendet. Unter dem emotionalem Befinden werden hierbei sowohl länger andauernde Gefühle und Stimmungen niedriger Intensität als auch kurzandauernde, intensive Emotionen verstanden. Der Hauptgrund für die Verwendung des Begriffs emotionales Befinden besteht in der qualitativ unspezifischen Beschreibungsmöglichkeit emotionaler Prozesse.

Bei der nachfolgenden Darstellung der emotionstheoretischen Ansätze soll zwischen den klassifikatorischen und genetischen bzw. prozessualen Ansätzen unterschieden werden.

2.2.2 KLASSIFIKATIONSANSÄTZE IN DER EMOTIONSPSYCHOLOGIE

Bereits WUNDT (1874, 1922) stellte einen ersten Ansatz zur Klassifikation von Emotionen bzw. Gefühlen vor. Er unterscheidet drei Dimensionen, die für jedes Gefühlserleben von Bedeutung sind. Diese bipolaren Dimensionen nennt er:

Lust-Unlust,
Erregung-Beruhigung,
Spannung-Lösung

Zusammen bilden die drei bipolaren Dimensionen ein dreidimensionales Koordinatensystem, in dem sich jede Art von Emotion lokalisieren läßt.

Ein dem Ansatz von WUNDT nicht unähnlicher Ansatz wurde von SCHLOSBERG (1954) vorgeschlagen. Die drei von ihm vorgeschlagenen Dimensionen mit den beiden Polen "pleasant-unpleasant, attention-rejection und activation level", weisen in ihren wesentlichen Bestimmungsmerkmalen Ähnlichkeiten zu den Wundtschen Dimensionen Lust-Unlust, Spannung-Lösung und Erregung-Beruhigung auf.

Beiden Ansätzen ist gemeinsam, daß sie aufgrund introspektiver Methodik entwickelt wurden und erst nachträglich durch andere Autoren (BLOCK 1957, BOTTENBERG 1968, EKMAN 1954, 1955, ERTEL 1964, TRAXEL & HEIDE 1961) empirische Stützung erfuhren. Von diesen Autoren wurde durch korrelations- bzw. faktorenanalytische Untersuchungen zur Klärung der Dimensionierung von Gefühlen die mittels introspektiver Methodik gefundene dreidimensionale Teilung des emotionalen erlebnismäßigen Bereichs im wesentlichen bestätigt.

Die Unterschiedlichkeit der von verschiedenen Autoren anhand faktorenanalytischer Ansätze gefundenen Ordnungssysteme dürfte, neben dem zum Teil unterschiedlichen Ausgangsmaterial, an der unterschiedlichen methodischen Vorgehensweise der Datenerhebung (Ratingverfahren, Paarvergleich, Semantisches Differential etc.) und in den sehr unterschiedlichen faktorenanalytischen Analyseverfahren begründet sein.

Für die dieser Arbeit zugrundeliegende Fragestellung spielt die Dimensionierung von Emotionen eine nur untergeordnete Rolle. Von größerer Bedeutung sind die Ansätze und Ergebnisse zu werten, die auf die Entstehung von Emotionen bzw. den Prozeßverlauf von Emotionen abzielen.

2.2.3 FUNKTIONALISTISCHE ANSÄTZE IN DER EMOTIONSPSYCHOLOGIE

Die von der Verhaltensbiologie betonte Rückführbarkeit der Emotion in biologische bzw. stammesgeschichtlich vermittelte Reaktionen, die auf DARWINS Lehre von der Gleichheit des emotionalen Ausdruckverhaltens (1884) zurückgeht und von mehreren nachfolgenden Autoren (IZARD 1977, PLUTCHIK 1980) in ihre Modellbildung mit aufgenommen wurde, reicht für sich allein nicht zur Erklärung emotionaler Vorgänge im menschlichen Bereich aus.

Obwohl die biologische Basis der Emotion allgemein akzeptiert wird und deshalb auch in neueren emotionstheoretischen Konzepten Eingang fand, bleiben doch Grundfragen offen:

- Welche Bedingungen sind für die Auslösung spezifischer Emotionen vorantwortlich?
- Welche internen Prozesse liegen bei emotionaler Erregung zugrunde, und anhand welcher Indikatoren können diese erfaßt werden?

Bereits die Frage, welche internen Bedingungen Emotionen zustande bringen, wurde von JAMES (1884), LANGE (1887) und CANNON (1933, 1938) kontrovers diskutiert. Spätere Arbeiten (DANA 1921, FEHR & STERN 1970, GOLDSTEIN 1968) widmeten sich ebenfalls dieser wichtigen Frage.

Während die James-Lange Theorie die Rückmeldung peripherphysiologischer Reaktionen als Grundlage der Emotionsentstehung ansieht, ist für CANNON die Emotionsentstehung in erster Linie ein kortikaler Prozeß. Peripherphysiologische Erscheinungen sind für ihn Ergebnis einer kortikalen Emotionsentstehung.

Neuere emotionstheoretische Ansätze nehmen zwischen beiden konträren Standpunkten eine vermittelnde Position ein. Als neuere emotionspsychologische Ansätze sollen die eher kognitiv ausgerichteten Modellvorstellungen von SCHACHTER, LAZARUS, WEINER, PLUTCHIK und IZARD vorgestellt werden.

2.2.4 EMOTIONSTHEORETISCHE MODELLE EINZELNER AUTOREN

2.2.4.1 Der emotionstheoretische Ansatz von SCHACHTER

Der emotionstheoretische Ansatz von SCHACHTER (1964, 1975) stellt einen "kognitiven" emotionstheoretischen Ansatz dar. Von der Annahme ausgehend, daß Emotionen und deren Entstehung sowohl von kognitiven Einschätzungen als auch von der physiologischen Erregung abhängig sind, postuliert er, daß nur das Zusammenwirken beider Faktoren wechselseitig die Entstehung und Qualität der Emotionen bestimmt. Die physiologische Erregung repräsentiert dabei einen unspezifischen Faktor, während die Kognition, die die Qualität der Emotion determiniert, den eigentlichen spezifischen Faktor darstellt.

In der vielzitierten Untersuchung von SCHACHTER & SINGER (1962) wurde den Vpn Adrenalin injiziert, um eine allgemeine physiologische Erregung zu erzeugen.

Vpn, die mit einem sich verärgert gebenden VI zusammentrafen, der als weitere Vp ausgegeben wurde, reagierten daraufhin ärgerlich, Vpn, die mit einem sich fröhlichen gebenden VI zusammentrafen, reagierten emotional freudig. Die Wirkung der Adrenalingabe war weiter von dem Informationsstand der Personen abhängig. Wußten die Personen, daß sie Adrenalin injiziert bekommen hatten und kannten sie die zu erwartenden körperlichen Symptome, veränderten sich deren Emotionen weniger in die durch den instruierten VI induzierte Richtung. Waren die Vpn falsch oder überhaupt nicht über die Wirkung des Adrenalin informiert worden, ergaben sich starke Veränderungen des emotionalen Befindens in die intendierte Richtung.

Die Autoren glauben, hiermit nachgewiesen zu haben, daß die Qualität der emotionalen Reaktion von der begleitenden Kognition abhängig ist. Grundvoraussetzung für eine Emotionsentstehung ist deshalb nach Ansicht der Autoren das Vorliegen einer physiologischen Erregung. Die Qualität des emotionalen Geschehens wird erst durch die vorliegen situativen Gegebenheiten und die vermittelnden Kognitionen bestimmt.

Über die vorgebrachte Kritik an der Methodik (PLUTCHIK & AX 1967) hinaus stellt sich die Frage, ob sich die in dem Experiment künstlich erzeugte Trennung von physiologischer Erregung und Qualität der emotionalen Reaktion auf das im Alltag übliche Zusammenwirken von physiologischer Erregung und

Kognition übertragbar ist. Unter Umständen sind die beobachteten Resultate nur auf den sehr seltenen Fall generalisierbar, bei dem eine Person, aus welchen Gründen auch immer, physiologisch erregt ist, ohne sich diese Erregung erklären zu können.

Der Annahme, daß für die Emotionsentstehung eine physiologischer Erregung unabdingbar ist, wurde von mehreren Autoren widersprochen. Als Gegenbeispiel wird unter anderem die Möglichkeit der Induktion physiologischer Erregung durch die Erinnerung an emotional bewegende Erlebnisse angeführt (CANNON 1927, 1931). Unter dieser Bedingung ist das Abhängigkeitsverhältnis zwischen Kognition und physiologischer Erregung gerade umgekehrt. Kognitive Vorgänge lösen in diesem Fall emotionale Prozesse aus.

2.2.4.2 Der emotionstheoretische Ansatz von LAZARUS

LAZARUS stellte 1966 sein erstes theoretisches Modell zur Streßentstehung vor, das implizit emotionspsychologische Vorstellungen enthält. Diese impliziten emotionspsychologischen Vorstellungen wurden in einem erweiterten Modell von LAZARUS und Mitarbeitern genauer ausgeführt, weshalb LAZARUS als Emotionstheoretiker angesehen werden kann. Selbst ohne die Erweiterung seines Modells wäre diese Zuordnung zu rechtfertigen, da mit Streß zwangsläufig emotionale Veränderungen einhergehen.

Bei dem ursprünglichen von LAZARUS 1966 vorgestellten Streßmodell spielt die kognitive Einschätzung von Reizen bzw. Situationen in bezug auf deren Bedrohlichkeit und die Möglichkeiten der Bedrohungsreduktion durch Angstabwehrmechanismen (Coping) eine zentrale Rolle.

Das von LAZARUS 1966 vorgestellte Streßmodell beinhaltet als Kern die von Personen ständig vorgenommene Bewertung (appraisal) von Reizen bzw. Situationen. Streßreaktionen treten auf, wenn eine Person einen Reiz oder eine Situation als für sich bedrohlich erlebt. Ob eine Bedrohungseinschätzung erfolgt, hängt von persönlichkeitsspezifischen Gegebenheiten innerhalb der Person ab. LAZARUS nennt Persönlichkeitseigenschaften, Einstellungen, Motive und Vorerfahrungen, die als mögliche, die Bedrohungseinschätzung individuell modulierende Bedingungen angesehen werden können.

Die Einschätzung der möglichen Bedrohung erfolgt allerdings nicht linear, sondern zyklisch, d.h. jeder Reiz bzw. jede Situation wird mehrfach in ihrem Bedrohungscharakter eingeschätzt, wobei Veränderungen der Reizgegebenheit und persönlichkeitsinterne Änderungen, etwa der Einsatz von Angstbewältigungsprozessen, in die Neubewertung (reappraisal) mit eingehen und das Bedrohungserleben modifizieren können.

LAZARUS und Mitarbeiter versuchten in einer Vielzahl von Arbeiten das Streßmodell einer experimentellen Prüfung zu unterziehen (LAZARUS et al. 1963, LAZARUS & ALFERT 1964, SPEISMAN et al. 1964 u.a.). Hauptanliegen und Ergebnis war hierbei der Nachweis der Änderbarkeit des Bedrohungserlebens durch instruktionsinduzierte Bewältigungs- bzw. Abwehrmechanismen. Personen, bei denen solche Abwehrmechanismen durch unterschiedliche Kommentare zu Filmen, die Beschneidungsriten bzw. Unfälle beinhalteten, hervorgerufen worden waren, zeigten geringere Streßreaktionen als Personen, die während der Filmdarbietung keine durch Kommentare induzierten Abwehrmechanismen anhörten (LAZARUS & ALFERT 1964, LAZARUS et al. 1965).

Trotz der vielen Arbeiten, die die Modellannahmen von LAZARUS stützen und der Fruchtbarkeit dieses Modell für die Forschungsaktivität im Bereich der Streßforschung kann nicht behauptet werden, daß dieses Modell empirisch vollständig abgesichert ist.

Als ein Hauptnachteil dieses frühen Streßmodells galt, daß in ihm ausschließlich Aussagen zu negativer Streßwirkung enthalten waren. Streß wurde ausschließlich mit Bedrohung und Angst in Zusammenhang gebracht. Starke, emotional positiv zu bewertende Reize und Situationen, die ebenfalls als steßauslösend angesehen werden können (SELYE 1956, 1974), waren faktisch in dem Streßmodell nicht oder nur am Rande vorgesehen. Das vorgestellte Modell ist stark an spezifischen negativen Emotionen, wie Angst und Furcht, orientiert. Positive Emotionen, bei denen kein Bedrohungserleben auftritt und die somit keinen Einsatz von Coping-Strategien erfordern, wurden nur am Rande erwähnt. Selbst LAZARUS war mit seinen ersten Modellvorstellungen nicht zufrieden und erweiterte bzw. verbesserte im Laufe der Jahre seine theoretischen Vorstellungen. In einer Arbeit von 1980 legte er zusammen mit COHEN, FOLKMAN, KANNER und SCHÄFER einen erweiterten Ansatz vor, der auch positive emotionale Zustände in seine Modellvorstellungen mit einbezieht.

In einer erweiterten Modellvorstellung (LAZARUS, KANNER, FOLKMAN 1980) bleibt zwar die Bewertung von Situationen als Ursache von Emotion im Mittelpunkt der Betrachtung, doch erfolgt eine Ausweitung auf das gesamte emotionale Erleben und Befinden.

Als Grundlage für die Entstehung von Emotionen sehen LAZARUS und Mitarbeiter die Kognition eines Individuums über bestehende oder zu erwartende Anforderungen der Umwelt. Die Einschätzung von Umweltanforderungen führt über den Vergleich mit der Einschätzung der persönlichen Kompetenz zur emotionalen Bewertung der Situation. Der Bewertungsprozeß ist dabei von Wahrnehmungs-, Denk-, Lern-, Erinnerungs- und anderen persönlchkeitsspezifischen Faktoren beeinflußt. Nicht zuletzt wirken Werthaltungen und Überzeugungen, das eigene Selbst betreffend, etwa die allgemeine Überzeugung, mit den Anforderungen der Umwelt, gleich welcher Art, fertig zu werden, im Sinne der Dörnerschen heuristischen bzw. epistemischen Kompetenz, auf die Entstehung von Emotionen ein.

Der Prozeß der Emotionsentstehung in dem neu vorgestellten Modell ist eng an das ursprüngliche Streßkonzept von LAZARUS angelehnt bzw. aus ihm abgeleitet und soll im folgenden kurz umrissen werden. Zentrale Stellung nimmt die Bewertung von Situationen und die Einschätzung eigener Fähigkeiten und Ressourcen ein.

In einem ersten Schritt erfolgt bei der Emotionsentstehung die Einschätzung der Relevanz einer Umweltgegebenheit für die eigene Person. Wird die Umweltgegebenheit als relevant eingeschätzt, erfolgt die Entscheidung darüber, ob diese positiv oder negativ für das eigene Befinden ist. Die zweite Einschätzung gilt der Möglichkeit eigenen Handelns bezüglich einer Situationsbewältigung. Die Art der entstehenden Emotion ist nun von der antizipierten Bewältigungsmöglichkeit abhängig. Wird die eigene Kompetenz als zu gering eingeschätzt, um die Situation bewältigen zu können, wirkt die Situation auf die Person bedrohlich. Es entsteht eine Streßreaktion mit negativen Emotionen. Wird die eigene Kompetenz als ausreichend angesehen, die Anforderungen zu meistern, kann die Situation als persönliche Herausforderung eingeschätzt werden, die es zu meistern gilt.

Die kognitiv ablaufenden Einschätzungen von situativen Anforderungen und eigener Kompetenz werden während einer Transaktion zwischen Person- und Umweltgegebenheit mehrfach wiederholt, bis eine Adaptation stattgefunden hat.

Emotionen werden von LAZARUS, KANNER und FOLKMAN (1980) als komplexe Zustände beschrieben, die aus kognitiven Einschätzungen, Handlungsimpulsen und körperlichen Reaktionen bestehen. Unterschiedliche Emotionen lassen sich danach anhand spezifischer Muster dieser Anteile voneinander unterscheiden.

Emotionen stellen für LAZARUS und Mitarbeiter Syndrome dar, die sich aus den drei Grundelementen kognitive Einschätzung, Handlungsimpuls und physiologische Reaktionen zusammensetzen.

Die wiederholte kognitive Einschätzung während einer Transaktion ist nicht nur auf die Situationsanforderung und die eigene Handlungskompetenz gerichtet, sondern auch auf die eigene Befindlichkeit. Sie stellt nach LAZARUS et al. (1980b) einen unabdingbaren Teil jedes emotionalen Prozesses dar. Der Begriff des Handlungsimpulses als zweiter substantieller Teil der Emotion wurde von den Autoren gewählt, um deutlich zu machen, daß es sich hierbei nicht nur um tatsächlich auftretende Handlungen handelt, sondern auch um vorgestellte, d.h. kognitiv vorweggenommene Handlungen oder aber antizipierte Blockierungen von Handlungen.

Schließlich stellen die physiologischen Reaktionen einen dritten wesentlichen Bestandteil von Emotion dar. Jede Emotion ist nach Meinung der Autoren mit einem für die Emotion spezifischen physiologischen Reaktionsmuster gekoppelt. Diese Vorstellung steht im Gegensatz zu allgemeinen Aktivationstheorien, die nur eine allgemeine, unspezifische physiologische Erregung als Grundlage der Emotion postulieren (LINDSLEY 1952, MALMO 1959, SCHACHTER & SINGER 1962, DUFFY 1941, 1957, 1972).

Wurden die mit dem Streßerleben einhergehenden negativen Emotionen von LAZARUS und Mitarbeitern relativ früh thematisiert, erfolgte die Aufnahme von positiven emotionalen Zuständen erst spät in die Theoriebildung. Positive Emotionen treten innerhalb von Steßexperimenten auf, wenn Bedrohungserleben oder Problemsituationen erfolgreich gelöst werden konnten.

Die beobachtbare physiologische Erregung bei positiven Emotionen wird von LAZARUS et al. (1980b) in ihrer Bedeutung für den adaptiven Prozeß der Anpassung beschrieben. Die Autoren interpretieren ihn als evolutionäre Voraussetzung für Erkundungs- oder Explorationsverhalten. Der für das einzelne Lebewesen adaptive Wert positiver Gefühle, wie Freude, Hoffnung, Neugier, dürfte somit in der Unterstützung und Hervorrufung von explorativem Verhalten liegen. Die physiologische Aktivierung in Bedrohungssituationen dient demgegenüber zur Vorbereitung auf Flucht oder Kampf.

Betrachtet man die Beziehung positiver Emotionen in Zusammenhang mit Bedrohungs- und Bewältigungsprozessen, ist nach LAZARUS und Mitarbeitern (1980b) mit positiven Emotionen nicht zu rechnen, solange bei einer Person eine Bedrohungseinschätzung der Situation vorliegt. Wird die Situation als Herausforderung eingeschätzt, erfolgen problemorientierte und erfolgsgerichtete Handlungen. Die damit verbundene produktive Energie ist positiv getönt und mit Aspekten von Neugier, Erwartung, Hoffnung, Freude versehen. Die erlebten positiven Emotionen halten die Motivation, die zur Bewältigung der Aufgabe erforderlich ist, aufrecht.

Im Gegensatz zu Auffassungen, in der Emotionen das Produkt eines zurückliegenden Ereignisses sind, stellt für LAZARUS und Mitarbeiter (1980b) die vorwegnehmende Antizipation von Handlungskonsequenzen einen emotionsinduzierenden Anteil dar.

In dem dargestellten theoretischen Ansatz sind bezüglich der Kompetenzeinschätzung eigener Fähigkeiten Parallelen zu dem denkpsychologischen Ansatz DÖRNERS (1974, 1979) und in dem Bezug auf die Handlungsorientierung zu dem motivationspsychologischen Ansatz von WEINER (1976, 1980) zu erkennen.

2.2.4.3 Der emotionstheoretische Ansatz von WEINER

WEINER (1980) beschäftigt sich innerhalb seiner kognitiven Motivationstheorie mit der Rolle von Emotionen. Obwohl von der Intention des Autors her als motivationspsychologisches Konzept gedacht, soll dieser Ansatz in seinem emotionspsychologischen Gehalt hier behandelt werden.

Emotionen sind für WEINER Ergebnisse von Kognitionen. Individuen werden durch Emotionen zum Handeln veranlaßt. Darüber hinaus geben sie Hinweise, die die Selbstwahrnehmung eines Individuums steuern helfen.

WEINER bezieht sich bei seinen Aussagen in erster Linie auf leistungsthematische Situationen und die Attribution von Erfolg und Mißerfolg. Kausalattributionen sind für ihn Kognitionen, die zwischen dem Handlungsergebnis und dem auftretenden Gefühl vermitteln. Die Art des auftretenden Gefühls ist dabei, wie aus Abbildung 1 zu entnehmen ist, abhängig von der vorgenommenen Kausalattribution und dem Leistungsergebnis.

ABBILDUNG 1 :
ZUSAMMENHANG ZWISCHEN KAUSALATTRIBUTIONEN UND
GEFÜHLEN IN ABHÄNGIGKEIT VON HANDLUNGSRESULTATEN
NACH WEINER (1980, S.5)

	Leistungsergebnis	
Attribution	Erfolg	Mißerfolg
Fähigkeit	Zuversicht	Inkompetenz
Anstrengung	Entspannung	Schuld/Scham
Andere	Dankbarkeit	Ärger
Zufall	Überraschung	Überraschung

Die Entstehung von Emotionen ist nach WEINER derart, daß nach der Attribution einer Handlungskonsequenz die Emotion von dem Resultat der Handlungskonsequenz (Erfolg bzw. Mißerfolg) bestimmt wird. Motivationsänderungen werden bei WEINER (1980) durch den Rückgriff auf emotionale Vorgänge erklärt.

2.2.4.4 Der emotionstheoretische Ansatz von PLUTCHIK

PLUTCHIK (1962, 1980) legte in seinen Arbeiten der letzten Jahre ein emotionstheoretisches Modell vor, das sowohl funktionalistische als auch strukturalistische Merkmale aufweist. Neben modellhaften Erklärungsansätzen für den Verlauf von emotionalen Reaktionen wird ein Ordnungsversuch zur Klassifikation der Emotionen unterbreitet.

PLUTCHIK unterscheidet acht Primäremotionen, durch deren Mischung die Vielfalt von Emotionen und emotionalem Erleben erklärbar wird.

Den Sinn von Emotionen sieht er in der notwendigen Anpassung des Organismus an seine Umwelt. Die von DARWIN (1884) hervorgehobene Ähnlichkeit emotionaler Ausdrucksprozesse beim Menschen und bei Tieren findet sich bei PLUTCHIK (1980) als Grundthese seines psychoevolutionären Modells wieder.

Den acht Primäremotionen können nach PLUTCHIK (1980) beim Menschen acht Prototypen adaptiven Verhaltens zugeordnet werden. Eine Zusammenstellung findet sich bei PLUTCHIK (1980, S. 16), die in der folgenden Abbildung 2 dargestellt ist.

Stimulus event	Inferred cognition	Feeling	Behavior	Effect
Threat	"Danger"	Fear, terror	Running, or flying away	Protection
Obstacle	"Enemy"	Anger, rage	Bitting, hitting	Destruction
Potential mate	"Possess"	Joy, ecstasy	Courting, mating	Reproduction
Loss of valued person	"Isolation"	Sadness, grief	Crying for help	Reintegration
Group member	"Friend"	Acceptance, trust	Grooming, sharing	Affiliation
Gruesome object	"Poison"	Disgust, loathing	Vomiting, pushing away	Rejection
New territory	"What's out there ?"	Anticipation	Examining, mapping	Exploration
Sudden novel object	"What is it ?"	Surprise	Stopping, alerting	Orientation

ABBILDUNG 2 :
DIE DEN ACHT PRIMÄREMOTIONEN VON PLUTCHIK ZUGEORDNETEN PROTOTYPEN ADAPTIVEN VERHALTENS (PLUTCHIK 1980 S.16)

Neben der Beschreibung der Emotionsarten beschäftigt sich PLUTCHIK mit dem Prozeß ihrer Entstehung. Nach seiner Auffassung besteht dieser Prozeß in der Abfolge:

> Stimulusereignis ⇒ kognitive Bewertung
> ⇒ erlebtes Gefühl ⇒ Handlungsimpuls
> ⇒ offenes Verhalten

Obwohl diese Abfolge der Emotionsentstehung nach PLUTCHIK nicht zwingend ist, soll doch typischerweise diese Abfolge bei Emotionen auftreten.

Die acht von PLUTCHIK postulierten Primäremotionen werden von ihm kreisförmig angeordnet (siehe Abbildung 3).

ABBILDUNG 3 :
KREISDARSTELLUNG DER EMOTIONEN IM EMOTIONSTHEORETISCHEN
MODELL NACH PLUTCHIK & KELLERMAN (1980, S. 11)

Durch die Einbeziehung der Intensitätsdimension entsteht eine Halbkugel
(siehe Abbildung 4), in der sowohl Qualität als auch Intensität der
Emotionen dargestellt werden können.

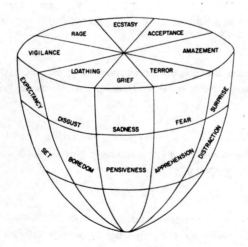

ABBILDUNG 4 :
HALBKUGELDARSTELLUNG DER PRIMÄREMOTIONEN IM EMOTIONS-
THEORETISCHEN MODELL PLUTCHIKS & KELLERMAN (1980, S. 10)

Die grafische Darstellung des halbkugelförmigen Emotionsmodells erlaubt es, die bessere Differenzierungsfähigkeit intensiven emotionalen Erlebens gegenüber schwachem emotionalem Erleben geringerer Intensität zu erklären. Je stärker eine Emotion, um so größer der Abstand zwischen den Emotionen. Am Pol der dargestellten Halbkugel, an dem quasi keine Intensität vorliegt, können die Primäremotionen danach nicht unterschieden werden. Erst durch die Zunahme auf der Intensitätsdimension ergibt sich eine Unterscheidbarkeit qualitativ unterschiedlicher Emotionen. Mit der Zunahme der Intensitätsdimension ergeben sich aber auch Änderungen in der Qualität innerhalb einer Primäremotion.

Die Vielfalt emotionalen Erlebens wird innerhalb des emotionstheoretischen Modells von PLUTCHIK durch die Mischung von Primäremotionen erklärt. Vier Typen von Mischungen können hierbei auftreten:

- Primärdyaden, die aus der Kombination zweier im Emotionskreis benachbarter Emotionen entstehen,

- Sekundär- bzw. Tertiärdyaden, die aus der Kombination unähnlicher Emotionen, d.h. im Emotionskreis gegenüberliegender Emotionen gebildet werden und

- Triaden, die aus der Kombination von drei Primäremotionen bestehen.

Aus den möglichen Zweier- und Dreierkombinationen von acht Primäremotionen ergibt sich zusammen mit der minimal dreifachen Abstufung der Intensitätsdimension des emotionalen Erlebens eine Vielzahl möglicher emotionaler Zustände.

PLUTCHIK (1980) versucht eine Übertragung seiner entwickelten Modellvorstellungen in die differentielle Psychologie und Psychiatrie. Ausgehend von der Feststellung, daß Personen durch eine der Primäremotionen besonders stark in ihrer Persönlichkeit bestimmt werden, sieht er die Möglichkeit, Persönlichkeitsmerkmale als quasi manifestierte Primär- bzw. Mischemotionen zu beschreiben.

Neben der Zuschreibung von Persönlichkeitseigenschaften zu den postulierten Primärdimensionen werden von PLUTCHIK (1980) Zusammenhänge zu psychiatrischen Diagnosegruppen und zu freudschen Abwehrmechanismen gesehen.

An dem von PLUTCHIK (1962, 1980) vorgelegten emotionstheoretischen Modell imponiert zum einen der Versuch einer gleichzeitigen funktionalistischen und strukturalistischen Betrachtungsweise der Emotion, zum anderen der Versuch einer Erweiterung seines Modells auf andere psychologische Gebiete. Kritisch zu fragen ist allerdings, ob die Festlegung von gerade acht Primäremotionen als zwingend angesehen werden muß. Darüber hinaus erscheinen die Zuordnungen von Persönlichkeitseigenschaften, psychiatrischen Diagnosegruppen und Freudschen Abwehrmechanismen zu den Primärdimensionen nicht in allen Fällen plausibel. Eine empirische Absicherung der umfangreichen theoretischen Modellannahmen wurde von dem Autor und seinen Mitarbeitern mit ersten positiven Ergebnisse unternommen (PLUTCHIK 1962, 1966, 1980, PLUTCHIK et al. 1979), kann aber nicht als abgeschlossen gelten.

2.2.4.5 Der emotionstheoretische Ansatz von IZARD

Die "Differential Emotional Theory" von IZARD (1971, 1977) stellt eine der umfassendsten Analysen differentieller Emotionen dar. Ausgehend von den Überlegungen früherer Emotionstheoretiker ist es ein Versuch, ein System differentieller Emotionen zu entwerfen.

IZARD geht von zehn emotionalen Grunddimensionen aus, die sie "Basismethoden" nennt und die im Sinne von Motivationssystemen und nicht im Sinne von Reaktionssystemen aufzufassen sind.

Zehn fundamentale Gefühle werden von IZARD beschrieben:

1. Interesse
2. Vergnügen
3. Überraschung
4. Traurigkeit
5. Ärger
6. Ekel
7. Verachtung
8. Furcht
9. Scham/Schüchternheit
10. Schuld

Diese fundamentalen Gefühle können in sogenannten Gefühlsmustern auftreten, wobei zwei oder drei fundamentale Gefühle zusammen auftreten. Die für IZARD wichtigsten Gefühlsmuster sind Angst, Depression und Feindseligkeit.

Jedes der Gefühle hat nach IZARD (1971, 1977) eine evolutionäre Grundlage und führt zu verschiedenen subjektiven Erfahrungen und Verhaltenskonsequenzen. Zwar bilden die zehn Basismethoden miteinander Kombinationen, doch bleiben sie in ihrer Qualität erkennbar. Sie verschmelzen nicht zu "qualitativ neuen" Emotionen, wie dies in dem emotionstheoretischen Modell von PLUTCHIK der Fall ist, sondern bilden die bereits beschriebenen Emotionsmuster.

Analog zu der James-Lange-Theorie wird innerhalb des Modells von IZARD der Rückmeldung peripherer Prozesse, besonders der Muskelaktivität des Gesichts aber auch der Willkürmuskulatur, eine bedeutende Rolle bei der Emotionsentstehung zugesprochen. Darüber hinaus werden als emotionsauslösende Prozesse situative Erfahrungen, Erinnerungen, Vorstellungen und antizipatorisches Denken genannt.

Die zehn Emotionen bilden ein System, das sowohl hierarchische als auch polare Ordnung aufweist. Zusammen mit kognitiven Prozessen bilden sie "affektive-kognitive" Strukturen, die sich verfestigen können. Verfestigte "affektiv-kognitive Strukturen" sind in ihren Funktionen vergleichbar mit Persönlichkeitseigenschaften und Einstellungen. Einen Zusammenschluß "affektiv-kognitiver Strukturen" bezeichnet IZARD als "affektiv-kognitive Orientierung". Damit nehmen bei IZARD, ähnlich wie bei PLUTCHIK (1980) emotionale Prozesse einen für die Persönlichkeit konstituierenden Stellenwert ein.

2.2.5 AKTIVATION UND LEISTUNG

Die von YERKES und DODSON (1908) formulierte Beziehung einer kurvilinearen, umgekehrt u-förmigen Beziehung zwischen Aktiviertheit und Leistung, die als YERKES-DODSON-Gesetz Eingang in die psychologischen Lehrbücher fand, behauptet eine für die vorliegende Arbeit wichtige Beziehung zwischen Aktivierung und Leistung.

Trifft es zu, daß die Leistung bei hoher und niedriger Aktivierung gering, bei mittlerer Aktivierung aber hoch ist, könnte die beobachtete Verschlechterung der Leistung nach Mißerfolg auf die hierdurch induzierte überhöhte Aktivierung zurückgeführt werden.

Inwieweit das YERKES-DODSON-Gesetz allerdings als real gegeben angesehen werden muß, ist umstritten. Eine größere Anzahl von Untersuchungen, die sich mit der postulierten umgekehrt u-förmigen Beziehung zwischen Aktivierung und Leistung beschäftigte (BROADBENT 1965, BROADHUST 1957, 1959, KLEINSMITH et al. 1963, MARTENS & LANDERS 1970, NÄÄTANEN 1973, STENNET 1957), erbrachte teilweise linear ansteigende Beziehungen zwischen Aktivierung und Leistung. Teilweise konnten die Voraussagen nicht bestätigt werden. Diese Ergebnisse werden allerdings von Kritikern mit dem Hinweis abgelehnt, daß nur niedrige bis mittlere Grade der Aktiviertheit induziert wurden, die Ergebnisse sich also auf den ansteigenden Ast der umgekehrt u-förmigen Kurve beziehen. Es stellt sich allerdings die Frage, ob die im YERKES-DODSON-Gesetz behauptete kurvilineare Beziehung zwischen Aktivierung und Leistung überhaupt falsifizierbar ist. Findet eine Untersuchung einen linear positiven oder linear negativen Verlauf, werden Anhänger der kurvilinearen Beziehung immer behaupten können, daß nicht der volle Aktivierungsbereich, sondern nur der Bereich, in dem der ansteigende oder abfallende Ast der umgekehrt u-förmigen Kurve liegt, untersucht wurde. Das Fehlen eines allgemein anerkannten Maßes für die Festlegung von Aktiviertheitsgraden verhindert zum gegenwärtigen Zeitpunkt eine Falsifizierung der behaupteten Beziehung.

Was die behauptete kurvilineare Beziehung zwischen Aktivierung und Leistung so attraktiv macht, ist neben ihrer Plausibilität die Möglichkeit, hiermit Ergebnisse der Angst- bzw. Streßforschung zu erklären. Es zeigte sich z.B. immer wieder, daß hochängstliche Personen leichte Aufgaben besser lösten als niedrigängstliche Personen; niedrigängstliche Personen dagegen schwierige Aufgaben besser lösten als hochängstliche Personen (WEINER 1984). Zieht man das YERKES-DODSON-Gesetz zur Erklärung heran, können die beobachteten Unterschiede auf die unterschiedlichen Aktiviertheitsgrade der Personen zurückgeführt werden. Niedrigängstliche Personen benötigten hiernach schwierigere Aufgaben, um ein höheres, d.h. in diesem Fall ein optimales Aktivationsniveau zu erreichen. Hochängstliche Personen sind bereits bei leichten Aufgaben optimal aktiviert. Bei schweren Aufgaben sind sie überaktiviert, was zu der beobachteten Leistungsverminderung führt.

Die in dem vorliegenden Experiment vorgesehene gleichzeitige Erhebung von Leistungsdaten und Daten der physiologischen Aktivierung erlauben, falls die Erwartung einer unterschiedlichen physiologischen Aktivation der Untersuchungsgruppen in den Kriteriengruppen zutrifft, die Prüfung der Wirksamkeit unterschiedlicher Aktivationslagen auf die Leistung. Die Überprüfung des YERKES-DODSON-Gesetzes selbst ist, von den oben geschilderten prinzipiellen Schwierigkeiten abgesehen, durch die Untersuchungsanordnung nicht möglich, da experimentell nicht versucht werden soll, verschiedene Aktivationsgrade zu induzieren.

Der Zusammenhang zwischen physiologischer Aktivierung auf einem von LINDSLEY (1952) beschriebenen kontinuierlichen und eindimensionalen Aktivierungskontinuum wird von ihm sowohl mit physiologischen Maßen (EEG), Aufnahme- bzw. Aufmerksamkeitsleistungen und Verhaltensweisen im Sinne von Denkleistungen in Zusammenhang gebracht.

Trotz der nicht immer zutreffenden Voraussagen aufgrund des Aktivierungsbegriffs bzw. der mit ihm verbundenen Aktivierungstheorie und des recht weiten Bedeutungsgehaltes muß er doch als nützlich zur Beschreibung von Verhalten und Erleben angesehen werden. OERTER (1971, S. 469) schreibt: "Dennoch bietet der Aktivierungsbegriff so viele Vorteile, daß man ihn als wichtige Basis kognitiver Leistungen anerkennen muß."

2.3 MOTIVATION

Gegenstand der Psychologie ist unter anderem die Beschreibung, Erklärung und Voraussage von Verhalten. In diesem Zusammenhang gilt es, die Frage zu klären, weshalb sich eine Person so und nicht anders verhält. Bevor diese Frage geklärt werden kann, muß zuerst Klarheit darüber vorliegen, was überhaupt die Antriebsfeder menschlichen Verhaltens ist. Das psychologische Konstrukt, unter dem diese Fragen behandelt werden, trägt die Bezeichnung Motivation.

In den Anfängen der Psychologie wurden als motivationspsychologische Begriffe Wille und Willenshandlung benutzt. Bei WUNDT (1918) findet man eine enge Verbindung zwischen Gefühl und Vorstellungen. Gefühle und Vorstellungen, die Willenshandlungen unmittelbar vorangehen, nennt er

Motive. Ein Motiv beinhaltet nach WUNDT einen Vorstellungsanteil und einen Gefühlsanteil. Den Vorstellungsanteil eines Motivs bezeichnet WUNDT als Beweggrund, den Gefühlsanteil als Triebfeder des Willens. In der Bewußtseinspsycholgie WUNDTS stellen Empfindungen, Vorstellungen, Gefühle und Motive Voraussetzungen und Grundlage jedes Willensaktes dar und sind somit ein Teil von diesem.

Die innerhalb der Psychologie entwickelten bzw. von verwandten biologischen Wissenschaften übernommenen Motivationstheorien sind sehr vielfältig. Sie reichen von triebtheoretischen Begründungen des Verhaltens über homöostatische und aktivationstheoretische Ansätze bis zu Theorien der Leistungsmotivation und der Motivation zur Selbstverwirklichung (MASLOW 1962, 1977) oder der Motivation zum Sinn (FRANKL 1978).

Trotz der Verschiedenheit entwickelter Vorstellungen versucht jeder theoretische Ansatz, die für die motivationspsychologische Forschung wichtigen Fragen zu beantworten:

- Was ist der eigentliche Grund für Verhalten?
- Gibt es eine oder mehrere "Antriebsfedern"? Welche sind diese und wie lassen sie sich unterscheiden?
- Wie wird das Verhalten motivational reguliert, d.h. wie ist das Zusammenspiel unterschiedlicher Motive und wie der Einfluß auf das konkrete Verhalten?
- Welcher Zusammenhang besteht zwischen Motivation und anderen psychischen Konstrukten wie Emotion, Wahrnehmung, Gedächtnis usw.?
- Wie entsteht ein Motiv, durch welche Bedingungen wird es aufrecht erhalten, was führt zur Entstehung eines Motivs, was zur Reduktion bzw. was führt zu dessen Verschwinden?
- Was geschieht, wenn das angestrebte Ziel erreicht wird, was, wenn das Ziel nicht erreicht wird?
- Was geschieht, wenn sich zwei Motive widersprechen, da ihre Ziele unvereinbar miteinander sind?
- Wie können Menschen für bestimmte Ziele motiviert werden?
- Wie entwickeln sich Motive über die Lebensspanne eines Menschen?

Eine Darstellung der verschiedenen motivationstheoretischen Modelle ist im Rahmen dieser Arbeit nicht möglich, zumal nur ein kleiner Ausschnitt, nämlich der der Leistungsmotivation, für die vorliegende Thematik von Bedeutung ist.

Als thematisch relevanter Teil motivationspsychologischer Theorienbildung und experimenteller Prüfung sollen deshalb in erster Linie die Fragestellungen und Ergebnisse der Leistungsmotivationsforschung dargestellt werden.

2.3.1 LEISTUNGSMOTIVATION, ANSPRUCHSNIVEAU IN IHRER BEZIEHUNG ZU ERFOLG UND MISSERFOLG

Die ersten Autoren, die sich in den vierziger Jahren innerhalb der amerikanischen Psychologie mit Leistungsmotivation beschäftigten, waren D.C. McCLELLAND, J.W. ATKINSON und Mitarbeiter. In Deutschland beschäftigte sich bereits 1930 F. HOPPE mit der Wirkung von Erfolg und Mißerfolg auf die Anforderungen und Erwartungen bei Vpn.

In seinem Bestreben, den Ausdruck von Bedürfnissen in projektiven Verfahren zu erfassen, wählte McCLELLAND den Leistungsbereich aus. Es zeigte sich (McCLELLAND 1953), daß Personen, je nach dem Umfang, in dem die Leistungsthematik während der experimentellen Bearbeitung von Aufgaben thematisiert wurde, eine höhere Leistungsmotivation im Sinne eines höheren Bedürfnisses, gute Leistungen zu erzielen, aufwiesen. Die Erhebung der Leistungsmotivation (need achievement) erfolgt durch die Auswertung der TAT-Antworten anhand eines Kategorisierungsverfahrens. Von diesem Ansatz aus entwickelte sich ein umfangreiches Forschungsgebiet, das in Deutschland vor allem durch HECKHAUSEN (1963, 1980) bearbeitet wurde.

Die Anzahl von Untersuchungen zur Leistungsmotivation ist heute nahezu unübersehbar. Will man sich einen Überblick verschaffen, orientiert man sich an den innerhalb des Forschungsgebiets diskutierten Begriffen Leistungsmotivation, Anspruchsniveau, Erfolgsorientierung, Mißerfolgsorientierung und den gefundenen Zusammenhängen zwischen diesen Konstrukten.

Definiert man Motive, wie es GRAUMANN (1969, S.113) tut, als "latente und relativ stabile Dispositionen, die nur dann manifest, d.h. angeregt werden, wenn entsprechende situative Schlüsselreize oder Anreize als instrumentell zu ihrer Verwirklichung erfahren werden.", kann von Leistungsmotiv oder Leistungsmotivation gesprochen werden, wenn sich eine Person in einer leistungsrelevanten Situation befindet. HECKHAUSEN (1965, S. 604) definiert Leistungsmotivation als:

"das Bestreben, die eigene Tüchtigkeit in allen jenen Tätigkeiten zu steigern oder möglichst hochzuhalten, in denen man einen Gütemaßstab für verbindlich hält, und deren Ausführung deshalb gelingen oder mißlingen kann."

Leistungsmotivation ist hiernach, neben dem Streben nach Tüchtigkeit, auch durch die situativen Bedingungen definiert, aus denen sowohl Erfolg als auch Mißerfolg resultieren kann.

In den meisten leistungsrelevanten Situationen hat das Eintreten von Erfolg oder Mißerfolg eine gewisse Wahrscheinlichkeit. Ob eine Person eine Aufgabe zu bearbeiten beginnt, hängt von ihrer Tendenz ab, Erfolg zu suchen bzw. Mißerfolg zu vermeiden. Hoffnung auf Erfolg und Furcht vor Mißerfolg sind zwei wesentliche Bestimmungsstücke von Leistungsmotivation. Neben der situationsbezogenen Tendenz, Erfolg anzustreben bzw. Mißerfolg zu vermeiden, wird eine habituelle Tendenz der Erfolgsorientierung bzw. Mißerfolgsorientierung angenommen. Differentialdiagnostisch kann zwischen "erfolgsmotivierten" (besser erfolgsorientierten) und "mißerfolgsmotivierten" (besser mißerfolgsorientierten) Personen unterschieden werden.

Erfolgsorientierte Personen sind durch leistungsthematische Situationen leicht ansprechbar und gehen von der erfolgreichen Bewältigung der gestellten Aufgabe aus. Mißerfolgsorientierte Personen versuchen, leistungsthematische Situationen zu meiden und glauben, daß die gestellte Aufgabe zu einem persönlichen Mißerfolg führen wird.

Die Definition von Erfolg und Mißerfolg ist allerdings im individuellen Fall nicht einfach. Was eine Person als Erfolg bzw. Mißerfolg wertet, ist zu einem beträchtlichen Umfang von ihrem Anspruchsniveau abhängig.

Der Begriff des Anspruchsniveaus, von HOPPE (1930) erstmalig eingeführt, beschreibt die Beobachtung, daß sich Personen mit geringer Leistung zufrieden geben und diese subjektiv als Erfolg werten, während eine andere Person mit guter Leistung unzufrieden ist und diese intraindividuell betrachtet gute Leistung subjektiv als Mißerfolg wertet. Diese unterschiedliche subjektive Wertung kann nur aufgrund eines internen Gütemaßstabes erfolgt sein, der den Anspruch an die eigene Leistung repräsentiert. Der Begriff Anspruchsniveau beschreibt die Anforderungshöhe an die eigene Leistungsfähigkeit.

Wird bei niedrigem Anspruchsniveau eine über diesem Niveau liegende Leistung erbracht, wird diese Leistung als Erfolg gewertet, unabhängig davon, wie schlecht diese in der interindividuellen Betrachtung auch sein mag. Umgekehrt erfolgt bei hohem Anspruchsniveau bei interindividuell betrachtet guter, aber unter dem individuellen Anspruchsniveau liegender Leistung ein subjektives Mißerfolgserleben.

Neben den Merkmalen der Person gehen ebenso Merkmale der Situation in die leistungsthematische Interaktion ein. Hiermit ist die Schwierigkeit der Aufgabe gemeint. Eine Reihe von Untersuchungen (MEYER 1973, MEYER 1973, SCHMALT 1976 u.a.) beschäftigten sich mit der Aufgabenwahl in Abhängigkeit von der Schwierigkeit der Aufgabe. Es zeigt sich, daß die Wahl der Aufgabenschwierigkeit von der Leistungsorientierung der Personen abhängig ist. Während erfolgsorientierte Vpn eher Aufgabenschwierigkeiten wählen, die ihrer aktuellen Fähigkeit, Aufgaben zu lösen, entsprechen oder knapp darüber liegen, wählen mißerfolgsorientierte Vpn extrem leichte oder aber extrem schwere Aufgaben zur Bearbeitung aus.

Als Grund für dieses auffällige Wahlverhalten wird der Schutz des Selbstbildes angesehen. Wählt eine mißerfolgsorientierte Person eine zu leichte Aufgabe, besteht eine hohe Wahrscheinlichkeit, daß sie diese wird lösen können. Sie reduziert damit die Wahrscheinlichkeit eines Mißerfolgs. Die Wahl äußerst schwieriger Aufgaben hat ebenfalls eine selbstwertentlastende Funktion. Wird die Aufgabe nicht gelöst, kann der Mißerfolg auf die Schwierigkeit der Aufgabe zurückgeführt werden und muß nicht den mangelnden eigenen Fähigkeiten zugeschrieben werden. Die letzten Ergebnisse schlagen eine Brücke zur Attributionsforschung, die zusammen mit der Leistungsmotivationsforschung interessante Ergebnisse bezüglich der Ursachenzuschreibung von Erfolg und Mißerfolg aufzuweisen vermag.

Unterscheidet man zwischen externaler und internaler Attribution und konstanter versus variabler Ursachenzuschreibung, wie dies z.B. WEINER (1984) tut, können vier Typen der Attribution von Leistungen unterschieden werden.

Stabilität	Lokation	
	internal	external
stabil	Fähigkeit	Aufgaben-schwierigkeit
variabel	Anstrengung, Müdigkeit, Stimmung	Zufall

ABBILDUNG 5
ZWEIDIMENSIONALES KLASSIFIKATIONSSCHEMA FÜR DIE WAHRGENOMMENEN URSACHEN VON ERFOLG UND MISSERFOLG (WEINER 1984, S. 270)

Das in Abbildung 5 dargestellte Zweifaktorenmodell der Attribution von Leistung wurde später, durch Hinzufügung des Faktors Kontrollierbarkeit der Ursachen, zu einem dreifaktoriellen Klassifikationsschema erweitert.

Als zusammenfassendes Ergebnis von vielen Untersuchungen zu den Attribuierungsgewohnheiten erfolgsorientierter und mißerfolgsorientierter Personen ergibt sich, daß erfolgsorientierte Personen Erfolge eher internal und stabil (Fähigkeit), Mißerfolge eher external und variabel (Schwierigkeit der Aufgabe) attribuierten, während mißerfolgsorientierte Personen Erfolge eher external und variabel (Glück bzw. Zufall), Mißerfolge eher internal und stabil (mangelnde Fähigkeit) attribuierten (WEINER 1984).

Erfolgsmotivierte führen demnach Erfolg auf ihre eigenen Fähigkeiten, Mißerfolge auf fehlende Anstrengung zurück. Demgegenüber schreiben mißerfolgsorientierte Personen Erfolg günstigen Umständen und Mißerfolge fehlendem individuellen Leistungsvermögen oder der Schwierigkeit der Aufgabe zu.

Die großen interindividuellen Unterschiede in der Leistungsmotivation
lassen die Frage aufkommen, durch welche Bedingungen die Entstehung von
Leistungsmotivation gefördert oder gehemmt wird. Als möglicher Erklärungsansatz wird häufig die Untersuchung von WINTERBOTTOM (1958) angeführt, in
der sich durch eine retrospektive Befragung zeigte, daß Mütter von stark
leistungsmotivierten Jungen gesteigerten Wert auf eine frühe Selbstständigkeitserziehung gelegt hatten. Selbstständigkeit wurde von diesen Müttern in
stärkerem Umfang belohnt. Mütter von schwach leistungsmotivierten Jungen
legten dagegen keinen gesteigerten Wert auf eine frühe Selbstständigkeitserziehung.

In einer Untersuchung von HECKHAUSEN u. KEMMLER (1954) konnten ähnliche
Resultate verzeichnet werden. Es zeigte sich allerdings auch, daß Geschlechtsunterschiede und der Zeitpunkt, in dem die Selbstständigkeitserziehung begann,
die generelle Aussagemöglichkeit über derartige Beziehungen komplizierte.

Untersuchungen an sehr jungen Kindern (HECKHAUSEN & ROELOFSEN 1962) und
an geistig behinderten Kindern (HECKHAUSEN & WASNA, 1966) belegen, daß
bereits Kinder im Alter ab 3,6 Lebensjahren bzw. mit einem Intelligenzalter
von 3,6 Jahren die durch die Untersuchungssituation induzierte Konkurrenzsituation (wer baut einen Turm am schnellsten) als solche erkennen und
darüber hinaus auf Erfolg und Mißerfolg in der zu erwartenden affektiven
Weise reagieren, indem sie eindeutig zu interpretierendes emotionales
Ausdrucksverhalten zeigten und bei Mißerfolg versuchten, diesen in irgendeiner Form zu kompensieren.

2.4   ZUSAMMENFASSUNG DES THEORETISCHEN TEILS

In den vorangegangenen Kapiteln wurde versucht, die für die vorliegende
Arbeit wichtigen Teilgebiete der Psychologie und die in ihr vorzufindenden
theoretischen Ansätze zu den psychologischen Konstrukten Denken und
Problemlösen, Emotion und Motivation kurz zu umreißen und die wichtigsten
Aspekte herauszuarbeiten. In dem folgenden Kapitel sollen nun die für die
vorliegende Arbeit relevanten experimentellen Arbeiten referiert werden.

2.5 EXPERIMENTELLE ARBEITEN ZUR WIRKUNG VON ERFOLGS- UND MISSERFOLGSRÜCKMELDUNG

Eine Literaturanfrage bei der Zentralstelle für psychologische Information und Dokumentation unter den Suchkriterien Problemlösen, Denken, Reasoning, Erfolg, Mißerfolg ergab insgesamt 84 Literaturhinweise. Die Auswertung dieser Hinweise zusammen mit einer erweiterten Literaturdurchsicht brachte folgende wesentliche Ergebnisse:

- Aus den vorliegenden Arbeiten zum Problemlösen unter Leistungsrückmeldungen fällt zum einen die große Zahl von Arbeiten auf, die sich mit der Wirkung von Mißerfolgsrückmeldung auf die Problemlöseleistung beschäftigen. Arbeiten mit Erfolgsrückmeldungen sind dagegen eher selten.

- Insgesamt gibt es nur wenige Untersuchungen, die sich gleichzeitig mit der Auswirkung von Erfolgs- und Mißerfolgsrückmeldungen auf das Problemlösen beschäftigen.

- Die Auswirkungen von Erfolg und Mißerfolg wurden auf eine Vielzahl von psychologischen Konstrukten untersucht. Zu nennen wären:

- die kognitive Leistungsfähigkeit (CRAPARO et al. 1981, COHEN & HUSTON 1975, COWEN 1952, DANAHOE 1960, DUNN 1968, FRANKEL 1978, GATES & RISSLAND 1923, GREENBERG 1978, HARVEY 1982, HEUSER 1976, KILPATRICK 1978, MEHL 1962, MORRIS & LIEBERT 1970, RAAHEIM & KAUFMANN 1972, RANDOLPH 1971, PEREZ 1973, SCHALON 1968, SHRAUGER & ROSENBERG 1970, SYNDER & KATAHN 1973, WEISS 1975)

- das emotionale Befinden (BAYTON & WHYTE, BEYER 1978, BOUCSEIN & FREY 1974, KAUFMANN et al. 1979, LOCKE 1967)

- die physiologische Aktivierung (BECKMAN & STEIN 1961, BEYER 1978, BLATT 1961, BURGESS & HOKANSON 1964, DUFFY 1932, KILPATRICK 1978, MÜNCHER & HECKHAUSEN 1962, SCHNORE 1959, STENNET 1957, SORGATZ 1962, FREEMAN, 1933)

- die Erfolgserwartung (ARONSON & CARLSMITH 1962, FEATHER 1963, 1966, MOTOWIDLO 1976, ZAJONC & TAYLOR 1969)

- die Leistungsmotivation (ATKINSON & LITWIN 1960, HOPPE 1930, PATTY & STAFFORD 1977),

- die Leistungsattribution (FEATHER 1969, FELDMAN & BERNSTEIN 1976, GREENBERG 1878, MEYER 1980, WEISS 1975),

- das Lernen (WEINER 1960),

- das Gedächtnisleistung (ZELLER 1951),

- die Ich-Involviertheit (COSTELLOS 1964, MILLER 1976)

- das Selbstwert- bzw. Selbstkonzept (CRAPARO et al. 1981, FRY 1975, SCHNEIDER 1968, SILVERMAN 1969),

- die Kontrollüberzeugung (GALE 1970).

 - Bei den meisten Untersuchungen ist die Erfassung der abhängigen Variablen auf eine oder zwei Konstrukte begrenzt.

 - Nur sehr wenige Arbeiten registrierten die Wirkung von Erfolgs- und Mißerfolgsrückmeldung auf Indikatoren der physiologischen Aktivierung (BLATT 1961, SCHNORE 1966).

 - Es wurde keine Untersuchung gefunden, die gleichzeitig die Auswirkung von Erfolgs- und Mißerfolgsrückmeldung auf die drei Variablenbereiche Leistung, emotionales Befinden und physiologische Aktivierung untersuchte.

Mißerfolgserleben wird in erster Linie durch die Frustration der Vpn in ihrem Bestreben, gute Leistungen in Aufgabensituationen zu erzielen, realisiert. Dabei bedient man sich unterschiedlicher Methoden (LAZARUS et al. 1952). Häufig wird die Darbietung von unlösbaren oder sehr schwierigen Aufgaben oder die Rückmeldung falscher Leistungsdaten unter Kritik als Mißerfolgsinduktion benutzt.

Die Arbeiten, die sich mit der Auswirkung von Erfolgserleben auf die Leistungsgüte bei Denkaufgaben beschäftigen, induzieren die positiven Emotionen, indem sie leichte Aufgaben vorgeben, die als besonders schwer ausgegeben werden, oder die Leistungen anhand falscher Normwerte beurteilen, wobei die Leistungen vom Versuchsleiter besonders gelobt wurden.

Zusammenfassend kann gesagt werden, daß nur wenige Arbeiten sich gleichzeitig mit der Auswirkung von positiven und negativen Leistungsrückmeldungen auf die Leistungsgüte beschäftigen, wobei Daten aus drei Variablenbereichen, dem Verhaltensbereich (Leistung), dem Bereich des emotionalen Befindens und der physiologischen Aktivierung erhoben werden.

Eine größere Zahl von Arbeiten erfaßt zwar als abhängige Variablen Leistungsdaten im Sinne von Denkleistungen, doch handelt es sich hierbei nur selten um Leistungen, die produktives Denken erfordern. Vielmehr wurden Aufgabenstellungen benutzt, die entweder als stark übungsbestimmt gelten können, wie etwa das Kopfrechnen mit einfachen ein- oder zweistelligen Zahlen oder aber nur einen geringen Komplexitätheitsgrad aufweisen, wie der Zahlensymboltest.

Eine Ausnahme von der zuvor gemachten Aussage stellt die Arbeit von HEUSER (1976) dar. Die von ihm verwendeten Umordnungsaufgaben stellen für die Vpn ein echtes Denkproblem dar, das durch produktives Denken zu lösen ist. Ausgangszustand und Endzustand der Aufgabe sind bekannt. Von den Vpn ist der Lösungsweg zu entwickeln, d.h. die richtige Abfolge von Problemtransformationen müssen gefunden werden.

Obwohl sich die Arbeit allein mit der Wirkung von Mißerfolgsstreß auf das Problemlösen beschäftigt und die Gewichtung der Thematik eher in Richtung Streß- bzw. Angstforschung liegt, sollten die Ergebnisse der Arbeit kurz referiert werden.

Unter dem Thema "Zur differentiellen Wirkung von Streß auf das Problemlösen" untersuchte HEUSER (1976) die Wirksamkeit zweier Stärken von Mißerfolgerlebnissen unter Kritik des Versuchsleiters auf die Problemlöseleistung und die subjektive Problembeeinträchtigung bei hoch- und niedrigängstlichen männlichen und weiblichen Schülern der 12. Jahrgangsklasse.

Wie erwartet senkte die Induktion von Mißerfolgsstreß die Problemlöseleistung. Als wichtige Ergebnis ist festzuhalten, daß neben den zu erwartenden Haupteffekten für die Faktoren Angst und Streß Wechselwirkungen zwischen den Faktoren Ängstlichkeit*Streß und Geschlecht*Streß auftraten. Die Wechselwirkung Geschlecht*Streß besagt, daß die Wirkung von Mißerfolgsstreß auf den drei induzierten Stufen (kein Streß, leichter Streß, starker Streß) abhängig ist von der Geschlechtszugehörigkeit der Vpn. Konkret zeigte sich für die männlichen Vpn eine Abnahme der Problemlöseleistung mit zunehmender Streßintensität. Für die weiblichen Vpn ergab sich dagegen eine numerische Zunahme der Problemlöseleistung bei ansteigender Streßintensität, wobei allerdings festzustellen war, daß auf allen drei Streßintensitäten eine - verglichen mit den männlichen Vpn - mittlere Streßbelastung mit durchschnittlicher Problemlöseleistung erzielt wurde. In der Bedingung ohne Streßinduktion erzielten die Frauen ihr schlechtestes Leistungsergebnis.

Kritisch an der Arbeit ist zum einen anzumerken, daß es sich bezüglich des Faktors Ängstlichkeit um einen Extremgruppenvergleich handelte, was zwar die Wahrscheinlichkeit erhöht, einen Nachweis experimenteller Effekte zu belegen, dafür aber die Generalisierung der gewonnenen Ergebnisse erschwert. Zum anderen bleibt die Auswertung der Daten bei einer multivariaten Prüfung der Effekte anhand der F-Tests stehen. Auf eine Prüfung der Mittelwertsunterschiede bzw. sich anzeigenden Trends wurde verzichtet.

Die in der Arbeit festgestellte Bedeutung der Geschlechtszugehörigkeit für die Wirkung von Mißerfolg erscheint für die vorliegende Arbeit insofern von Interesse, als auch hier mit Mißerfolgserleben gearbeitet werden sollte.

2.6 ABLEITUNG DER FRAGESTELLUNG

Wie zuvor dargestellt, wurden die Auswirkungen von Erfolg und Mißerfolg auf Maße der kognitiven Leistungsfähigkeit nur in wenigen Arbeiten gleichzeitig erhoben. Gegenüber den vielen Untersuchungen, die die Auswirkungen von Mißerfolg zum Gegenstand hatten, ist die Wirkung von Erfolg auf die Leistungsgüte beim Problemlösen nur wenig untersucht worden. Es stellt sich deshalb die Frage welche Wirkung Erfolgs- und Mißerfolgserleben auf die Problemlöseleistung bei Aufgaben haben, die produktives Denken erfordern. Nur wenige Untersuchungen überprüften, ob die gegebenen Erfolgs- und Mißerfolgsrückmeldungen auch tatsächlich zu intendierten emotionalen Reaktionen bei den Vpn führten. Darüber hinaus interessiert aus aktivationstheoretischer Sicht die Frage, inwieweit die durch Mißerfolg bzw. Erfolg induzierten physiologischen Aktivationsänderungen die beobachtbaren Veränderungen im Leistungsbereich bedingen.

Die Grundidee der Untersuchung war es, Gruppen von Versuchspersonen nach einer durch experimentelle Eingriffe unbeeinflußten Aufgabenbearbeitung eine Aufgabe zu stellen, die - unabhängig von der tatsächlich erbrachten Leistung - je nach der Gruppenzugehörigkeit mit einer Erfolgsrückmeldung, einer Mißerfolgsrückmeldung oder einer leistungsirrelevanten Rückmeldung enden würde. Nach den gruppenspezifischen Rückmeldungen sollten weitere Aufgaben des gleichen Typs wie die erste Aufgabe bearbeitet werden, um die Leistungsänderungen beurteilen zu können. Während der Untersuchungssituationen sollten die physiologische Aktivierung und nach jeder Situation die emotionale Befindlichkeit der Vpn erhoben werden.

Zur Beantwortung der Fragestellung werden eine Erfolgsgruppe, eine Mißerfolgsgruppe und eine Kontrollgruppe benötigt. Der in der Literatur berichtete Geschlechtseinfluß bezüglich der Leistungsfähigkeit unter Mißerfolgsstreß (HEUSER 1976) war Anlaß als weiteren gruppenbildenden Faktor das Geschlecht der Vpn in den experimentellen Plan aufzunehmen.

Um eine Aussage über die Veränderung der Variablenbereiche Problemlöseleistung, emotionale Befindlichkeit und physiologische Aktivierung machen zu können, war eine Mehrfacherhebung der abhängigen Variablen dieser Bereiche erforderlich. Der dritte Faktor des experimentellen Designs ist somit der Meßwiederholungsfaktor.

Innerhalb der vorliegenden Untersuchung soll die Frage geklärt werden, welche Auswirkungen positive und negative Leistungsrückmeldungen auf die Leistungsgüte beim Problemlösen, auf das emotionale Befinden und die physiologische Aktivierung haben. Diese Fragestellung ist in der bisherigen psychologischen Forschung in diesem Umfang noch nicht geklärt.

Die durch die experimentellen Bedingungen erwarteten Effekte, die in den allgemeinen Hypothesen zum Ausdruck kommen, sind im nächsten Kapitel beschrieben.

2.7 HYPOTHESEN

Die in der Untersuchung erhobenen abhängigen Variablen sind dem Leistungsbereich, dem emotionalen Bereich und dem physiologischen Bereich zuzuordnen. Für jeden der Variablenbereiche soll im folgenden die allgemeine Hypothese formuliert werden. Die Auswertung der gewonnenen Daten anhand orthogonaler Kontraste verlangt eine genaue Spezifizierung der zu prüfenden Hypothesen. Zum Verständnis dieser Hypothesen ist allerdings die Kenntnis des Untersuchungsplans und weiterer methodischer Vorgehensweisen erforderlich, die erst an späterer Stelle der Arbeit dargestellt werden können. Aus diesem Grund werden nun zuerst die allgemeinen Hypothesen benannt. Die spezifischen Hypothesen sind nach dem Methodenteil in Kapitel 3.11 aufgeführt.

2.7.1 Allgemeine Hypothesen

1.) Die drei Untersuchungsgruppen, die Erfolgsgruppe, die Mißerfolgsgruppe und die Kontrollgruppe, unterscheiden sich in den verschiedenen Variablenbereichen, wie:

- der Leistung in zu bearbeitenden Problemlöseaufgaben
- dem emotionales Befinden in den Untersuchungssituationen
- der physiologischen Aktivierung in den unterschiedlichen Untersuchungssituationen

Es wurde erwartet, daß die Mißerfolgsgruppe gegenüber der Erfolgs- und Kontrollgruppe, nach negativer Leistungsrückmeldung, schlechtere Ergebnisse in ihrer Problemlöseleistung aufweist, in stärkerem Umfang emotionales Mißempfinden erlebt und sowohl direkt nach der Leistungsrückmeldung als auch innerhalb der nachfolgenden Aufgabenbearbeitung physiologisch stärker aktiviert ist.

Für die Erfolgsgruppe wurde, nach positiver Leistungsrückmeldung, gegenüber der Mißerfolgs- und Kontrollgruppe eine Verbesserung ihrer Problemlöseleistung, eine Reduktion des emotionalen Mißempfindens, eine Erhöhung der physiologischen Aktivierung direkt nach der Erfolgsrückmeldung und eine Senkung der physiologischen Aktivierung für die nachfolgend zu bearbeitenden Problemlöseaufgaben erwartet.

3 METHODEN

3.1 UNTERSUCHUNGSPLANUNG

3.1.1 AUSWAHL DES UNTERSUCHUNGSMATERIALS

Der prinzipiellen Idee der Untersuchung folgend, wurde ein Typ von Problemlöseaufgaben gesucht, mit dem die Problemlöseleistung, die sich nach verschiedenen Leistungsrückmeldungen ändern sollte, adäquat erfaßt werden konnte.

Als Voraussetzung, die eine zu suchende Aufgabe erfüllen sollte, wurden sechs Forderungen erhoben.

1.) Bei der Bearbeitung der Aufgabe durften keine starken körperlichen Aktivitäten erforderlich sein. Die gleichzeitige Erhebung der physiologischen Daten wäre hierdurch beeinträchtigt worden.

2.) Die Aufgabe sollte keinen zu niedrigen, aber auch keinen zu großen Komplexitätsgrad aufweisen.

3.) Das Lösungsbemühen sollte von außen beobachtbar und quantifizierbar sein. Aufgaben, deren Lösung durch eine plötzliche Umstrukturierung bzw. Umzentrierung gefunden werden, kamen als Aufgaben nicht in Frage.

4.) Die Lösungsfindung sollte nicht von Vorkenntnissen der Vpn abhängig sein.

5.) Alle für die Aufgabenbearbeitung erforderlichen Informationen sollten innerhalb einer kurzen Instruktion gegeben werden können.

6.) Von dem Aufgabentyp sollten viele, gleich schwierige Aufgaben mit eindeutiger Lösung gebildet werden können.

Aus der Vielzahl von möglicher Aufgabentypen (DAVIS 1966, DUNCAN 1959, RAY 1955) wurde die sogenannte Umordnungs- oder Verschiebeaufgabe, wie sie von SÜLLWOLD (1959) und HEUSER (1976) innerhalb denkpsychologischer Untersuchungen benutzt wurde, ausgewählt.

Es handelt sich hierbei um eine auch als Geduldspiel bekanntes Aufgabenart. Das Prinzip der Aufgabe besteht in der Herstellung einer geordneten Konfiguration beweglicher Figuren aus einem ungeordneten Ausgangszustand.

Eine Beispielaufgabe ist im folgen dargestellt:

```
!11111111111!22222222222!33333333333!
!1         1!2         2!3         3!
!1         1!2         2!3         3!
!1    4    1!2    1    2!3    3    3!
!1         1!2         2!3         3!
!1         1!2         2!3         3!
!11111111111!22222222222!33333333333!
!44444444444!55555555555!66666666666!
!4         4!5         5!6         6!
!4         4!5         5!6         6!
!4    2    4!5         5!6    5    6!
!4         4!5         5!6         6!
!4         4!5         5!6         6!
!44444444444!55555555555!66666666666!
```

ZAHL ? =   VON FELD-NR. ? =   NACH FELD-NR. ? =

In dem vorliegenden Fall handelt es sich um sechs Felder, auf denen sich die Zahlen Eins bis Fünf befinden. Eines der sechs Felder ist unbesetzt. Über dieses Feld müssen Zug um Zug die Zahlen so verschoben werden, daß jede Zahl auf dem Feld mit der gleichen Nummer zu liegen kommt. Bei der Bearbeitung dürfen die Zahlen nur waagerecht oder senkrecht verschoben werden. Diagonale Züge oder das Überspringen von Feldern ist nicht erlaubt.

Dieser Aufgabentyp erfüllt die oben genannten sechs Forderungen.

1.) Die Bearbeitung bedarf in einer durchführungstechnisch modifizierten Form nur geringer körperlicher Aktivität.

2.) Die Aufgabe ist trotz ihrer einfachen Struktur komplex, da es zur effektiven Aufgabenbearbeitung wichtig ist, mehrere Züge vorauszudenken.

3.) Das Lösungsbemühen ist von außen Schritt für Schritt beobachtbar.

4.) Die Lösungsfindung ist von speziellen Vorkenntnissen der Vpn unabhängig.

5.) Alle für die Aufgabenbearbeitung erforderlichen Informationen können innerhalb einer kurzen Instruktion gegeben werden.

6.) Es lassen sich sehr viele Aufgaben gleichen Schwierigkeitsgrades bilden, wobei jede der gebildeten Aufgaben einen eindeutig bestimmbaren optimalen Lösungsweg besitzt.

In der bisher angewendeten Form der Umordungsaufgabe (SÜLLWOLD 1959, HEUSER 1976) handelte es sich um die Vorgabe von konkretem Material. Die Aufgabenbearbeitung erfolgt von den Vpn durch manuelles Verschieben der aus Pappe angefertigten Zahlen auf den Feldern eines auf dem Tisch liegenden Kartons, auf dem die Feldmarkierungen angebracht waren.

Diese Form der Aufgabenbearbeitung ist mit einem nicht geringen Umfang körperlicher Aktivität verbunden, die für die vorliegende Meßanordnung möglichst minimiert werden mußte.

Schieben die Vpn die Zahlen manuell von Feld zu Feld, muß der Vl zugegen sein, um die Züge und Zeiten der Vpn zu registrieren. Dies war aufgrund der gleichzeitigen Erhebung der physiologischen Variablen nicht möglich. Der Vl mußte die Aufzeichnung der physiologischen Maße vom angrenzenden Raum aus überwachen und gleichzeitig durch die Einspielung der Instruktionen den Untersuchungsablauf steuern.

Die Lösung der beiden Probleme bestand in der Simulation der Umordnungsaufgabe durch ein Computerprogramm. Anstatt die Aufgabenbearbeitung durch das manuelle Verschieben konkreten Materials erfolgen zu lassen, hatten die Vpn nun die Nummern der Felder und die Zahlen, die verschoben werden sollten, auf einer Tastatur eines Bildschirmterminals einzugeben. Zur Eingabe wurde der numerische Zehnerblock der Tastatur benutzt, der analog dem Nummernfeld eines Taschenrechners aufgebaut ist. Die kurzen Abstände zwischen den einzelnen Tasten erlaubten, daß sich die Motorik bis auf die Bewegung der Finger oder aber der Hand reduzieren ließ.

Die Simulation der Umordnungsaufgabe durch ein Computerprogramm hatte darüber hinaus den günstigen Effekt, daß eine objektive und sehr genaue Erfassung der abhängigen Variablen erfolgen konnte, ohne daß der VI hierdurch belastet wurde. Durch eine gleichzeitige Darstellung der von den Vpn eingegeben Zugfolgen auf einem Terminal bei dem VI konnte der Fortschritt der Aufgabe durch den VI beobachtet werden, ohne daß sich dieser bei der Vp in dem Raum befand.

3.1.1.1 Auswahl des verwendeten Aufgabentyps

Aus der Vielzahl möglicher Umordnungsaufgaben mußten die Aufgaben ausgewählt werden, die von den Vpn tatsächlich bearbeitet werden sollten. Diese sollten alle gleich schwierig sein bzw. die gleiche Anzahl von Zügen bei optimaler Zugfolge aufweisen. Als Anzahl benötigter Züge wurden elf Züge für die Kriterienaufgaben festgelegt. Dabei wurde in Rechnung gestellt, daß die Lösung der Aufgabe nicht auf den ersten Blick zu sehen sein sollte. Eine solche nahezu spontane Aufgabenlösung ist bei Umordnungsaufgaben mit sehr wenigen Zügen (1-4) durchaus gegeben.

Ist eine Aufgabe auf den ersten Blick nicht lösbar, hat die Vpn zwei Möglichkeiten. Sie kann versuchen, die Aufgabe durch Vorausplanung oder durch Versuch und Irrtum zu lösen.

Die Lösungsbemühung mittels Vorausplanung bedarf des logischen Denkens. Mehrere alternative Zugfolgen müssen durchdacht und in ihrer Auswirkung bezüglich der Aufgabenlösung bewertet werden. Hiermit ist in nicht unerheblichem Umfang die Fähigkeit gefordert, Relationen zwischen abstrakten Denkinhalten herzustellen und diese im Gedächtnis zu behalten. Aus dem Gesagten wird deutlich, daß es sich bei der geforderten Leistung um Denken im engeren Sinne handelt.

Neben diesen aus der Tätigkeit für die Aufgabenlösung abgeleiteten Begründungen läßt sich die Charakterisierung der Umordnungsaufgabe als Denkaufgabe aus den empirisch gewonnen Korrelationen zu Denkaufgaben ableiten, die innerhalb der Psycholgie des Denkens zur Erfassung von Denkleistungen häufig Verwendung finden. SÜLLWOLD (1964) fand eine Korrelation von .43 zwischen der Leistung bei Umordungsaufgaben und dem Mittelwert der Leistungen von acht anerkannten Problemlöseaufgaben. Die höchsten Korrelation zeigten sich zu dem von LUCHINS (1946) benutzen Umfüllaufgaben (r=.61) und zu einer Rangieraufgabe (r=.41).

Eine mögliche Aufgabenbewältigung mittels Versuch und Irrtum erfolgt ohne vorausgehende Planung von Zugfolgen. Ein Zug, der im Augenblick, d.h. bei einer gerade vorliegenden Aufgabenkonstellation möglichen ist, wird hierbei spontan und ohne Überlegung ausgeführt. Diese alleinige Bearbeitungsart führt meist nicht zur Aufgabenlösung. Die Wahrscheinlichkeit, gerade die optimale Zugfolge zu durchlaufen, ist äußerst gering. Wie auch immer, das Ergebnis muß als Zufallsergebnis angesehen werden. Die Zufälligkeit einer Aufgabenlösung zeichnet sich dadurch aus, daß die Vp den Lösungsweg nicht wiederholen kann (SÜLLWOLD, 1958).

Dem Lösungsbemühen durch Versuch und Irrtum steht der vollständige gedankliche Vollzug aller bis zur Lösung notwendigen Zugfolgen gegenüber, ohne daß tatsächlich ein Zug vorgenommen wird.

Die Wahrscheinlichkeit, eine Lösung der Aufgaben allein nach dem Prinzip Versuch und Irrtum zu finden, ist so gering, daß jeder der an der Untersuchung teilnehmenden Vpn klar sein durfte, daß dieses Vorgehen als einzige Lösungsstrategie untauglich ist. Die Festlegung der notwendigen Zugzahl auf elf Züge verhinderte, daß eine vorab erfolgende rein gedankliche Bearbeitung der Aufgaben möglich ist. Bekanntlich können durchschnittlich etwa sieben plus minus 2 Elemente im Kurzzeitgedächtnis gespeichert werden. Selbst wenn eine Person bei ihrer ersten Überlegung die optimale Zugzahl von elf Zügen realisieren würde, ist es recht wahrscheinlich, daß sie am Ende ihres Gedankenganges den ersten Zug oder einen der weniger markanten Züge in mittlerer Position nicht mehr reproduzieren kann.

Der bei den Vpn ablaufende Lösungsprozeß muß als ein auf einige Züge im voraus bestehender Planungsprozeß aufgefaßt werden. Belege für diese Aussage lassen sich aus der Beobachtung des Lösungsverhaltens ableiten. Kann ein Problem nicht auf einmal gelöst werden, müssen zwangsläufig Zwischenziele gesetzt und angestrebt werden. Die Setzung von Zwischenzielen erfolgt derart, daß die Problemkonstellation eines Zwischenziels dem zu erreichenden End- oder Zielzustand ähnlicher sein soll. Für die ausgewählten Umordnungsaufgaben ist diese allgemeine Lösungsstrategie besonders gut zu veranschaulichen. Jeder Zug verändert die zu Beginn vorliegende Ausgangslage in Richtung der zu erreichende Zielkonstellation.

Die Menge der gedanklich vorweggenommenen Züge spielt für die Güte der Aufgabenbearbeitung eine nicht unerhebliche Rolle. Wird im extremen Fall nur ein Zug vorausgedacht, ist diese Vorgehensweise von der Zufallsbearbeitung kaum zu unterscheiden, da die Konsequenzen des Zuges für die Zielerreichung nur bedingt eingeschätzt werden können. Nur wenn mehrere Züge gedanklich vorweggenommen werden, ist eine planende Annäherung an die Aufgabenlösung möglich.

Stellt man die Frage nach der Komplexität der Umordnungsaufgabe, können hierzu unterschiedliche Stellungnahmen erfolgen. Sicher ist die Umordnungsaufgabe weniger komplex als die in neuerer Zeit in der Denkpsychologie eingesetzten Computersimulationen von ökonomischen oder ökologischen Systemen (DÖRNER et al. 1983, DÖRNER & KREUZIG et al. 1983, PUTZ-OSTERLOH 1981, PUTZ-OSTERLOH & LÜER 1981), doch ist sie wiederum nicht so einfach, wie es auf den ersten Blick erscheinen mag. Der Komplexitätsgrad einer Aufgabe ist nicht zuletzt von der Anzahl der Züge abhängig, die von den Vpn im voraus geplant werden. Die Komplexität ist somit nicht nur von der Aufgabe selbst, sondern auch von der Art der Aufgabenbearbeitung abhängig.

Ein Kriterium der Aufgaben, das innerhalb denkpsychologischer Untersuchungen möglichst erfüllt werden sollte, ist das der Validität. Hierunter ist zu verstehen, daß der verwendete Aufgabentyp mit der Problemlösefähigkeit unter nicht experimentellen Bedingungen eine substantielle Korrelation aufweisen sollte (SÜLLWOLD 1959). Aufgabentypen, die diese Bedingung erfüllen, sollten in Experimenten der Vorzug gegeben werden. Für die vorliegende Umordnungsaufgabe kann insofern eine Aussage über deren interne Validität gemacht werden, als die bereits berichteten bedeutsamen Korrelationen zu typischen Problemlöseaufgaben hierfür als Beleg gelten können. Aufgrund der Aufgabenstruktur und den für die Aufgabenlösung benötigten kognitiven Leistungen erscheint es plausibel, daß gleiche oder verwandte kognitive Prozesse bei einer Vielzahl anderer im normalen Alltagsleben auftretenden Problemstellungen benötigt werden. Zwar beweist dies nicht die externe Validität der Aufgabe, doch läßt sich mit einiger Berechtigung erwarten, daß gute Problemlöser bei den Umordnungsaufgaben auch eher gute Problemlöser in Alltagsproblemen sind.

Versucht man eine Einordnung der Aufgabe in vorliegende Klassifikationsschemata, können Ansätze, die sich auf die für die Lösung notwendigen Denkakte beziehen, von solchen unterschieden werden, die sich allein auf die Charakteristik der Aufgabe beschränken. Bezieht man sich auf die für die Aufgabenlösung wichtigen Denkakte, erfordert die Umordnungsaufgabe sowohl analytisches als auch synthetisches Denken SÜLLWOLD (1964).

Gemäß der sehr frühen Einteilung von Aufgaben in "gut definierte" und "schlecht definierte" handelt es sich um ein gut definiertes Problem, da sowohl der Ausgangszustand als auch der Endzustand eindeutig bestimmbar sind. Gemäß der differenzierteren Einteilung von Problemtypen nach DÖRNER (1979) handelt es sich um ein Interpolationsproblem, da Ausgangs-, Endzustand und auch die notwendigen Transformationen, die es ermöglichen, den Ausgangszustand in den Endzustand zu überführen bekannt sind. Die "Barriere" oder das eigentliche Problem besteht in der Reihenfolge der durchzuführenden Transformationen, d.h. in der Reihenfolge der Züge. Der Komplexitätsgrad der Umordnungsaufgabe wird wesentlich durch die Vielzahl möglicher Transformationen und deren Abfolge determiniert.

3.2 AUSWAHL DER UNABHÄNGIGEN VARIABLEN

Zur Untersuchung der Wirkung von Erfolgs- und Mißerfolgsrückmeldung waren wenigstens zwei Untersuchungsgruppen erforderlich. Zusammen mit der zusätzlich erforderlichen Kontrollgruppe liegen drei Untersuchungsgruppen vor, Erfolgsgruppe (ERF), Mißerfolgsgruppe (MIS) und Kontrollgruppe (KON).

In der Arbeit von HEUSER (1976) ergab sich eine unterschiedliche Wirkung von Mißerfolg auf die Leistungsgüte beim Problemlösen zwischen Männern und Frauen. Geschlechtseffekte konnten deshalb auch für die Wirkung von Erfolg erwartet werden. Als zweite unabhängige Variable wurde deshalb das Geschlecht der Vpn als gruppenbildender Faktor in das experimentelle Design aufgenommen.

Die mehrfache Messung der abhängigen Variablen, durch die erst eine
Erfassung der Veränderung ermöglicht werden konnte, stellt den dritten in
die statistische Analyse eingehenden Faktor dar.

Das experimentelle Design bestand somit aus einem dreifaktoriellen Meß-
wiederholungsplan mit Zufallszuteilung der Vpn zu den Untersuchungsgruppen
(siehe Abbildung 6). Die Faktoren des experimentellen Designs beinhalteten
die Untersuchungsgruppe (GR), Geschlecht (MW) und den Faktor Verlauf (V).

Im folgenden ist das experimentelle Design der vorliegenden Untersuchung
dargestellt.

		S_1	S_2	S_3		S_N
ERF	W					
	M					
MIS	W					
	M					
KON	W					
	M					

ABBILDUNG 6
DREIFAKTORIELLER UNTERSUCHUNGSPLAN MIT DEN FAKTOREN
GRUPPE (GR; ERF, MIS, KON), GESCHLECHT (MW; MW) UND
VERLAUF (V; S_1-S_N)

3.3 DIE LEISTUNGSRÜCKMELDUNG ALS GRUPPENBILDENDE VARIABLE

3.3.1 Gestaltung der gruppenspezifischen Leistungsrückmeldungen

Die experimentelle Manipulation der Leistungsrückmeldung machte für die Untersuchungsgruppen verschiedene Arten der Leistungsrückmeldung erforderlich. Die positive Leistungsrückmeldung sollte eine Erfolgsmeldung beinhalten, die negative Leistungsrückmeldung eine Mißerfolgsmeldung und die Rückmeldung der Kontrollgruppe sollte weder eine Erfolgs- noch eine Mißerfolgsmeldung darstellen.

Bei der Induktion von Erfolgs- und Mißerfolgserleben treten mehrere Probleme auf. Zum einen ist das, was eine Leistungsrückmeldung als Information beinhaltet, für sich alleine betrachtet nicht ausreichend, um zu entscheiden, ob es bei einer Person zu einem Erfolgserleben oder einem Mißerfolgserleben kommen wird. Das Erleben von Erfolg oder Mißerfolg ist, wie bereits HOPPE (1930) zeigte, von dem Anspruch der Person an ihre eigene Leistung abhängig (siehe Kapitel 2.3.1). Das individuelle Anspruchsniveau, das einen internen Gütemaßstab zur Beurteilung persönlicher Leistungen darstellt, entscheidet im Zusammenhang mit der objektiv gegebenen Leistungsrückmeldung darüber, ob eine Leistungsrückmeldung als Erfolg oder Mißerfolg erlebt wird.

Für die Induktion von Erfolg bzw. Mißerfolg bedeutet dies, daß nicht allein aufgrund der tatsächlich erfolgten positiven oder negativen Leistungsrückmeldung auf Erfolgs- bzw. Mißerfolgserleben geschlossen werden darf. Das Eintreten der beabsichtigten Wirkung der Leistungsrückmeldung muß an den erfaßten abhängigen Variablen des subjektiven bzw. emotionalen Befindens überprüft werden.

Generell ist die Rückmeldung von weit überdurchschnittlichen Leistungen mit Erfolgserleben, die Rückmeldung von weit unterdurchschnittlichen Leistungen mit Mißerfolgserleben verbunden. Je näher die Leistungsrückmeldung dem Leistungsdurchschnitt liegt, um so stärker dürfte der Einfluß des individuellen Anspruchsniveaus sein. Es erschien deshalb angezeigt, für die Leistungsrückmeldungen extrem überdurchschnittliche bzw. extrem unterdurchschnittliche Leistungsbeurteilungen zu verwenden. Diese mußten aber für die Vpn glaubwürdig sein. Damit ist neben der Frage nach der Interaktion der Leistungsrückmeldungen mit den individuellen Anspruchniveaus ein zweiter kritischer Punkt bei der Induktion von Erfolg bzw. Mißerfolg angesprochen.

Personen werden bei überdurchschnittlichen Leistungsrückmeldungen nur dann ein Erfolgserleben aufweisen, wenn für sie die Leistungsrückmeldung glaubhaft ist. Ebenso wird Mißerfolgserleben nur dann eintreten, wenn die unterdurchschnittliche Leistungsrückmeldung für die Vpn glaubhaft erscheint. Ob eine erfolgte Leistungsrückmeldung glaubhaft erscheint, ist in erster Linie von drei Bedingungen abhängig:

1.) Von der Wahrscheinlichkeit einer solchen Leistungsrückmeldung an sich. Diese ist zum einen von der wahrscheinlichkeitstheoretisch objektiv bestimmbaren Auftretenswahrscheinlichkeit eines solchen Ereignisses bestimmt, zum anderen von der subjektiven Erwartung bezüglich der Leistungsrückmeldung.

Die beste aller Personen bezüglich einer Leistung zu sein, ist wahrscheinlichkeitstheoretisch für jede Person, ohne daß sie etwas über die eigene und die Leistungsfähigkeit anderer Personen weiß, $1/N$. Aus der Erfahrung besitzt jede Person bezüglich verschiedener Aufgabenstellungen eine Einschätzung ihrer Leistungsfähigkeit, die sie zu einer Vorabschätzung ihrer tatsächlich erreichbaren Leistung heranziehen kann. Durch die Bearbeitung gestellter Aufgaben kann die Vp des weiteren Schlüsse auf ihr wahrscheinliches Abschneiden ziehen. An dieser Stelle kann sie sich an der erlebten Schwierigkeit der Aufgaben oder aber an der Anzahl der bearbeiteten bzw. gelösten Aufgaben im Verhältnis zu den insgesamt gestellten Aufgaben orientieren.

2.) Vpn sollten aus ihrem Lösungsbemühen bzw. aus dem Lösungsresultat nicht auf ihre tatsächlich erbrachte Leistung schließen können. Nur wenn die Person ihre tatsächlich erbrachte Leistung nicht kennt und sich bezüglich ihrer tatsächlich gezeigten Leistung unsicher ist, kann sie erwartungswidrigen Leistungsrückmeldungen Vertrauen schenken.

3.) Die Glaubwürdigkeit der rückmeldenden Instanz ist der dritte Aspekt. Ist die leistungsrückmeldende Instanz glaubwürdig, d.h. kann die Person davon ausgehen, daß ihre Leistung objektiv, ohne Berücksichtigung der Person, beurteilt wird, kann sie der erfolgten Leistungsrückmeldung glauben.

Aus den genannten drei Aspekten, die die Glaubwürdigkeit von Leistungsrückmeldungen beeinflussen, ließen sich drei Forderungen für die zu verwendeten Aufgaben ableiten.

1.) Die verwendeten Aufgaben sollten den Personen nur wenig vertraut sein. Ist es das erste Mal, daß eine Person eine solche Aufgabe bearbeitet, besitzt sie noch keine aufgabenspezifische Einschätzung ihrer individuellen Leistungsfähigkeit.

2.) Die Aufgaben sollten von den Vpn, wenn möglich, nicht tatsächlich bearbeitet werden. Falls dies unumgänglich ist, sollte die Vp zumindest keine Information über die Anzahl der insgesamt zu bearbeitenden Aufgaben erhalten.

3.) Die Bewertung der Leistung sollte möglichst durch eine allgemein als objektiv und glaubhafte anerkannte Instanz erfolgen.

Die drei Forderungen wurden in der vorliegenden Arbeit bei der Aufgabenwahl zu realisieren versucht.

Die oben formulierte Forderung, möglichst extreme Leistungsbeurteilungen den Vpn zurückzumelden, um den Einfluß des individuellen Anspruchniveaus zu minimieren, erfährt ihre Einschränkung durch die Notwendigkeit, die Leistungsrückmeldung für die Vpn glaubwürdig erscheinen zu lassen.

Aus den Überlegungen heraus, die in den vorangegangenen Ausführungen dargestellt wurden, erschien es günstig, eine deutlich überdurchschnittliche Rückmeldung als positive Leistungsrückmeldung und eine deutlich unterdurchschnittliche Rückmeldung als negative Leistungsrückmeldung zu geben, die aber in keinem Fall den höchstmöglichen Ausprägungsgrad annehmen sollte.

Zur Rückmeldung der individuellen Leistungsgüte wurde die allgemein verständliche Prozentrang-Skala ausgewählt. Diese gibt mittels eines Prozentwertes an, wieviel Prozent einer Referenzpopulation schlechtere Leistungen erbrachten als die zu beurteilende Person. Um dies besonders verständlich zu machen, wurde in der Leistungsrückmeldung die Anzahl der Vpn explizit genannt, die schlechter abgeschnitten hatten als sie selbst.

Als Anzahl von Personen, die mit ihren Leistungen vermeintlich unterhalb der Leistung der Vp lagen, wurden bei der Erfolgsrückmeldung 91 von 100 Personen, bei der Mißerfolgsrückmeldung 9 von 100 Personen zurückgemeldet. Übertrifft eine Person mit ihrer Leistung 91% ihrer Referenzpopulation, ist dies als sehr gute Leistung anzusehen, übertrifft sie nur 9% ihrer Referenzpopulation, gilt dies als mangelhafte Leistung.

Da aufgrund der Rückmeldung von Prozentrangwerten nicht mit absoluter Sicherheit davon ausgegangen werden konnte, daß alle Personen diese richtig auffassen würden, dieser Sachverhalt für die Gruppenbildung aber von entscheidender Bedeutung war, wurde zusätzlich die allen Vpn bekannte sechsstufige Schulnoten-Skala benutzt, um die Richtung und den Ausprägungsgrad der Leistungsrückmeldung möglichst eindeutig und unmißverständlich zum Ausdruck zu bringen. Als Schulnote wurde im Zusammenhang mit der Erfolgsrückmeldung die Note "sehr gut", für die Mißerfolgsrückmeldung die Note "mangelhaft" zurückgemeldet.

Die Rückmeldung für die Kontrollgruppe sollte weder die Möglichkeit von Erfolgs- noch von Mißerfolgserleben bieten. Eine zuerst erwogene durchschnittliche Leistungsrückmeldung, die den Vorteil einer Leistungsthematisierung aller drei Untersuchungsgruppen gehabt hätte, mußte unterbleiben. Wie oben dargestellt, hätten Vpn aufgrund ihres Anspruchsniveaus diese durchschnittliche Leistungsrückmeldung als Erfolg oder auch als Mißerfolg gewertet. In diesem Fall hätten zwischen einer Person der Kontrollgruppe und der Erfolgsgruppe bzw. zwischen einer Person der Kontrollgruppe und der Mißerfolgsgruppe keine Unterschiede bestanden. Die durch eine durchschnittliche Leistungsrückmeldung auftretende unscharfe Trennung zwischen den Untersuchungsgruppen durfte auf keinen Fall möglich sein.

Die entgegengesetzte Alternative, überhaupt keine Meldung zu dem Zeitpunkt an die Vpn der Kontrollgruppe zu geben, an der die beiden Experimentalgruppen ihre Leistungsrückmeldungen erhielten, war bezüglich der beurteiltenden Effekte in den physiologischen Variablen ungünstig. Auftretende Unterschiede zwischen den Experimentalgruppen und der Kontrollgruppe hätten in diesem Fall nicht allein auf die Leistungsrückmeldung zurückgeführt werden können, da eine Konfundierung von Effekten, die auf die Rückmeldung an und für sich - ohne Beachtung des Inhaltes - und den durch die Leistungsthematik hervorgerufenen Wirkungen vorgelegen hätte. Um die durch die Leistungsrückmeldung bedingte physiologische Aktivierung auch tatsächlich auf die Rückmeldung der Leistung zurückführen zu können, mußte zeitgleich auch für die Kontrollgruppe mit der Leistungsbeurteilung der Experimentalgruppen eine Meldung erfolgen, die allerdings keine Leistungsbeurteilung beinhalten durfte.

Zu dem Zeitpunkt, an dem die Vpn der Experimentalgruppen die fingierten Leistungrückmeldungen erhielten, bekam die Kontrollgruppe eine Meldung auf dem Bildschirm zu sehen, die besagte, daß die Ruhephase in Kürze zu Ende sein würde. Unterschiede in der physiologischen Aktivierung zwischen den Experimentalgruppen und der Kontrollgruppe können durch die angewandte Vorgehensweise ausschließlich auf die unterschiedliche Wirkung der Leistungsbeurteilung zurückgeführt werden.

Die Leistungsrückmeldungen der drei Untersuchungsgruppen sind im Anhang 1 dargestellt.

3.4 FESTLEGUNG UND AUFBAU DER UNTERSUCHUNGSPHASEN

3.4.1 Planung der Untersuchungsphasen

Die Grundüberlegung des experimentellen Ansatzes bestand darin, den Versuchspersonen eine Aufgabe zur Bearbeitung vorzugeben und durch fingierte Leistungsrückmeldungen Erfolgs- und Mißerfolgserleben zu induzieren. Durch den Vergleich der Problemlöseleistungen zwischen zwei Aufgabenphasen oder Aufgabenserien, vor und nach einer fingierten Leistungsrückmeldung, ist die Auswirkung der Rückmeldungen auf das Problemlösen abschätzbar. Diese Grundüberlegungen mußten in Untersuchungssituationen umgesetzt werden, die eine problemlose Erfassung der relevanten abhängigen Variablen erlaubten. Die in die Umsetzung eingehenden Überlegungen sind im folgenden dargestellt.

Bei der Planung der Untersuchungssituationen mußte neben der Realisierung der experimentellen Manipulation auf die adäquate Erfassung der abhängigen Variablen geachtet werden. Die Erhebung von abhängigen Variablen in drei verschiedenen Variablenbereichen bedingte untersuchungstechnisch eine unterschiedliche Häufigkeit von Meßpunkten. Die Häufigkeit der Datenerhebung in einem Variablenbereich hatte teilweise einen Einfluß auf die Erhebungshäufigkeit der Variablen in einem anderen Variablenbereich. Es wäre z.B. günstig gewesen, sofort nach der gruppenspezifischen Leistungsrückmeldung die Items zur Erfassung des emotionalen Befindens bearbeiten zu lassen. Die Erhebung physiologischer Variablen machte es aber notwendig, eine gewisse Zeit zur Erhebung des physiologischen Datenverlaufs verstreichen zu lassen, bevor die Erhebung des emotionalen Befindens der Vpn erfolgen konnte.

Die Erhebung der drei Variablenbereiche (Problemlöseleistung, subjektives Befinden und physiologische Aktivierung) war hierbei durchführungstechnisch nur durch eine computerunterstützte Untersuchungssteuerung möglich.

Durch den Einsatz einer computerunterstützten digitalen Aufzeichnung der physiologischen Meßdaten (siehe Kapitel 3.5) bedingt, mußte die Länge der Untersuchungssituationen, gemessen in Sekunden, durch den Faktor vier teilbar sein. Diese Festlegung ist auf die Länge eines Digitalisierungszyklus zurückzuführen, der jeweils vier Sekunden in Anspruch nahm. Die Auswahl und Realisierung der Aufgaben und der Untersuchungssituation ist in dem folgenden Kapitel dargestellt.

3.4.2 BESCHREIBUNG DER UNTERSUCHUNGSSITUATIONEN

3.4.2.1 Erste Ruhesituation (R1)

Zur Erfassung des physiologischen Grundniveaus jeder Vp wurde nach dem Anlegen der Meßfühler und der Eichung aller physiologischen Maße die Vp für die erste Ruhesituation (R1) instruiert. Alle physiologischen Maße wurden innerhalb der Ruhephase während einer Minute registriert.

3.4.2.2 Aufgabeninstruktion

Die Vpn mußten für die Bearbeitung der Aufgaben instruiert werden. Der VI begab sich zur Aufgabeninstruktion zu der Vp in den Untersuchungsraum. Dies geschah nach der ersten Ruhesituation durch Verlesen der Aufgabeninstruktionen. Parallel zum Verlesen der Instruktion bearbeiteten alle Vpn eigenständig eine Beispielaufgabe.

Hatten die Vpn die Instruktion gehört und die Beispielaufgabe bearbeitet, konnten sie, falls sich noch Unsicherheiten zeigten, die gleiche Aufgabe nochmals durchführen. Durch die sehr ausführliche Erläuterung und praktische Übung konnte sichergestellt werden, daß alle Vpn die Bearbeitung der Aufgaben in ihrem zugrundeliegenden Prinzip verstanden hatten. Unterschiede in der Bearbeitungsleistung zwischen den Vpn können somit nicht auf Unterschiede in dem Wissen über die Bearbeitungsart der Aufgaben zurückgeführt werden.

Die nicht zu vermeidenden interindividuellen Unterschiede, die durch verschiedene Voraussetzungen in der Problemlösefähigkeit bzw. in dem verschiedenen Umfang von Vorerfahrungen mit ähnlich strukturierten Denkaufgaben zu tun haben, wurden zum einen durch das experimentelle Design (Zufallsblockbildung), aber auch durch die varianzanalytische Auswerteform mit Meßwiederholung kontrolliert. Bei der Varianzanalyse mit Meßwiederholung erfolgt eine Eliminierung der interindividuellen Varianz, soweit diese auf Unterschiede im Datenniveau zurückgeht.

3.4.2.3 Erste zu bearbeitende Aufgabe (A1)

Um die Veränderung der Leistungsgüte bei den Problemlöseaufgaben feststellen zu können, mußte vor der experimentellen Manipulation, also vor der gruppenspezifischen Leistungsrückmeldung, zuerst eine Umordnungsaufgabe von den Vpn gelöst werden. Für die erste zu bearbeitende Aufgabe (A1) bestanden in der Behandlung der Untersuchungsgruppen keine Unterschiede. Bei der Aufgabe selbst handelte es sich um eine Umordnungsaufgabe, die mit minimal 9 Zügen gelöst werden konnte und wie alle Umordnungsaufgaben unter Zeitdruck zu bearbeiten war. Im Unterschied zu der nachfolgenden Schätzaufgabe (SCH) war diese Aufgabe ebenso wie die nach der Leistungsrückmeldung zu bearbeitenden drei Kriterienaufgaben durch die Vpn am Bildschirm selbständig zu bearbeiten.

3.4.2.4 Bearbeitung der Schätzaufgaben (SCH)

Um Gruppen mit unterschiedlicher Leistungsrückmeldung bilden zu können, war es erforderlich, einen Aufgabentyp zu finden, der zum einen Ähnlichkeit mit den ausgewählten Aufgabentypen aufwies, zum anderen für die Vpn bezüglich der tatsächlich erbrachte Leistung nur schwer einschätzbar sein sollte.

Die beiden genannten Forderungen:

- Ähnlichkeit der Aufgabentypen und
- Undurchsichtigkeit bezüglich der tatsächlich erbrachten Leistung

können wie folgt begründet werden.

Zum einen erlaubt die prinzipielle Ähnlichkeit beider Aufgabentypen eine Verkürzung der Instruktion. Die Vpn mußten sich nicht umstellen, und mögliche Interferenzen zwischen zwei verschiedenen Aufgabentypen und deren Instruktion wurden ausgeschlossen.

Die Aufgaben sollten hinsichtlich der erzielten Bearbeitungsleistung schlecht einschätzbar sein, damit die fingierten Leistungsrückmeldungen für die Vpn der Untersuchungsgruppen glaubhaft erscheinen konnten. Aufgaben, bei denen die Vpn eine eigene Leistungsbeurteilung vornehmen konnten, mußten von Anfang an als untauglich angesehen werden, da unter diesen Umständen keine fingierte Leistungsrückmeldung möglich war. Es mußte sich deshalb um Aufgaben handeln, bei denen keine Lösung durch eine Aufgabenbearbeitung erreicht werden durfte, die den Vpn Informationen über die Richtigkeit der Aufgabenlösung gab.

Den genannten Voraussetzungen entsprach am besten folgende Aufgabenstellung. Die Vpn bekamen die gleiche Art von Umordungsaufgaben gezeigt, wie sie in dem Demonstrationsbeispiel benutzt wurden und von den Vpn innerhalb der Untersuchung mehrfach zu bearbeiten waren. Anstelle der Bearbeitung der Aufgabe sollten die Vpn die Anzahl notwendiger Züge schätzen bzw. angeben wieviele Züge bei der vorliegenden Aufgabenkonstellation benötigt werden würden, um mit der minimalen Anzahl von Zug die Lösung der Aufgabe zu erreichen.

Da die Aufgaben nicht bearbeitet wurden, konnten die Vpn nicht mit Sicherheit wissen, wieviele Züge zur Lösung der Aufgabe tatsächlich notwendig waren. Durch die Begrenzung der Darbietungszeit auf zehn Sekunden war ausreichend Zeit vorhanden, um eine Schätzung der notwendigen Zugzahl für eine Aufgabe vornehmen zu können. Auf der anderen Seite war die Zeit zu knapp, um die Aufgabe tatsächlich bis zu deren Lösung zu durchdenken. Die von den Vpn abzugebende Schätzung der notwendigen Zugzahl einer Aufgabe ist somit für die Vpn mit einem großen Unsicherheitsfaktor verbunden, die verhinderte, daß erwartungswidrige Leistungsrückmeldungen unglaubwürdig erschienen.

Für die Vpn ist die Aufgabenstellung eine Herausforderung, da eine interindividuell unterschiedliche Fähigkeit, sich schnell über eine Aufgabe einen Überblick zu verschaffen und deshalb eine gute Schätzung der Zugzahl vorzunehmen, plausibel erscheint.

Diese im folgenden als Schätzaufgaben (SCH) bezeichneten Umordungsaufgaben wurden den Vpn auf dem Bildschirmterminal zehn Sekunden lang gezeigt (siehe Anhang 4). Die Vpn hatten innerhalb dieser Zeit zu schätzen, wieviele Züge für die Lösung der gezeigten Aufgabe notwendig waren. Nach zehn Sekunden verschwand die Aufgabe vom Bildschirm und die Abfrage der geschätzten Zugzahl erfolgte. Hatte die Vp ihre Schätzung eingegeben, erschien auf dem Bildschirm die nächste Aufgabe, für die eine Schätzung der Anzahl notwendiger Züge bis zur Lösung der Aufgabe erfolgen sollte.

Waren die zehn Einschätzaufgaben bearbeitet, schloß sich unmittelbar die mittlere Ruhephase (RM) an.

3.4.2.5 Mittlere Ruhephase (RM)

Nach der Schätzung der notwendigen Zugzahlen für zehn Aufgaben sollte ursprünglich sofort anschließend die gruppenspezifische Rückmeldung erfolgen. Dies war aufgrund der gleichzeitigen Erhebung physiologischer Variablen nicht möglich.

Die Leistungsrückmeldung, gleich nach Beendigung der letzten Schätzaufgabe, hätte bei der Erfassung der physiologischen Aktivierung dazu geführt, daß zwischen der Erregung, die noch durch die Bearbeitung der Schätzaufgaben entsteht, und der Aktivierung, die durch die Leistungsrückmeldung verursacht werden würde, nicht zu unterscheiden gewesen wäre. Es mußte deshalb, nach der Bearbeitung der zehn Schätzaufgaben, eine Ruhesituation in den Untersuchungsablauf eingebaut werden, in der sich die Vpn entspannen sollten, damit die aufgabenbedingte physiologische Aktivierung über die Ruhephase abnehmen konnte. Die Dauer der mittleren Ruhephase wurde auf drei Minuten festgelegt. Zu Beginn der Ruhesituation erfolgte eine Instruktion der Vp über eine Anzeige auf dem Bildschirmterminal (siehe Anhang 6), in der die Vpn aufgefordert wurde, sich zu entspannen, ohne die Augen zu schließen.

3.4.2.6 Rückmeldephase (RÜ)

Nach drei Minuten, während denen durchgehend alle physiologischen Maße erhoben wurden, erschienen auf dem Bildschirm die gruppenspezifischen Leistungsrückmeldungen. Die Erfolgsgruppe erhielt eine positive Leistungsrückmeldung, die Mißerfolgsgruppe eine negative Leistungsrückmeldung und die Kontrollgruppe eine leistungsirrelevante Meldung. In Kapitel 3.3 sind die Überlegungen zur Gestaltung der gruppenspezifischen Rückmeldungen dargestellt. Die gruppenspezifischen Leistungsrückmeldungen waren für eine Minute auf dem Bildschirm zu sehen. Im Anschluß an die Leistungsrückmeldung erfolgte die Erhebung der emotionalen Befindlichkeit.

3.4.2.7 Kriterienaufgaben (KR)

Nachdem durch die unterschiedlichen Leistungsrückmeldungen die zu Beginn der Untersuchung festgelegten Gruppenzuordnungen realisiert worden waren, mußten die Vpn drei Umordnungsaufgaben gleicher Schwierigkeit bearbeiten. Die Reihenfolge der Aufgabenabfolge war hierbei bei allen Vpn gleich. Zwischen den drei Kriterienaufgaben lagen keine Pausen, d.h. alle Aufgaben mußten direkt nacheinander bearbeitet werden. Die Bearbeitungszeit der Kriterienaufgaben war von Vp zu Vp, je nach deren Schnelligkeit bei der Aufgabenbearbeitung, unterschiedlich. Erst nach dem Ende der dritten Aufgabe wurde das emotionale Befinden der Vp für die Kriterienaufgaben erfragt.

3.4.2.8 Zweite Ruhesituation (R2)

Nach der Bearbeitung der drei Aufgaben wurde eine zweite Ruhesituation mit einminütiger Dauer angefügt, in der sowohl die physiologischen Maße als auch das emotionale Befinden nach Abschluß der Untersuchungsphase erhoben wurde.

3.4.3 STRUKTUR DER UNTERSUCHUNGSSITUATIONEN

Insgesamt hatten die Vpn neun experimentelle Bedingungen zu durchlaufenden. Diese waren:

- die erste Ruhesituation (R1),
- die erste zu bearbeitende Aufgabe (A1),
- die zehn Schätzaufgaben (SCH),
- die mittlere Ruhephase (RM),
- die Rückmeldephase (RÜ),
- die erste Kriteriumaufgabe (K1),
- die zweite Kriteriumaufgabe (K2),
- die dritte Kriteriumaufgabe (K3),
- die zweite Ruhephase (R2)

Eine graphische Darstellung des gesamten Untersuchungsablaufes mit Zeitangaben findet sich in Abbildung 7.

1.	Begrüßung		2'
2.	Erhebung der Testdaten		30'
3.	Anlegen der Meßfühler		15'
4.	Instruktion Ruhephase		2'
5.	Erste Ruhephase	(R1)	1'
6.	Aufgabeninstruktion		8'
7.	Erste Aufgabe	(A1)	variabel
8.	Instruktion Schätzaufgaben		2'
9.	Einschätzaufgaben		2'
10.	Mittlere Ruhephase	(RM)	3'
11.	Rückmeldephase	(RÜ)	1'
12.	Erste Kriteriumaufgabe	(K1)	variabel
13.	Zweite Kriteriumaufgabe	(K2)	variabel
14.	Dritte Kriteriumaufgabe	(K3)	variabel
15.	Zweite Ruhephase	(R2)	1'
16.	Nachbefragung		5'

ABBILDUNG 7
ABFOLGE DER UNTERSUCHUNGSSITUATIONEN UND DEREN ZEITDAUER

Vor und nach den einzelnen experimentellen Bedingungen (R1 - R2) lagen, soweit dies möglich war, jeweils 16 Sekunden lange Vor- bzw. Nachbereitungsphase, in der die Vpn durch eine Bildschirmanzeige (siehe Anhang 7) aufgefordert wurden, zu warten.

Diese Phasen lagen vor und nach der ersten Ruhephase (R1), vor und nach der ersten zu bearbeitenden Aufgabe (A1), vor den Einschätzaufgaben (SCH), vor der ersten (K1) und nach der dritten Kriterienaufgabe (K3). Die Vor- bzw. Nachbereitungsphase diente der Erhebung der physiologischen Maße. Sie sollten für die spätere Auswertung als mögliche Referenzpunkte zur Differenzwertbildung herangezogen werden.

Jede der Untersuchunsphasen war aufgrund der Meßperiodik der physiologischen Maße in 4 Sekunden lange Abschnitte unterteilt. Für jeden Abschnitt von vier Sekunden Länge erfolgte je physiologischem Maß die Bestimmung der physiologischen Parameter.

Bei der Zusammenfassung der physiologischen Parameter für die einzelnen Untersuchungssituationen wäre pro Situation eine Mittelung aller physiologischen Parameter möglich gewesen. Diese Verfahrensweise erschien aber nur dann ohne Datenverzerrungen möglich, wenn die Länge der Untersuchungsphasen für alle Vpn gleich gewesen wäre. Diese Bedingung war für die Aufgabenphasen nicht gegeben. Sowohl die interindividuellen Unterschiede in der Problemlösefähigkeit als auch der unterschiedliche Einfluß der experimentell manipulierten Leistungsrückmeldung ließ erwarten, daß sich die Untersuchungsgruppen in der Bearbeitungszeit bedeutsam voneinander unterscheiden.

Würden alle Meßzeitpunkte einer Person in einer Aufgabenphase in die Mittelwertsbildung eingehen, hätten die Mittelwerte der Mißerfolgsgruppe, von der angenommen wurde, daß sie für die Kriterienaufgaben länger benötigen, auf einer größeren Anzahl von Meßzeitpunkten basiert als die Mittelwerte von Erfolgs- und Kontrollgruppe.

Da nicht ausgeschlossen werden kann, daß innerhalb länger andauernder homogener Untersuchungsbedingungen die physiologischen Maße über die Zeit habituieren, kommt es unter Umständen zu einer Datenverzerrung. Faßt man die Mittelwerte zweier Gruppen zusammen, die zu Beginn der Untersuchungsphase das gleiche Aktivierungsniveau aufweisen, zeigt die Gruppe mit längerer Meßdauer, falls die physiologischen Maße habituieren, eine geringere physiologische Erregung für die gesamte Untersuchungsphase.

Um derartige unerwünschte Effekte zu vermeiden, wurde die Länge der Auswertezeit begrenzt, indem die Anzahl der in die Bildung physiologischer Maße eingehenden Meßzeitpunkte reduziert wurde. Pro Digitalisierungzyklus lag nach der Parameterauswertung ein physiologischer Meßwert vor. In einem ersten Schritt wurden innerhalb jeder Untersuchungsphase jeweils vier aufeinander folgende Meßzeitpunkte, die für sich jeweils den physiologischen Meßwert einer Meßperiode von vier Sekunden repräsentierten, durch arithmetische Mittelung zusammengefaßt. Die gewonnenen Parameter stellen jeweils die Meßwerte einer sechzehn Sekunden langen Meßperiode dar. Die Auswahl gerade sechzehn Sekunden langer Meßperioden erfolgte aufgrund der Länge der Vor- und Nachbereitungsphasen. Jede dieser Untersuchungsphasen war sechzehn Sekunden lang. Es konnte somit für jede der Vor- und Nachbereitungsphase ein physiologischer Mittelwertsparameter gebildet werden.

Die Länge der Aufgabenphasen variierte von Vp zu Vp, umfaßte aber immer vollständige vier Sekunden lange Meßperioden. Die Bildung der sechzehn Sekunden Aufzeichnungsdauer umfassenden physiologischen Parameter erfolgte derart, daß von Beginn der Untersuchungsphasen an jeweils vier aufeinanderfolgende Meßzeitpunkte mit vier Sekunden Länge (= Digitalisierungszyklus) zusammengefaßt wurden. Die Begrenzung der Aufzeichnungsdauer wurde erreicht, indem nur die ersten drei 16 Sekunden Aufzeichnungsdauer umfassenden physiologischen Parameter in die Auswertung aufgenommen wurden.

Um physiologische Parameter zu erhalten, die die physiologische Aktivierung in jeweils einer der Untersuchungsphase repräsentieren, wurden je Untersuchungsphase die ersten 3 Parameter nochmals durch arithmetische Mittelung zusammengefaßt. Jeder der so zusammenfaßten physiologischen Parameter stellt das arithmetische Mittel der ersten 48 Sekunden einer jeden Untersuchungsphase dar. Die Begrenzung auf die ersten 48 Sekunden erfolgte, da sichergestellt werden mußte, daß alle Vpn mindestens diese Zeit zur Bearbeitung der Aufgaben benötigen, um eine Vergleichbarkeit der Daten zwischen den Vpn zu gewährleisten.

Eine Veranschaulichung der in die Auswertung eingehenden Meßphasen ist der Abbildung 8 auf der nächsten Seite zu entnehmen.

Legt man als Grundlage der Auswertung für die physiologischen Variablen die Meßperioden mit einer Länge von 16 Sekunden zugrunde, ergibt sich die in Abbildung 8 auf der vorangegangenen Seite dargestellte Struktur der Datenerhebung.

			SEKUNDEN
VOR -	R1		16
	R1	Erste Ruhephase	3*16
NACH-	R1		16
VOR -	A1		16
	A1	Erste Aufgabenphase	3*16
NACH-	A1		16
VOR -	SCH		16
	SCH	Schätzaufgaben	3*16
	RM	Mittlere Ruhephase	3*16
	RÜ	Rückmeldephase	3*16
NACH-	RÜ		16
VOR -	K1		16
	K1	Erste Kriteriumaufgabe	3*16
	K2	Zweite Kriteriumaufgabe	3*16
	K3	Dritte Kriteriumaufgabe	3*16
NACH-	K3		16
VOR -	R2		16
	R2	Zweite Ruhephase	3*16
NACH-	R2		16

ABBILDUNG 8
VERANSCHAULICHUNG DER ABFOLGE DER UNTERSUCHUNGSPHASEN
UND DEREN IN DIE AUSWERTUNG EINGEHENDEN LÄNGE IN SEKUNDEN

Die Anzahl der in die Auswertung der physiologischen Variablen eingehenden
Meßzeitpunkte mit einer Länge von 16 Sekunden war für alle Vpn in jeder d
Untersuchungsgruppen gleich, womit sichergestellt wurde, daß die in die
Analysen eingehenden physiologischen Daten zwischen den Untersuchungsgruppe
auch wirklich miteinander vergleichbar waren.

3.5 SYNCHRONISATION DER DATENERHEBUNG IN DEN UNTERSUCHUNGSPHASEN

Um eine zeitgleiche Erhebung von Leistungs- und physiologischen Variablen zu ermöglichen, mußte der Untersuchungsablauf bzw. die Datenerhebung miteinander synchronisiert werden.

Der Beginn und das Ende jeder Aufgabenbearbeitung diente zur Bestimmung der Bearbeitungszeit und zur Aufzeichnungssteuerung der physiologischen Maße, die nur während der eigentlichen Untersuchungsphasen erfolgte. Darüber hinaus sollte der Versuch trotz der notwendigen Standardisierung noch so weit vom VI steuerbar sein, daß die folgende Untersuchungsphase nur dann begonnen werden konnte, wenn Vp und VI für die Durchführung der nächsten Untersuchungsphase bereit waren.

Um dies zu realisieren, wurde wie folgt verfahren. Nach jeder Untersuchungsphase erschien auf dem Bildschirm eine Abfrage, die die Vpn nach einer dreistelligen Zahlenkombination fragte. Am Ende der Instruktion für die nachfolgende Aufgabe erhielt die Vp die Zahlenkombination genannt. War sie bereit, die nächste Aufgabe zu beginnen, konnte sie durch Eingabe der zuvor genannten Zahl die Untersuchungsphase starten. Die Fortführung der Untersuchung war somit nur möglich, wenn eine bestimmte dreistellige Zahlenkombination durch die Vp eingegeben wurde. Diese war der Vp bis zum Ende der vorangehenden Instruktion unbekannt. Zum Ende der Instruktion hin schaltete der VI den Polygraphen an. War die Vp bereit, mit der jeweiligen Aufgabe zu beginnen, gab sie die genannten Zahlen ein, und das Programm zur Aufgabendarbietung begann. Gleichzeitig wurde aus dem Programm, das die Aufgaben darbot, die digitale Datenerfassung der physiologischen Maße gesteuert.

Der VI hatte somit nur noch die Aufgabe, die Vpn mittels Einspielung der Versuchsinstruktionen auf die jeweilige Untersuchungssituation vorzubereiten und die polygraphische Aufzeichnung der physiologischen Daten vorzunehmen bzw. zu überwachen.

Innerhalb des eigentlichen Untersuchungsablaufs wurden für die Variablenbereiche Problemlöseleistung, emotionales Befinden und physiologische Aktivierung Daten zu verschiedenen Meßzeitpunkten erhoben. Die Häufigkeit der Datenerhebung und deren Zuordnung zu den Untersuchunssituationen ist der folgenden Abbildung 9 zu entnehmen.

Abhängige Variablen:	L	E	P
Erste Ruhephase (R1)	−	+	+
Erste Aufgabe (A1)	+	+	+
Schätzaufgabe (Sch)	−	−	+
Mittlere Ruhephase (RM)	−	−	+
Rückmeldephase (RÜ)	−	+	+
Erste Kriteriumaufgabe (K1)	+	⎤	+
Zweite Kriteriumaufgabe (K2)	+	⎬ +	+
Dritte Kriteriumaufgabe (K3)	+	⎦	+
Zweite Ruhephase (R2)	−	+	+
Anzahl erhobener Meßzeitpunkte:	4	5	9

ABBILDUNG 9
DARSTELLUNG DER ANZAHL ERHOBENER MESSZEITPUNKTE
FÜR DIE DREI VARIABLENBEREICHE (L=LEISTUNGSBEREICH,
E=EMOTIONALES BEFINDEN, P=PHYSIOLOGISCHER BEREICH)
ÜBER DIE UNTERSUCHUNGSSITUATIONEN.

Wie aus Abbildung 9 zu entnehmen ist, war die Anzahl erhobener Meßzeitpunkte in den drei Variablenbereichen unterschiedlich. Die Erhebung der Variablen in den Untersuchungsphasen ist durch ein Plus gekennzeichnet.

3.6 ERHEBUNG DER PERSÖNLICHKEITSDATEN

Die Erhebung der Persönlichkeitsdaten wurde, um Beeinflussungen durch die experimentelle Manipulation auszuschließen, zu Beginn der Untersuchung vorgenommen. Dies hatte mehrere Vorteile. Zum einen machten sich die Vpn mit der Bearbeitung und Items an einem Bildschirmterminal vertraut. Vpn, die noch keine Erfahrung hiermit hatten, konnten somit ihre eventuell vorliegende Scheu überwinden und die später für die Aufgabenbearbeitung benötigte Fertigkeit in der Bedienung eines Bildschirmterminals üben. Des weiteren erbrachte die Bearbeitung der Fragebogen den Vorteil, daß die Daten sogleich im Computer gespeichert waren und nicht nachträglich eingegeben werden mußten. Die Bestimmung der Summenwerte für die Personen wurde durch Computerprogramme vorgenommen, was eine Arbeitserleichterung für den VI bewirkte.

Ein Beispiel für den Aufbau des Bildschirmes bei der Beantwortung der Persönlichkeitsfragebogen ist im Anhang 8 dargestellt. Die Versuchspersonen hatten für jedes der dargestellten Items eine Skalierung auf einer sechsstufigen Ratingskala vorzunehmen, indem sie eine Zahl zwischen eins und sechs drückten. Nach der Betätigung der Eingabetaste wurde das jeweils nächste Fragebogenitem dargestellt. Zur Beantwortung aller Items benötigten die Vpn etwa 25 bis 30 Minuten.

3.7 OPERATIONALISIERUNG DER ABHÄNGIGEN VARIABLEN

Die Rückmeldung von Erfolg und Mißerfolg hat nicht nur Auswirkungen auf die Problemlöseleistung. Neben der erwarteten Beeinflussung der Problemlöseleistung waren Veränderungen im emotionalen Bereich zu erwarten, die sowohl im emotionalen Befinden als auch in der physiologischen Aktivierung zum Ausdruck kommen mußten.

Die genannten drei Bereiche sollten in der vorliegenden Untersuchung erfaßt werden. Es mußten deshalb neben den Leistungsparametern Maße für die emotionale Befindlichkeit und die physiologische Aktivierung gefunden werden.

Die Überlegungen zur Auswahl der erhobenen Leistungsvariablen, Variablen des emotionalen Befindens und physiologischen Variablen sind in den folgenden drei Abschnitten behandelt.

3.7.1 ERFASSUNG DER LEISTUNGSGÜTE BEI DEN PROBLEMLÖSEAUFGABEN

Für die in der Untersuchung verwendeten Umordnungsaufgaben können zwei abhängige Variablen erfaßt werden. Dabei handelt es sich um die Anzahl der benötigten Züge bis zur Lösung einer Aufgabe und die Zeit, die für die Aufgabenbearbeitung gebraucht wird.

Für jede der Umordnungsaufgaben gibt es eine minimale Anzahl von Zügen, die zur Lösung der Aufgabe führt. Um diese minimale Zugzahl zu erreichen, bedarf es einer vorwegnehmenden Planung der Züge über mehrere Züge bzw. Zugfolgen. Erfolgt eine Abweichung von der optimalen Zugfolge, steigt die Anzahl der benötigten Züge an. Die prinzipielle Lösungsmöglichkeit der Aufgabe bleibt unter allen Bedingungen bestehen. Es steigt lediglich die Anzahl der benötigten Züge bei Abweichungen von der optimalen Zugfolge.

Als Dimension der Variable Anzahl benötigter Züge gilt die Häufigkeit der Züge pro Aufgabe. Es wurden Aufgaben mit einer minimalen Zugzahl von neun für die erste zu bearbeitende Aufgabe bzw. von elf Zügen für die Kriterienaufgaben ausgewählt. Die Bearbeitungszeit entspricht der Zeitdauer, die für die Gesamtbearbeitung einer Aufgabe benötigt wurde. Die Erfassung der Leistungsgüte durch die benötigte Bearbeitungszeit ließ es notwendig erscheinen, keine obere Zeitgrenze zur Bearbeitung festzulegen. Die Festlegung einer Zeitbegrenzung hätte bewirkt, daß nicht zu entscheiden gewesen wäre, wieviel Zeit die Vpn zur vollständigen Lösung einer Umordnungsaufgabe benötigt hätten.

Um die Aufgaben nicht als zeitlich unbegrenzt vorzugeben, wurden als maximale Zugzahl vierzig Züge festgesetzt. Nach den vierzig Zügen wurde die Aufgabe durch die Meldung "DIE AUFGABE WURDE ABGEBROCHEN !" auf dem Bildschirmterminal beendet. Dieser Entscheidung lag die Überlegung zugrunde, daß eine Person, die innerhalb von vierzig Zügen eine Aufgabe nicht lösen konnte, diese unter Umständen auch bei achzig oder mehr Zügen nicht lösen würde. Mit vierzig Zügen liegt die Anzahl der benötigten Züge rund 4,5 mal über der minimalen Zugfolge. Unterstellt man eine durchschnittliche, etwa gleich schnelle Zugfolge, dürfte sich auch die Lösungsdauer um den Faktor 4,5 erhöhen.

Die Lösungsdauer für die Umordnungsaufgaben selbst ist von mehreren Faktoren determiniert. An erster Stelle ist die Problemlöse- bzw. Denkfähigkeit der Vpn zu nennen, die sich in der Geschwindigkeit der Problembearbeitung ausdrückt.

Der Persönlichkeitsfaktor der Impulsivität/Reflexivität dürfte ebenfalls eine Rolle spielen. Impulsive Personen überlegen meist nicht lange, sie neigen zu schnellen Entscheidungen, die unter Umständen unrichtig sind. Reflexive Personen denken dagegen länger nach, bevor sie eine Entscheidung fällen. Haben reflexive Personen einen Lösungsweg gefunden, prüfen Sie diesen eventuell nochmals durch gedanklichen Vollzug nach. Nicht zuletzt ist die Lösungszeit von der Anzahl der benötigten Züge abhängig.

Die zur Lösung einer Umordnungsaufgabe benötigte Zeit wurde in Sekunden erfaßt. Die Zeitmessung erfolgte dabei automatisiert durch den Computer. Sie begann bei der ersten Aufgabendarbietung auf dem Bildschirm und endete, nachdem alle Zahlen auf die Felder mit der gleichen Nummer bewegt waren und damit die Aufgabe gelöst war. Auf dem Bildschirm erschien die Meldung: "DIE AUFGABE WURDE RICHTIG GELÖST ! ".

3.7.2 ERFASSUNG DER EMOTIONALEN BEFINDLICHKEIT

3.7.2.1 Auswahl der Skala zur Erfassung der emotionalen Befindlichkeit

Neben der Erhebung der Leistungsdaten war die Erfassung des emotionalen Befindens der Vpn von Interesse. Da das emotionale Befinden in mehreren Untersuchungssituationen erhoben werden sollte, mußte ein Instrument gefunden werden, das eine mehrfache Erhebung des emotionalen Erlebens der Vpn erlaubte.

Als hierfür taugliches Verfahren ist der State-Trait-Angstfragebogen von SPIELBERGER et al. (1970) in der Übersetzung von LAUX et al. (1981) anzusehen. Aus mehreren Untersuchungen (zusammenfassend LAUX et al. 1979) und eingehenden eigenen Erfahrungen (BEYER 1978, KAUFMAN et al. 1979) ist die Verwendbarkeit des Verfahrens bei mehrfacher Erhebung des subjektiven Befindens belegbar.

Der A-State-Fragebogen ist dem Testkonzept nach ein Test zur Erfassung der situativen Angst, der A-Trait-Fragebogen ein Verfahren zur Erhebung der Ängstlichkeit. Der State-Fragebogen erfaßt im wesentlichen das Ausmaß des emotionalen Mißempfindens.

Den Testautoren nach werden zwei für die situative Angst wichtige Faktoren durch den Test erfaßt, nämlich eine Erregungsdimension (emotionality) und die Dimension der Besorgnis (worry).

Kritisch anzumerken ist dabei, daß die Erregungsdimension nicht konstruktspezifisch für Angst ist. Es müßte zumindest zwischen ängstlicher und freudiger Erregung unterschieden werden. Ein Item wie z.B. "Ich bin aufgeregt" könnte eine Person sowohl vor einer als subjektiv belastend erlebten Prüfungssituation als auch in der Erwartung einer großen Freude, z.B. dem Wiedersehen mit einem lange nicht gesehenen guten Freund, zustimmen. Zur Entlastung der Autoren sei gesagt, daß dieser Einwand allerdings auf die Mehrzahl isolierter Emotionsindikatoren zutrifft. Hier sei nur auf das Vergießen von Tränen hingewiesen, das sowohl bei Trauer aber auch bei großer Freude erfolgen kann. Wenn schon Ausdrucksindikatoren, isoliert betrachtet, unterschiedliche emotionale Zustände anzeigen, stellt es unter Umständen eine Überforderung dar, nur solche Items in einem Fragebogen zulassen zu wollen, die, auch isoliert betrachtet, nur ein Konstrukt erfassen. Die Forderung, die in dem genannten Kritikpunkt mehr oder weniger explizit zum Ausdruck kommt, alle Items eines Fragebogens sollten nur für einen konstruktspezifischen Emotionsbereich gelten, dürfte nicht zu erfüllen sein.

Die Einschätzung des A-State-Fragebogens als Skala zur Erfassung des emotionalen Mißempfindens ist an den, entgegen dem Testkonstrukt formulierten Items, die vor der Verrechnung umgepolt werden, belegbar. Das Item: "Ich bin froh" ist sicher unzutreffend unter situativer Angst. Seine Umkehrung bedeutet aber nicht "ich bin ängstlich", sondern "ich bin traurig", "ich bin ärgerlich" oder ähnliches. Traurigkeit oder Ärger ist aber eher uncharakteristisch für angstvoll erlebte Situationen.

Eine weitere Überlegung, die es angemessener erscheinen läßt, von einer Skala des emotionalen Mißempfindes zu sprechen, ergibt sich aus der Interpretation niedriger Summenwerte des A-State-Fragebogens. Erreicht eine Person den niedrigsten Summenwert von 20, muß sie allen Items, die einen positiven emotionalen Zustand der Freude, der Ruhe, der Ausgeglichenheit, zum Ausdruck bringen, in extremer Weise zugestimmt haben. Insofern reicht die Skala von einem Pol emotionalen Wohlbefindens zu einem Pol emotionalen Mißempfindens, wobei zugestanden sei, daß situative Angst ein Zustand stärkeren emotionalen Mißempfindes darstellt. Inwieweit aber der Rückschluß von emotionalen Mißempfindungen auf das Vorliegen situativer Angst zulässig ist, bleibt zumindest fraglich.

Für die Anwendung in der vorliegenden Untersuchung wäre es wünschenswert gewesen, ein Verfahren zur Anwendung bringen zu können, das das Ausmaß von positiver, d.h. genauer freudiger Empfindung ermöglicht. Ein solches Verfahren lag zum Zeitpunkt des Untersuchungsbeginns nicht vor. Andere Testverfahren zur Erfassung der emotionalen Befindlichkeit, wie die Befindlichkeits-Skala (B-f) von ZERSSEN & KOELLER 1976, die Eigenschaftswortliste (EWL) von JANKE & DEBUS 1978, die Adjektive Checklist von ZUCKERMANN 1960, ZUCKERMANN & LUBIN 1970, erheben zwar das emotionale Befinden, doch eignen sich diese Verfahren teilweise aus mehreren Gründen nicht für die vorgesehene Datenerhebung. Diese Verfahren sind entweder für eine mehrfache Erhebung in zeitlich relativ kurzen Abständen nicht oder nur bedingt geeignet, enthalten zu viele Items, sind für die interessierende Fragestellung nicht spezifisch genug oder liegen noch nicht in deutscher Übersetzung vor.

Die positiven Resultate, die bereits mit dem Stait-Trait Angstinventar (zusammenfassend von SPIELBERGER et al. 1970, LAUX et al. 1976) in anderen Untersuchungen erzielt wurden, ließen die Annahme begründet erscheinen, daß die Art und Weise der Itemdarbietung zur mehrfachen Erfassung des emotionalen Befindens der Vpn geeignet ist. Da Unsicherheit darüber bestand, ob die 20 Items des A-State-Fragebogens zur Erfassung auch positiver emotionaler Zustände geeignet sind, wurde nach weiteren Eigenschaftswörtern gesucht, die analog zu der Vorgehensweise im A-State-Fragebogen dargeboten werden konnten.

Die auszuwählenden Eigenschaftswörter sollten für die Erhebung positiver emotionaler Zustände geeignet sein und auf Bereiche der emotionalen Befindlichkeit abzielen, das im Umfeld von Erfolgs- und Mißerfolgserleben zu erwarten ist. Es wurden insgesamt zwanzig weitere Eigenschaftswörter ausgewählt und analog der Darbietungsform des State-Trait-Angstfragebogens in Items gefaßt. Als Grundlage der Auswahl weiterer Eigenschaftswörter dienten neben den obengenannten Verfahren der Mehrdimensionale Stimmungsfragebogen (MSF) von HECHELTJEN & MERTESDORF (1973) und das Stimmungswort-Inventar (SWI) von BOTTENBERG (1970). Im Anhang 9 sind die insgesamt vorgegebenen 40 Items des erweiterten A-State-Fragebogens aufgeführt.

Die Auswahl zusätzlicher Items geschah unter dem Gesichtspunkt der oben dargestellten Überlegungen einer adäquaten Erfassung des emotionalen Befindens der Vpn. Trotz der vorgetragenen Bedenken bezüglich des A-State-Fragebogens sollte in einem ersten Schritt eine quantitative Auswertung des A-State-Summenwertes erfolgen. Die zwanzig weiteren hinzugefügten Items waren vornehmlich für eine parallel durchzuführende qualitative Auswertung gedacht. Eine qualitative Analyse zusammen mit den zwanzig zusätzlich hinzugefügten Items sollte erfolgen, wenn sich der A-State-Fragebogen als untauglich zur Erhebung des emotionalen Befindens der Vpn erweisen würde.

Um eine qualitative Auswertung des emotionalen Befindens zu realisieren, wurde, anknüpfend an die obengenannten Kritikpunkte der Konstruktspezifität, eine Zusammenfassung der Eigenschaftswörter nach deren zu erwartenden emotionalen Wirkungen benötigt. Deshalb erfolgte ein Expertenrating für die insgesamt vierzig Items des erweiterten A-State-Fragebogens.

3.7.2.2 Klassifikation der emotionalen Selbstbeschreibungen in dem Fragebogen zur Erfassung der emotionalen Befindlichkeit

Für die Auswertung der Skala zur Erfassung der emotionalen Befindlichkeit erschien es angebracht, in Erfahrung zu bringen, welche Items des erweiterten A-State-Fragebogens einen positiven oder negativen emotionalen Zustand beschreiben.

Zur Entscheidung über diese Frage wurde ein Expertenrating durchgeführt. Bei den neun Experten handelte es sich um Personen beiderlei Geschlechts mit abgeschlossenem Psychologie-Studium. Alle neun Experten beurteilten zweimal die 40 Items der Skala zur Erfassung der emotionalen Befindlichkeit. Sie hatten in einem ersten Ratingdurchgang zu beurteilen, welchen Items eine Person nach einem starken Erfolgserlebnis zustimmen würde; in einem weiteren Ratingdurchgang sollten sie angeben, welchen Items eine Person nach einem starken Mißerfolgserlebnis zustimmen würde. Fünf der neun Experten beurteilten zuerst die Items bezüglich der von ihnen angenommenen Ankreuzung einer Vp unter Erfolgserleben, danach unter Mißerfolgserleben. Bei vier Experten war die Abfolge der Itembeurteilungen umgekehrt.

Die Instruktionen für das Expertenrating lauteten:

Erfolgsbedingung:

> Geben Sie bitte für jedes der Items an, ob eine Person, nach einem sehr starken Erfolgserlebnis (sie hat Denkaufgaben schneller gelöst als 97% ihrer Bezugsgruppe), der Aussage jedes einzelnen Items zustimmen würde.

Mißerfolgsbedingung:

Geben Sie bitte für jedes der Items an, ob eine Person, nach einem sehr starken Mißerfolgserlebnis (sie hat Denkaufgaben schneller gelöst als 3% ihrer Bezugsgruppe), der Aussage jedes einzelnen Items zustimmen würde.

Die für das Expertenrating zur Verfügung stehenden Antwortkategorien lauteten "Person stimmt zu" bzw. "Person stimmt nicht zu".

Als Kriterien für die Brauchbarkeit eines Items zur Differenzierung zwischen beiden emotionalen Zuständen, die mit Erfolg bzw. Mißerfolg einhergehen, wurden folgende Sachverhalte festgelegt:

1.) Mindestens sieben der neun Experten haben ein Item einer der beiden Antwortkategorie zugeordnet, d.h. die Experten waren übereinstimmend der Meinung, daß eine Person nach Erfolg bzw. Mißerfolg der Aussage eines Items zustimmen würde.

2.) Ein Item wurde von jeweils sieben Experten sowohl unter der Erfolgsbedingung als auch für Mißerfolgsbedingung nach Kriterium 1 eindeutig zugeordnet.

3.) Nur solche Items sollten in die Summenwertbildung eingehen, die nach Expertenurteil polar beurteilt wurden, d.h. von denen die Mehrzahl der Experten meinten, Personen würden diesem Item bei Erfolg zustimmen, bei Mißerfolg dieses Item ablehnen.

Von den 40 Items der Skala zur Erfassung des emotionalen Befindens wurden 33 Items von den Experten nach den obengenannten Kriterien einheitlich beurteilt. Sieben der 40 Items erfüllten eines oder mehrere der vorab erstellten Kriterien nicht.

Dies waren die Items:

- Ich bin ruhig.
- Ich fühle mich geborgen.
- Ich bin besorgt, daß etwas schiefgehen könnte.
- Ich fühle mich ausgeruht.
- Ich bin entspannt.
- Ich bin träge.
- Ich bin erschöpft.
- Ich bin ungeduldig.

Obwohl 7 der 40 Items von den Experten nach den obengenannten Kriterien nicht einheitlich beurteilt wurden, verblieben alle Items in der Skala zur Erfassung der emotionalen Befindlichkeit.

Für die Auswertung des Fragebogens wurde, wie oben bereits angedeutet, ein gestuftes Vorgehen geplant. In einem ersten Schritt sollte eine Auswertung mit dem durch den orginalen A-State-Fragebogen definierten Gesamtwert der Daten erfolgen. Sollten sich keine Unterschiede zwischen den Untersuchungsgruppen, speziell zwischen der Erfolgs- und Mißerfolgsgruppe, ergeben, wäre mittels einer qualitativen Überprüfung zu klären, ob dies an den für positive emotionale Zustände zu unspezifischen Eigenschaftswörtern des A-State-Fragebogens liegt. Trifft diese Erwartung zu, sollte eine alternative Summenwertbildung anhand des Expertenratings versucht werden, wobei die Eigenschaftswörter nach ihrer nach Erfolg oder Mißerfolg zu erwartenden Reaktion zusammenzufassen wären. Die sieben Items, die sich gemäß den zuvor aufgestellten Kriterien im Expertenrating als untauglich erwiesen, sollten dann nicht in die weitere Analyse mit aufgenommen werden.

3.7.3 AUSWAHL DER PHYSIOLOGISCHEN VARIABLEN

Zur Bestimmung der physiologischen Aktivierung können verschiedene physiologische Maße herangezogen werden, die als Bestimmungsgröße der Aktivierung gelten und deshalb Aktivierungsindikatoren genannt werden.

Jeder Versuch einer Feststellung von physiologischer Aktivierung bzw. Aktivierungsänderung wirft die Frage auf, welche physiologischen Indikatoren hierzu herangezogen werden können. JANKE (1969) gibt vier Entscheidungskriterien, die bei der Indikatorwahl zu beachten sind.

1.) Die Wahl eines Indikators sollte in bezug auf die durch den Stimulus erwartungsgemäß hervorgerufene Reaktion erfolgen.

2.) Je nach der erwarteten Größe der Aktivierungsveränderung sollte ein mehr oder weniger empfindlicher Indikator gewählt werden.

3.) Je nach der Lage auf dem hypothetischen Aktivierungskontinuum ist ein dort differenzierender Indikator auszuwählen.

4.) Der Indikator sollte in seiner zeitlichen Reaktionsschnelligkeit den durch den Stimulus hervorgerufenen Aktivierungsveränderungen angepaßt sein.

Neben den von JANKE (1969) formulierten Anforderungen sind rein meßtechnische Überlegungen anzustellen, die zum einen die technische und auswertemäßige Erfassung von physiologischen Maßen, zum anderen eine Abwägung der Belastung der Vpn durch die Meßapparatur betreffen.

Zur Auswahl der physiologischen Aktivierungsindikatoren wurden die von WALSCHBURGER (1976) veröffentlichten Kennliniendiagramme herangezogen. Sie erlauben nach der Auffassung von WALSCHBURGER eine Zuordnung der physiologischen Aktivierungsindikatoren zu den verschiedenen Aktivationslagen. WALSCHBURGER (1976, S. 338) versucht, mittels der Kennlinien "den Indikatoren der einzelnen Funktionsbereiche einen optimalen Empfindlichkeits- oder Dynamikbereich zuzuordnen, d.h. Veränderungen des physiologischen Kennwertes in Abhängigkeit von Veränderungen des Aktivierungskontinuums zu betrachten, um - wenn auch relativ grob und eindrucksmäßig - die 'Kennlinie' der Dynamik (Empfindlichkeit) der einzelnen Aktivierungsindikatoren festzuhalten."

Die von WALSCHBURGER (1976) veröffentlichten Kennliniendiagramme (siehe Anhang 10) zeigen den 2. Quadranten eines Koordinatensystems. Auf der Abszisse sind vier Aktivationsgrade aufgetragen, auf der Ordinate die Höhe der Meßwerte des jeweiligen physiologischen Aktivierungsindikators.

Die vier auf der Abszisse eingetragenen Aktivierungsgrade werden von WALSCHBURGER (1976, S. 340) als "niedrig (schläfrig, dösig), mittelmäßig (entspannt bis aufmerksam), hoch (gespannt, unruhig, gefühlsbetont usw.), extrem (desorganisiert, stark bis extrem erregt usw.)" charakterisiert. Aus dem Verlauf der eingetragenen Kennlinie ist zu entnehmen, in welchen Aktivationsbereichen eine Sensibilität des Indikators für Aktivationsänderungen vorliegt und in welchen Bereichen mit Boden- bzw. Deckeneffekten zu rechnen ist.

Die innerhalb der vorliegenden Untersuchung geplanten experimentellen Situationen induzieren Aktivierungslagen, die als recht unterschiedlich angesehen werden müssen. Sie reichen von längeren Ruhephasen bis zu typischen Streßphasen. Es sollte deshalb ein möglichst breiter Bereich des Aktivierungskontinuums durch die Auswahl der physiologischen Aktivierungsindikatoren abgedeckt werden. Zusätzlich sollten die physiologischen Aktivierungsindikatoren aus mehreren physiologischen Funktionsbereichen stammen.

Insgesamt wurden fünf physiologische Aktivierungsindikatoren ausgewählt. Dieses sind die:

- Herzperiode (HP),
- Fingerpulsamplitude (FPA),
- Pulswellenlaufzeit (PLZ),
- Hautleitfähigkeit (LEIT) u. das
- Elektromyogramm (NEMG).

Drei der fünf Aktivierungsindikatoren (Herzfrequenz, Fingerpulsamplitude und Pulslaufzeit) sind Indikatoren des Herz-Kreislaufsystems, die Hautleitfähigkeit ist ein Indikator des elektrodermalen, das Elektromyogramm des muskulären Reaktionssystems.

Die Auswahlgründe, die zur Aufnahme gerade dieser fünf physiologischen Aktivierungsindikatoren führten, sind in den folgenden Kapiteln dargestellt.

3.7.3.1 Die Herzperiode (HP)

Die Aufgabe des Herzens besteht in der Blutversorgung des Körpers entsprechend den internen und externen Anforderungen.

Interessiert man sich für die Herzfrequenz als Indikator der psychologisch induzierten Aktiviertheit, müssen die durch Muskelarbeit hervorgerufenen Herzfrequenzänderungen minimiert werden. Die Vpn dürfen deshalb keine größeren motorischen Aktionen durchführen.

Die Herzperiode bzw. die Herzfrequenz ist eine der am häufigsten verwendeten Aktivierungsindikatoren in der psychophysiologischen Forschung. Die große Beliebtheit dieses Indikators dürfte zum einen durch den aus der eigenen Erfahrung bekannten Zusammenhang zwischen emotionaler Erregung und Herzfrequenzbeschleunigung resultieren, zum anderen durch die leichte apparative und auswertetechnische Erfassung des Herzfrequenzmaßes bedingt sein.

Trotz der häufigen Verwendung von Herzfrequenzwerten bzw. deren Kehrwerte, die Herzperiode, ist deren Interpretation im Sinne der Aktivierungsbeurteilung nicht problemlos (LEGEWIE 1969).

1.) Die gleichzeitige bzw. wechselseitige sympathische und parasympathische Herzinnervation bedingt eine Doppeldeutigkeit jeder Herzfrequenzänderungen.

2.) Bei steigendem Blutdruck kommt es zu einer kompensatorischen Verlangsamung der Herztätigkeit.

3.) Im Zusammenhang mit dem Atemzyklus treten periodische Zu- bzw. Abnahmen der Herzfrequenz auf. Diese respiratorische Arrhythmie besteht in einer inspiratorischen Zunahme und expiratorischen Abnahme der Herzfrequenz.

4.) Die Reaktion auf einen aktivierungsinduzierenden Stimulus muß sich nicht in einer Beschleunigung der Herzrhythmik manifestieren, es kann auch zu einer Erhöhung des Herzschlagvolumens kommen.

Trotz dieser Probleme ergaben sich bei einer großen Anzahl von Untersuchungen positive Befunde, was Herzfrequenz und Herzperiode als Aktivationsindikatoren angeht (BARTENWERFER 1963, BEYER 1978, BURGESS et al. 1964, FAHRENBERG et al. 1979, KLINGER et al. 1973, LAZARUS et al. 1963, WALSCHBURGER 1976 u.a.).

Neben der Herzfrequenz wurden von mehreren Autoren (BARTENWERFER 1960, BURDICK 1968, 1972, BURDICK & SCARBROUGH 1968, BLOHMKE et al. 1967, BLITZ et al. 1970) Merkmale der Herzrhythmik als Aktivierungsindikatoren vorgeschlagen. Eine zusammenfassende Darstellung der entwickelten Verfahren findet sich bei STRASSER (1974).

Nach den Ergebnissen von BLITZ et al. (1970) stellt die Herzfrequenz einen besseren Indikator als die Sinusarrhythmie dar. Da auch STRASSER die meist einfach zu erfassenden Herzrhythmikmerkmale als unzulänglich klassifiziert und das von ihm vorgeschlagene Verfahren umfangreicher Auswerteoperationen bedarf, wurde auf die Erfassung von Merkmalen der Herzrhythmik vollständig verzichtet.

Die Bestimmung der Herzperiode erfolgte analog der von OPTON et al. (1966) ausgeführten Methodik der Spitzenfrequenzen. Die Methode der Spitzenfrequenzen besteht in der Analyse der zeitlichen Abstände zwischen zwei aufeinanderfolgenden Herzaktionen. Der geringste zeitliche Abstand zwischen zwei aufeinanderfolgenden Herzkontraktionen innerhalb eines definierten Zeitraums, umgerechnet auf den Minutenwert, stellt die Spitzenfrequenz dar. Analog hierzu wurde ein Auswerteverfahren eingesetzt, das den größten Abstand zwischen R-Zacken und somit die längste Herzperiode innerhalb eines Meßzyklus ermittelte.

Aus methodischen Gründen wurde anstelle der Herzfrequenz die Herzperiode als physiologischer Aktivierungsparameter verwendet. Dies geschah aufgrund der Einwände bzw. Überlegungen von GRAHAM (1978), der die methodische Unzulänglichkeit bei der Mittelung von Herzfrequenzwerten, die im Prinzip Geschwindigkeitsmaße darstellen, hervorhob. Zur Ermittlung der Herzperiode wurde das unverarbeitete Extremitäten-EKG nach der Einthovenschen Standard-Ableitung II abgenommen. Die Aufzeichnung erfolgte mittels Ag/AgCl Hautelektroden und dem Beckmann AC/DC Koppler Typ 9806 A.

Die per Computerprogramm vorgenommene Bestimmung der Herzperioden für die Meßzeitpunkte erfolgte anhand eines analog vorverarbeiteten Signals, das in der nachfolgenden Abbildung 9 dargestellt ist.

ABBILDUNG 9

DARSTELLUNG DES POLYGRAPHISCH AUFGEZEICHNETEN ANALOG VORVERARBEITETEN EKGs

Die Abstände zwischen zwei R-Zacken des EKG's werden hierbei in ein Niveausignal umgewandelt, das bezogen auf zuvor registrierte Eichmarken die aktuelle Dauer einer Herzaktion abgeleitet werden kann

3.7.3.2   Die Fingerpulsamplitude (FPA)

Die Veränderungen des peripheren Blutvolumens spielen bei der Ausdruckswahrnehmung emotionalen Erlebens eine nicht unbedeutende Rolle. Erbleichen bei Schreck oder Furcht bzw. Erröten bei Zorn oder Wut ist auf die Veränderung der Blutmenge in den peripheren Blutgefäßen der Haut zurückzuführen. Kalte Hände bei emotionaler Erregung, etwa vor Prüfungssituationen, sind ebenfalls auf eine verminderte Durchblutung der Haut zurückzuführen. Eine Erfassung der Blutmengenregulation erschien deshalb für ein streß- bzw. emotionspsychologisches Experiment durchaus sinnvoll.

Während frühere pneumatische Verfahren die Größenveränderungen des gemessenen Körperteils, etwa des Fingers, über Druckaufnehmer direkt erfaßten, erfolgt in neuerer Zeit eine indirekte Messung des Volumens über ein photoelektrisches Verfahren.

Die Photoplethysmographie gilt als einfache Methode zur Erfassung der peripheren Durchblutung der Haut. Sie beruht auf dem Prinzip, daß unterschiedlich stark durchblutetes Gewebe für rotes Licht unterschiedlich stark durchlässig ist.

Photoplethysmographische Meßaufnehmer bestehen aus einer kleinen Lichtquelle, die rotes Licht erzeugt, das bis in den Infrarotbereich reicht, und einem Lichtdetektor, der die Lichtintensität mißt. Der Hauptfrequenzbereich des von der Lichtquelle ausgesandten roten Lichts liegt in dem Lichtabsorptionsbereich des Blutes.

Prinzipiell lassen sich zwei Typen von photoplethysmographischen Aufnehmern unterscheiden. Solche, bei denen der Körperteil durchstrahlt wird und solche, bei denen das reflektierte Licht gemessen wird. Da der erste Typ nur bei relativ dünnem Gewebe einsetzbar ist, z.B. an den Fingern oder am Ohrläppchen, die Lichtmessung im Reflexionsverfahren aber an beliebigen Körperteilen vorgenommen werden kann, hat sich die Reflektionsmessung stärker durchgesetzt.

Die Photoplethysmographie basiert auf folgendem Prinzip. Durchstrahlt man Gewebe mit rotem Licht, tritt bei gut durchblutetem Gewebe wenig Licht hindurch, bei schwach durchblutetem Gewebe tritt hingegen viel Licht hindurch. Die Reflexmessung beruht auf dem gleichen Prinzip, wobei bei viel Blut im Gewebe nur wenig Licht reflektiert wird, während bei wenig Blut viel Licht reflektiert wird. Die Registrierung der durchscheinenden Lichtmengen erlaubt es, auf die Durchblutungsverhältnisse in den unter der Meßeinrichtung liegenden Hautarealen zurückzuschließen.

Die Veränderung des Blutvolumens in den peripheren Gefäßen wird zum einen von den rhythmischen Schlägen des Herzens bestimmt, zum anderen von deren Kontraktionsgrad bzw. Dilatationsgrad. Das Blutvolumen selbst ist durch die Relation der zuströmenden und abströmenden Blutmenge bestimmt. Sind die Gefäße kontrahiert, erhält man eine kleine Pulsvolumenamplitude, sind die Gefäße dilatiert, wird man eine große Pulsvolumenamplitude registrieren. Der Grund für die sich unterscheidenden Pulsvolumenamplituden liegt in den unterschiedlichen Bluteinbzw. ausströmungsverhältnissen in die peripheren Gefäße bei entspanntem Gewebe gegenüber gespanntem Gewebe. Die Pulsvolumenamplitude ist durch die Differenz zwischen maximaler Blutmenge während der systolischen Blutaustreibungsphase am Herzen und minimaler Blutmenge während der diastolischen Blutrückstromphase bestimmt.

In der vorliegenden Meßanordnung wurde der Beckmann Spannungs/Druck/Puls-Aufnehmer Typ 9853 A verwendet. Der benutzte Aufnehmer besteht aus Lichtquelle und Lichtdetektor und arbeitet nach dem Reflexionsprinzip. Die Befestigung des Meßaufnehmers wurde am Mittelfinger der linken Hand durch eine elastische Stoffbinde mit Klettverschluß angebracht.

Ein Beispiel für die Kurvenform der photoplethysmographisch erhobenen Fingerpulsamplitude ist in Abbildung 10 dargestellt.

ABBILDUNG 10
DARSTELLUNG DES POLYGRAPHISCH AUFGEZEICHNETEN PHOTOPLETHYSMOGRAMMS AM MITTELFINGER DER LINKEN HAND

Die Differenz zwischen der innerhalb einer Herzaktion auftretenden minimalen und maximalen reflektierten Lichtmenge gilt als Indikator für die vorliegende Blutmengenänderung.

Vier Aspekte sind bei der Erfassung von Pulsvolumenamplituden mittels photoplethysmographischer Verfahren zu beachten.

Bei der Photoplethysmographie handelt es sich nicht, wie bei den älteren pneumatischen Verfahren, um eine direkte Messung von Volumenänderungen. Es besteht aber eine genügend hohe Kovariation, um trotz indirekter Erfassung auf die zugrundeliegende Blutmengenregulation schließen zu können.

Bei den plethysmographischen Methoden handelt es sich um eine relative Messung, d.h. jeder Meßwert kann nur in bezug auf die anderen erhobenen Meßwerte der gleichen Vpn in der jeweiligen Untersuchung interpretiert werden. Die Meßwerte sind von der Lichtintensität der Lichtquelle, der Sensibilität des Detektors, der Anlegestelle und dem Anlegedruck abhängig. Eine Eichung der Pulsamplitudenmessungen erfolgt in aller Regel nicht, obwohl Bemühungen in diese Richtung unternommen werden (FAHRENBERG et al. 1979).

Ein Nachteil photoplethysmographischer Erfassung von Blutvolumenänderungen gegenüber der älteren pneumatischen Methode liegt in der weitaus größeren Anfälligkeit für Bewegungsartefakte. Der Körperteil, an dem der Meßaufnehmer angebracht wird, muß, um Bewegungsartefakte zu vermeiden, von der Vp möglichst ruhig gehalten werden.

Da die Temperaturregelung teilweise auch über die Haut erfolgt, ist der Einfluß der Blutmengenänderung durch Temperatureinflüsse möglichst klein zu halten. Die Umgebungstemperatur sollte deshalb über die Untersuchungsdauer konstant gehalten werden.

Die starke Variabilität des Pulsamplitudenmaßes, in Abhängigkeit von der physiologischen Aktivierung der Vpn, macht eine sorgfältige Auswahl des Verstärkungs- und damit des Meßbereiches notwendig. Ohne eine optimale Einstellung des Verstärkungsbereichs besteht die Gefahr, daß die Amplitudengröße bei induzierter Aktivierung zu Null wird bzw. innerhalb von Ruhesituationen den möglichen Aufzeichnungsbereich überschreitet.

Als physiologischer Parameter wurde die innerhalb eines Meßzyklus aufgetretene maximale Fingerpulsamplitude bestimmt, die mit geringeren Fehlereinflüssen zu erfassen war als die ansonsten vorzuziehende minimale Fingerpulsamplitude.

3.7.3.3 Die Pulswellenlaufzeit (PLZ)

Der mit jeder Herzaktion entstehende Puls bzw. die sich in der Blutbahn ausbreitende Druckwelle pflanzt sich je nach den vorliegenden Einflußgrößen mit unterschiedlicher Geschwindigkeit fort. Als wesentliche Einflußgrößen sind die Elastizität der Gefäßwände und der mittlere Blutdruck zu nennen. Die physiologische Variable Pulswellenlaufzeit ist durch die Zeit definiert, die die Pulswelle benötigt, um die Wegstrecke zwischen zwei Punkten einer Arterie zurückzulegen.

Als physiologische Parameter werden entweder die Pulswellenlaufzeit (PLZ) oder die Pulswellengeschwindigkeit (PWG) benutzt. Die Pulswellengeschwindigkeit ergibt sich aus dem Quotienten von Wegstrecke und Zeit.

Bei der apparativen Erhebung dieser Maße tritt, neben den Fragen zur Wahl des Pulsdruckaufnehmers und der Bestimmung der Meßstellen, die Frage nach dem Triggerpunkt, also nach dem Punkt auf, an dem die Zeitmessung beginnen soll.

Erfolgt die Messung an zwei Punkten einer Arterie, kann das Maximum oder das Minimum der Pulsdruckkurve als Triggerpunkt Verwendung finden. Die Notwendigkeit einer äußerst präzisen Zeitmessung im Millisekundenbereich macht eine sehr genaue Bestimmung des Triggerpunktes erforderlich. Im rumpfnahen Bereich, an dem die Arterien relativ tief im Körpergewebe eingebettet sind, ist dies mit der notwendigen Genauigkeit nur schwer möglich. Als Triggerpunkt wird deshalb häufig die R-Zacke des EKG's herangezogen. Zwar erhebt man in diesem Fall nicht die reine Pulswellenlaufzeit, da die Zeit der Herzkontraktion mit enthalten ist, doch entfällt die meßtechnisch schwierige Registrierung der Pulswelle an einem rumpfnahen Meßpunkt.

Bei der in der vorliegenden Meßanordnung verwendeten Erhebungsmethode der Pulswellenlaufzeit, wurde ebenfalls die R-Zacke der Herzfrequenz als Triggersignal benutzt. Zur analogen Vorauswertung fand ein von Dr. G. WEYER und K. SINGER entwickelter und gebauter Koppler Verwendung (SINGER et al. 1980). Eine Darstellung der polygraphisch aufgezeichneten Pulslaufzeit findet sich in Abbildung 11.

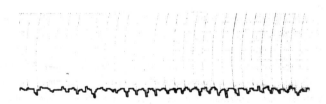

ABBILDUNG 11
DARSTELLUNG DER POLYGRAPHISCH AUFGEZEICHNETEN PULSWELLENLAUFZEIT

Die in Stufenform aufgezeichnete Pulswellenlaufzeit kann durch den Bezug auf zuvor registrierte Eichmarken in Millisekundenwerte umgewandelt werden.

Die Pulswellenlaufzeit wurde aufgrund der intraindividuell hohen Korrelation mit dem Blutdruck als möglicher Indikator für den unblutig und kontinuierlich nur schwer erfaßbaren Blutdruck angesehen. Andere Autoren bestreiten die Indikatorfunktion der Pulswellenlaufzeit für den systolischen Blutdruck (FAHRENBERG 1979, MYRTEK 1980). Sie sehen in der gefundenen hohen Kovariation beider physiologischen Maße keinen variablenspezifischen Zusammenhang, sondern eine Scheinkorrelation, die sich aufgrund der Drittsteuerung beider Variablen durch die variierenden Situationsbedingungen ergibt.

Unabhängig von dieser Diskussion erwies sich die Pulswellenlaufzeit als nützlicher Parameter in psychophysiologischen Untersuchungen, weshalb eine Aufnahme in die vorliegende Untersuchung als abhängige Variable erfolgte.

3.7.3.4   Die Hautleitfähigkeit (LEIT)

Der Zusammenhang zwischen emotionalem Erleben und Parametern der elektrodermalen Aktivität war schon mehrfach Gegenstand wissenschaftlicher Arbeiten (BARTLETT 1927, BURNSTEIN et al. 1965, JOHNSON & CAMPUS 1967, KILPATRICK 1978, KÜPPERS 1954, LAZARUS et al. 1963, TRAXEL 1960). TRAXEL & TRIMMNER 1960). Als Indikator des emotionalen Befindens erwies sich die Hautleitfähigkeitsreaktion als besonders günstig.

Der Vorteil der Hautleitfähigkeit gegenüber dem Hautwiderstand wird von LYKKEN & VENABLES (1971) vornehmlich in drei Sachverhalten gesehen:

1.) Hautleitfähigkeitsmessungen erfolgen bei konstanter Spannung. Die Hautareale führen aus diesem Grund nur entsprechend ihrer jeweiligen augenblicklichen Leitfähigkeit Strom, während die Widerstandsmessung mit konstanter Spannung zu einer konstanten Stromdichte in dem gemessenen Hautareal führt, was zu einer Überlastung von Hautteilen mit geringem Widerstand führen kann.

2.) Hautleitfähigkeitsänderungen haben den Vorteil, daß sie eine geringere tonische und phasische Ausgangswertabhängigkeit aufweisen und eine engere Kovariation zu der Schweißdrüsensekretion vorliegt.

3.) Die Autoren glauben, aufgrund ihrer umfangreichen Literaturkenntnis den Schluß ziehen zu dürfen, daß die Hautleitfähigkeitsmessung gegenüber der Widerstandsmessung eine engere und eindeutigere Beziehung zu dem psychologisch emotionalen Erleben von Vpn zuläßt.

Zur Erfassung der Hautleitfähigkeit wird zwischen zwei auf der Haut angebrachten Elektroden eine schwache elektrische Spannung angelegt. Der zwischen den zwei Elektroden fließende Strom wird gemessen. Er variiert in Abhängigkeit von äußeren Anforderungen an die Person und spiegelt, wie die obengenannten Untersuchungen nachweisen, auch das emotionale Erleben der Vpn wieder.

Die physiologischen Grundlagen, die das Phänomen der unterschiedlichen Leitfähigkeit der Haut bei exosomatischer Messung bewirken, sind bisher noch umstritten (EDELBERG 1967, 1970, SCHANDRY 1981, VENABLES & MARTIN 1967).

Die Meßmethodik ist aufgrund der vielfältigen Einflußgrößen sowie der Geräte- und Zubehörvielfalt recht uneinheitlich. WALSCHBURGER (1975, 1976) unterbreitete in seiner Arbeit einen Standardisierungsvorschlag, dem in der vorliegenden Arbeit versucht wurde, so weit dies möglich war, zu folgen.

Als Ableitungsorte kommen in erster Linie die Fuß- bzw. Handinnenflächen in Betracht. Die 0,6 mm Ag/AgCl-Elektroden wurden bei der Vp in die linke Innenhandfläche geklebt. Dabei wurde die eine Elektrode thenar, die andere hypothenar plaziert. Als Elektrodenpaste diente die Elektrolytpaste der Firma Beckmann.

Als Koppler wurde der Beckmann GSR-Koppler 9853 A verwendet. Die Messung erfolgte mit einer Zeitkonstante von drei Sekunden. Die AC-Kopplung erlaubte zusammen mit der benutzten Zeitkonstante von 3 Sekunden eine von Niveauverschiebungen freie Aufzeichnung der Hautleitfähigkeitsreaktion.

Ein Beispiel für die polygraphische Aufzeichnung der Hautleitfähigkeit findet sich in Abbildung 12.

ABBILDUNG 12
DARSTELLUNG DER POLYGRAPHISCH AUFGEZEICHNETEN HAUTLEITFÄHIGKEIT

Die Probleme der Meßmethodik sind zu umfangreich, um innerhalb dieser Arbeit auch nur annähernd beschrieben werden zu können. Ausführliche Darstellungen finden sich bei EDELBERG (1967), VENABLES u. MARTIN (1967), EDELBERG (1972), VENABLES u. CHRISTIE (1973) und WALSCHBURGER (1976).

Als Maßeinheit der Hautleitfähigkeit wird das Siemens (S) bzw. im angelsächsischen Bereich die Maßeinheit mho verwendet. Es gilt die Beziehung:

$$1\ S = 1\ mho = \frac{1}{Ohm}$$

Sowohl 1 Siemens als auch 1 mho stellen sehr hohe Leitwerte dar. In der Praxis werden deshalb mikromho (µmho) und mikroSiemens (µS) als Leitwertgrößen benutzt.

Eine nähere Beschreibung der Hautleitfähigkeitsauswertung mittels Computerprogramm findet sich in Kapitel 6.3.5 des techischen Ergänzungsbandes.

3.7.3.5 Das Elektromyogramm (EMG)

Die Validität des Elektromyogramms als Indikator der psychischen Anspannung läßt sich aus der eigenen Erfahrung muskulärer Verspannung bei anspannend erlebter Situationen ableiten. FAHRENBERG (1980) hält sogar einen linearen Zusammenhang zwischen Aktiviertheit und elektrischer Muskelaktivität für möglich.

Die elektrische Aktivität am Muskel, genauer das Muskelaktionspotential, ist die Grundlage des EMG. Die Erfassung elektrischer Phänomene am Muskel kann durch Hautoberflächen- oder Nadelelektroden vorgenommen werden. Während die Hautoberflächenableitung als Summenpotential mehrerer Muskelfasern bzw. motorischer Einheiten anzusehen ist, kann mittels Nadelelektroden die Muskelaktivität einzelner Muskelfasern bzw. motorischer Einheiten registriert werden. Für die in psychophysiologischen Untersuchungen gestellten Fragen sind die für die Vpn schmerzlos anzuwendenden Hautoberflächenelektroden ausreichend und finden deshalb nahezu ausnahmslos Verwendung.

Die Ableitung des EMG-Signals erfolgt meist durch eine bipolare Ableitung. Bei der Ableitung einer einzelnen motorischen Einheit erhält man eine biphasische Verlaufsform. Durch die gleichzeitige Ableitung mehrerer motorischer Einheiten überlagern sich die zeitlich versetzten Muskelaktionspotentiale. Dies führt zusammen mit den Ausschwingvorgängen zu einem polyphasischen Kurvenverlauf der EMG-Aufzeichung.

Die bei motorischer Arbeit notwendige Erhöhung der Muskelanspannung wird zum einen durch die Vergrößerung der Anzahl gleichzeitig aktivierter motorischer Einheiten und zum anderen durch eine Frequenzerhöhung aufeinanderfolgender Aktionspotentiale an einer motorischen Einheit bewirkt. Bei psychisch induzierter Muskelanspannung wirken die gleichen physiologischen Mechanismen wie die bei Arbeit induzierten Muskelarbeit.

Als Ableitorte der Muskelspannung werden am häufigsten der Unterarm, die Stirnmuskeln oder der Nackenmuskel gewählt. Die Wahl des Unterarms als Ableitort erfolgt aufgrund von Voruntersuchungen. Das Anbringen der Elektroden im Nackenbereich war nur durch eine teilweise Entkleidung der Vpn möglich. Die Plazierung der Elektroden auf der Stirn wurde von einigen Vpn als unangenehm bzw. störend empfunden. In der gewählten Meßanordnung wurde das Elektromyogramm deshalb am Unterarm erfaßt. Die Plazierung der 0,6 mm Ag/AgCl-Elektroden erfolgte nach dem Vorschlag von ANDREASSI (1980).

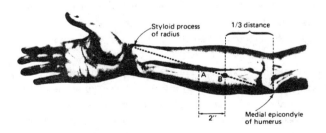

ABBILDUNG 13
BEFESTIGUNG DER ELEKTRODEN AM UNTERARM (ANDREASSIE 1980, S. 155).

Als Koppler diente der Beckmann Einschub Typ 9852 A. Es erfolgte die Aufzeichnung des ungemittelten Elektromyogramms (Direct). Ein Beispiel für die polygraphische Aufzeichnung des Signals ist in Abbildung 14 darstellt.

ABBILDUNG 14

DARSTELLUNG DES POLYGRAPHISCH AUFGEZEICHNETEN ELEKTRO-MYOGRAMMS

Als physiologische Parameter kommen beim Elektromyogramm die Amplitude und die Frequenz des Signals in Frage. Die Amplitude kann zwischen nur wenigen Mikrovolt und einem Volt variieren; die Frequenz des Signals liegt im Bereich zwischen 20 und 400 Hertz, teilweise auch darüber.

Eine Frequenzanalyse des EMG-Signals ist aufgrund von polygraphischen Aufzeichnungen nicht möglich. Selbst wenn die Aufzeichnung durch einen besonders schnellen Papiertransport erfolgen würde, ist doch die Trägheit des mechanischen Schreibsystems zu groß, um die auftretenden Frequenzen adäquat aufzeichnen zu können.

Eine computergesteuerte Auswertung der Frequenzen ist nur durch aufwendige Fourier-Transformation möglich. Voraussetzung hierfür wäre allerdings eine extrem hohe Digitalisierungsrate bei der Analog-Digitalwandlung, die bei einem multivariaten Ansatz, wie in dem vorliegenden Fall, nur in den seltensten Fällen realisiert werden kann.

Aufgrund des notwendigen Aufwandes, die eine Frequenzanalyse benötigt hätte, wurde auf ein weniger aufwendiges Integrationsverfahren zurückgegriffen, das nach einem Resetverfahren arbeitet. Dabei werden nach der Gleichrichtung des Signals die Amplituden addiert. Überschreitet der Amplitudensummenwert einen zuvor festgelegten Maximalwert, wird ein Reset durchgeführt, indem der Amplitudensummenwert auf den das Maximum übersteigenden Wert gesetzt wird und der Resetzähler um eins erhöht wird. Als Parameter für das Elektromyogramm wurde die Anzahl der innerhalb einer Meßperiode anfallenden Resets herangezogen.

3.7.4 METHODENPROBLEME BEI DER ERHEBUNG UND AUSWERTUNG PHYSIOLOGISCHER VARIABLEN

Bei der Erhebung physiologischer Daten und deren Auswertung treten methodische und biometrische Probleme auf. Diese bestehen nach FAHRENBERG (1969) in dem "Spezifitätsproblem physiologischer Muster", das sich aus dem individualspezifischen Reaktionsmuster (ISR), dem stimulusspezifischen Reaktionsmuster (SSR) und dem motivationsspezifischen Reaktionsmuster (MSR) zusammensetzt. Biometrische Probleme bestehen in der Ausgangswertabhängigkeit, der Frage der Generalität von Aktivierungsindikatoren, der Mehrdeutigkeit isolierter Meßwerte und dem Kovariationsproblem.

Die genannten Probleme sollen im folgenden kurz erläutert und in ihrer Bedeutung für die vorliegende Arbeit beurteilt werden.

3.7.4.1 SPEZIFITÄTSPROBLEME PHYSIOLOGISCHER MASSE

3.7.4.1.1 Individualspezifische Reaktionsmuster (ISR)

Mit dem individualspezifischen Reaktionsmuster (ISR-Prinzip) wird die Beobachtung beschrieben, daß eine Person bei unterschiedlichen Stressoren eine gleichbleibende Reaktionshierarchie in der Reagibilität ihrer physiologischen Variablen aufweist. Sie reagiert also immer in einem der physiologischen Maße am stärksten, in einem zweiten physiologischen Maß am zweitstärksten und so fort. Die zu beobachtende Reaktionshierarchie physiologischer Maße ist dabei unabhängig von der Art und Intensität des auslösenden Stressors.

Zu der Frage, ob das ISR-Prinzip tatsächlich gegeben ist, wurde eine Vielzahl von Untersuchungen durchgeführt (FOERSTER & WALSCHBURGER 1980, FOERSTER & SCHNEIDER 1982, KNOBLOCH 1976, KNOBLOCH & KNOBLOCH 1977), die zu teilweise widersprüchlichen Ergebnissen führten. Die Widersprüchlichkeit der Forschungsergebnisse ist nicht zuletzt auf die Abhängigkeit von der methodischen und statistischen Vorgehensweise zurückzuführen. Bereits 1969 schrieb FAHRENBERG zusammenfassend: "Als Quintessenz der fast zwanzig Studien zum ISR-Prinzip kann trotzdem die Hypothese beibehalten werden, daß Individuen tatsächlich eine reproduzierbare Hierarchie von Aktivierungsindikatoren aufweisen ...). Eine sichere Entscheidung über das ISR-Prinzip ist allerdings nicht möglich, weil die Prüfung individualspezifischer Reaktionsmuster durch weitere Methodenprobleme kompliziert wird". (FAHRENBERG 1969, S. 100).

Nimmt man die Wirksamkeit des ISR-Prinzips als gegeben hin, ist hiermit die Forderung nach multivariater Erhebung der physiologischen Maße verbunden. Dies ist besonders dann wichtig, wenn Aussagen bezüglich der Unterschiede einzelner Individuen getroffen werden sollen. Bezieht sich die Untersuchungsfrage auf Unterschiede zwischen Gruppen, ist die Wirkung des ISR-Prinzips vernachlässigbar, wenn die Zuteilung der Personen zu den experimentellen Bedingungen durch Randomisierung geschieht. In diesem Fall kann angenommen werden, daß sich hieraus entstehende Effekte ausmitteln, da die Gruppenzuteilung als unabhängig von der eventuell vorliegenden Reaktionshierarchie gelten kann.

3.7.4.1.2 Stimulusspezifische Reaktionsmuster (SSR)

Die Annahme, daß ein Stimulus oder ein Stressor ein interindividuell ähnliches Reaktionsmuster hervorruft, was als naheliegend aber nicht notwendig bezeichnet werden kann, wird als SSR-Prinzip bezeichnet. Die Versuche, verschiedene Emotionen anhand der sie begleitenden physiologischen Veränderungen zu unterscheiden, setzt die interindividuell gleiche Reaktion auf unterschiedliche Qualitäten emotionaler Stimuli voraus. Zumindest müssen mit gleichen Emotionen weitgehend ähnliche physiologische Reaktionsmuster einhergehen.

Aus der Formulierung des SSR-Prinzips geht hervor, daß dieses Prinzip mit den Unterschieden zwischen Personen direkt nichts zu tun hat. Das Verhältnis von individualspezifischem und stimulusspezifischem Reaktionsmuster ist komplementär zueinander. Während das SSR-Prinzip die Gleichheit der physiologischen Reaktion auf gleiche Stimulation für mehrere Personen behauptet, unterstellt das ISR-Prinzip die Unterschiedlichkeit der physiologischen Reaktionshierarchien bei verschiedenen Personen. Eine Trennung beider Effekte ist nur mittels aufwendiger varianzanalytischer Methodik möglich (KNOBLOCH 1976). Inwieweit die varianzanalytische Trennung der Effekte, die sich in den Untersuchungen für einige der Vpn als zutreffend erwies, als zutreffende Beschreibung der Realität betrachtet werden kann, bleibt offen. Selbst theoretisch muß davon ausgegangen werden, daß sich beide überlagern bzw. interagieren (FAHRENBERG 1969).

Die Bedeutung des SSR-Prinzips für die vorliegende Untersuchung besteht in der unterschiedlichen Leistungsrückmeldung für die Untersuchungsgruppen. Gemäß dem SSR-Prinzips sind für die beiden Experimentalgruppen mit positiver und negativer Leistungsrückmeldung unterschiedliche physiologische Reaktionsmuster zu erwarten, die allerdings innerhalb der Gruppen selbst relativ gleichartig ausfallen dürften. Trifft diese Voraussage zu, müßten sich die Erfolgs- und Mißerfolgsgruppe anhand ihrer physiologischen Reaktionen auf die Leistungsrückmeldung unterscheiden lassen. Diese als Spezifität emotionaler Prozesse theoretisch postulierte Unterschiedlichkeit physiologischer Maße bei Emotionen verschiedener Qualität konnte allerdings nur in Ausnahmefällen nachgewiesen werden (AX 1953, AVERILL 1969). Die fehlenden experimentellen Belege machen eine unspezifische Aktivierung während emotionaler Prozesse eher wahrscheinlich und stellt damit die Wirkung stimulusspezifischer physiologischer Reaktionsmuster in Frage.

3.7.4.1.3 Motivationsspezifische Reaktionsmuster (MSR)

Stressoren werden bekanntlich von verschiedenen Personen unterschiedlich bewertet. Die unterschiedliche Wirkung gleicher Stressoren auf verschiedene Personen, aber auch die verschiedenartige Reaktion auf den gleichen Stressor für eine Person in verschiedenen Situationen, wird durch die Motivationsspezifität physiologischer Reaktionen (MSR-Prinzip) zu erklären gesucht.

Die genannten Unterschiede in der Reaktion auf gleiche Stressoren müssen auf Eigenheiten der Personen oder der Interaktionen zwischen Person und Situation zurückgeführt werden. Als Grundlage stellt man sich eine für die betroffenen Personen unterschiedliche motivationale Lage vor, die aber auch habituelle Gegebenheiten wie Einstellungen oder Persönlichkeitseigenschaften mit einschließt.

Das MSR-Prinzip kann, über die Wirkung der unterschiedlichen Leistungsrückmeldung hinausgehend, für die Unterschiede in den physiologischen Maßen, aber auch den Leistungs- und subjektiven Variablen zwischen den Personen gleicher Untersuchungsbedingungen, verantwortlich gemacht werden.

3.7.4.2 BIOMETRISCHE PROBLEME

3.7.4.2.1 Generalität der Aktivierungsindikatoren

Als Grundvoraussetzung zur Verwendung physiologischer Parameter als Indikatoren psychischen Geschehens ist eine substantielle Beziehung zwischen psychischem und physiologischem Geschehen anzusehen. Ist diese Bedingung erfüllt, gilt es, die physiologischen Indikatoren auszuwählen, deren Beziehung zu psychologischen Ereignissen besonders eng ist. Findet man solche physiologischen Parameter, die innerhalb des interessierenden Aktivationsbereichs gut differenzieren und mit dem psychischen Geschehen eine ausreichende Kovariation aufweisen, stellt sich die Frage, ob die weniger gut geeigneten physiologischen Maße nicht erhoben zu werden brauchen, da allein aufgrund eines einzelnen oder weniger wichtiger physiologischer Parameter auf die Gesamtaktivierung einer Person geschlossen werden kann.

Die Erhebung eines einzelnen physiologischen Parameters als Repräsentant für die physiologische Aktivierung einer Person setzt sehr hohe Interkorrelationen zwischen den physiologischen Funktionsbereichen und deren Parameter voraus. Diese sind aufgrund der vorliegenden Ergebnisse umfangreicher Korrelationsstudien, die sich allerdings vornehmlich interindividueller Methodik bedienten, nicht gegeben (FAHRENBERG et al. 1979, MYRTEK 1980, WALSCHBURGER 1976).

Die geringe Interkorrelation der physiologischen Maße wird auf unterschiedliche Faktoren zurückgeführt, die zum Teil physiologisch, meßtechnisch oder methodisch begründet sind:

- Die unterschiedliche Latenzzeit physiologischer Parameter
- Spezifitätsprobleme (ISR-, SSR-, MSR-Prinzip)
- Unterschiedliche Aktivierungsbereiche, in denen verschiedene physiologische Parameter differenzieren, und damit auftretende Boden- und Deckeneffekte
- die Wirksamkeit verschiedener Stressoren in unterschiedlichen Funktionsbereichen.

Letztlich bleibt allerdings als Faktum die nur mangelnde korrelative Beziehung zwischen Aktivierungsindikatoren unterschiedlicher Funktionsbereiche bestehen. Um eine Aussage über den Aktiviertheitszustand einer

Person machen zu können, müssen deshalb verschiedenen Aktivierungsindikatoren aus unterschiedlichen Funktionsbereichen erhoben werden.

Die Forderung nach multivariater physiologischer Forschung, die bereits aufgrund der voran geschilderten Spezifität physiologischer Maße gestellt wurde, findet ihre stärkste Unterstützung in der fehlenden Kovariation physiologischer Maße. Diese fehlende Kovariation führt direkt zu dem nächsten biometrischen Problem, der Mehrdeutigkeit isolierter Meßwerte.

3.7.4.2.2 Mehrdeutigkeit isolierter Meßwerte

Die fehlende Kovariation zwischen physiologischen Meßwerten hat zur Konsequenz, daß allein aufgrund eines physiologischen Aktivierungsindikators nicht auf die aktuelle Aktiviertheit einer Person geschlossen werden kann.

Hinzu kommt, daß bei ein und demselben physiologischen Meßwert, aufgrund seines physiologisch-funktionalen Zusammenhangs zu anderen physiologischen Maßen, vollkommen unterschiedliche Regulationsverhältnisse zugrunde liegen können.

Eine physiologische Aktivierung im Herz-Kreislaufsystems kann sich durch eine Herzfrequenzsteigerung, eine Vergrößerung des Schlagvolumens oder einer Erhöhung des peripheren Widerstands der Blutgefäße ausdrücken. Betrachtet man allein die Herzfrequenz, kann die Aktivierungssteigerung, die in der Erhöhung des Schlagvolumens zum Ausdruck kommt, übersehen werden.

Aus der beobachteten gegenseitigen Beeinflussung unterschiedlicher physiologischer Parameter ist wiederum die Forderung nach multivariater Datenerhebung abzuleiten.

3.7.4.2.3 Bestimmung von Reaktionswerten

Vergleicht man die Höhe physiologischer Maße zwischen Personen, ist eine große Variationsbreite in deren physiologischem Niveau festzustellen. Um die Varianzquelle interindividueller Unterschiede aus den Daten zu eliminieren, werden Differenzwerte zwischen zwei Meßwerten einer jeden Person gebildet. Teilweise gehen diese Differenzwerte als Rohwerte in die statistische Analyse ein.

Ein Grundproblem bei Differenzwertbildungen besteht in der Auswahl eines Referenzwertes. Üblicherweise werden als Referenzwerte die physiologischen Meßwerte einer Ruhesituation herangezogen. Alle weiteren Meßwerte eines jeden physiologischen Maßes werden zu diesen in einer Ruhesituation gewonnenen Referenzwerten durch Differenzwertbildung in Beziehung gesetzt. Die Begründung dieser Vorgehensweise geht von der Überlegung aus, daß jede Person ein physiologisches Ruheniveau aufweist, das trotz seiner interindividuell unterschiedlichen Höhe für alle Personen einen vergleichbaren Referenzwert darstellt.

Die dargestellte Grundüberlegung kann als theoretisch richtig eingestuft werden. Als untersuchungstechnische Voraussetzung gilt allerdings, daß der Ruhewert einer Person auch tatsächlich praktisch erfaßt werden kann. Die Erhebung physiologischer Ruhewerte ist in der Regel nur im Labor möglich. Möglichkeiten der Erhebung von Ruhewerten - etwa im Schlaf -, wie dies durch telemetrische Methoden realisiert wurde, stellen hier nur selten realisierbare Ausnahmen dar.

Die Notwendigkeit, Personen im Polygraphenlabor einer Ruhesituation zu unterziehen, läßt die Vergleichbarkeit der gewonnenen physiologischen Ruhewerte fragwürdig erscheinen. Laborsituationen besitzen für die meisten Vpn gerade zu Beginn der Untersuchung die Qualitäten der Neuheit und der Ungewißheit. Diese Qualitäten werden gerade als Charakteristika für Streßbedingungen benannt. Definiert man Streß, wie dies z.B. von SELYE getan wird, als Anpassungsreaktion an neue, bisher unbekannte Umweltanforderungen, müssen gerade neue Situationen, für die noch keine Anpassungen im Sinne der Gewöhnung bestehen , wie z.B. die Bedingungen zu Beginn einer Untersuchung, als besonders streßinduzierend bezeichnet werden.

Aus der gesamten Streßforschung - wie auch aus der Alltagserfahrung - ist ableitbar, daß Personen auf gleiche Situationen sehr unterschiedlich reagieren. Diese interindividuellen Unterschiede müssen letztlich auf persönlichkeitsinterne Faktoren zurückgeführt werden. Einstellungen, Motive und habituelle Persönlichkeitseigenschaften werden als wichtigste Faktoren für die unterschiedliche Wirkung von Stressoren angeführt. Theoretisch wird die Wirkung dieser Faktoren durch den Prozeß der Bewertung situativer Bedingungen (appraisal bzw. reappraisal) mit einbezogen.

Allein aus der Wirksamkeit von wohlbekannten Persönlichkeitseigenschaften wie Ängstlichkeit, Neurotizismus oder Extra-Introversion ist die reaktive Messung innerhalb vorexperimenteller Ruhesituationen ableitbar. Reaktiv ist eine Messung per Definition dann, wenn der Meßvorgang selbst die Kenngrößen beeinflußt. Schätzen ängstliche Personen die Laborsituation bedrohlicher ein als weniger ängstliche Personen, was zu erwarten ist, werden sich diese weniger gut entspannen können. Es resultiert eine höhere physiologische Aktivierung für die ängstlichen Personen. Die intraindividuell gebildeten Differenzwerte fallen für die ängstlichen Personen im Vergleich zu weniger ängstlichen Personen - bei angenommener gleicher Stresswirkung einer nachfolgenden Situation - rechnerisch geringer aus, da der Ruhewert für die ängstlichen Personen bereits höher war. Es kommt zu dem überraschenden und theoretisch schwer integrierbaren Ergebnis, daß hochängstliche Personen auf Streß weniger stark physiologisch reagieren als wenig ängstliche Personen.

Auf die Bildung von Differenzwerten zwischen den Meßwerten verschiedener Untersuchungsbedingungen kann nicht verzichtet werden. Alle physiologischen Maße, bei denen es sich nicht um absolute Maße handelt, wie z.B. die Fingerpulsamplitude, sind ohne Differenzwertbildung interindividuell nicht vergleichbar.

Die Erhebung physiologischer Ruhewerte am Ende der Untersuchung, wenn Unsicherheit und Erwartungsspannung vorüber sind, ist meist aufgrund der experimentell unterschiedlichen Behandlung der Vpn nicht möglich. Die unterschiedlichen experimentellen Bedingungen können mit der nachfolgenden Ruhesituation interagieren und somit ebenfalls die physiologischen Ruhewerte beeinflussen.

Bei der Bildung von Differenzwerten zu einem Referenzwert können allerdings nur die interindividuellen Niveauunterschiede kontrolliert werden. Neben den Unterschieden in den physiologischen Niveaus unterscheiden sich die Personen beträchtlich in der Variabilität innerhalb eines physiologischen Maßes. LYKKEN (1972) schlug deshalb eine Einbeziehung des Variationsbereichs in die Bestimmung der physiologischen Parameter vor, die als "range-correction" bezeichnet wird. Dieses Vorgehen birgt allerdings die Gefahr, daß die Reaktionskomponenten der physiologischen Maße, auf die es in Streßuntersuchungen gerade ankommt, interindividuell unterschiedlich verändert werden, was insgesamt zu einer Nivellierung der Reaktionskomponenten führen kann. Untersuchungen, die mit der von LYKKEN (1972) vorgeschlagenen Korrekturmethode arbeiteten und sich hiervon eine Erhöhung der Interkorrelation physiologischer Maße erhofften, konnten den Vorteil dieser Variablentransformation nicht belegen.

Als Alternative zur Differenzwertbildung zu einem vor- oder nachexperimentell erhobenen Ruhewert schlage ich den Bezug aller Meßwerte auf den individuellen Mittelwert aller physiologischen Parameter der erhobenen Meßzeitpunkte vor (BEYER, 1984a, 1984b).

Der Grund für diese, gegenüber dem üblicherweise angewendeten methodischen Vorgehen abweichende Verfahrensweise liegt in dem Versuch, eine Trennung zwischen Trait- und State-Anteilen bzw. zwischen Personparameter und Zustandswert einer Variablen vorzunehmen. Mit dem vorgeschlagenen Verfahren ist eine Trennung von ansonsten konfundierten Niveau- und Reaktionsanteilen in zueinander orthogonale, d.h. voneinander unabhängige Größen möglich, die die Gefahr von Datenverzerrungen und Fehlinterpretationen reduziert.

3.7.4.2.4 Das Ausgangswertproblem

Die Bildung von Differenzwerten zu einem wie auch immer gearteten Referenz- oder Ausgangswert wirft die von WILDER (1931, 1967) problematisierte Abhängigkeit der Reaktionswerte vom Ausgangswert auf. Das von WILDER formulierte Ausgangswertgesetz besagt, daß, je höher der Ausgangswert in einem physiologischen Maß ist, desto kleiner die Größe der Reaktion bei einem funktionsfördernden Stimulus und um so größer die Abnahme bei einem funktionshemmenden Stimulus.

Die im Ausgangswertgesetz formulierte Beziehung führt zu einer negativen Korrelation zwischen dem Ausgangswert und dem Reaktionswert. Tatsächlich fand man in Datensätzen eine solche negative korrelative Beziehung (OLDHAM 1962, POLAK & KNOBLOCH 1957, PROPPE & BERTRAM 1952). Um den systematischen Fehler, der bei Nichtbeachtung der Ausgangswertabhängigkeit entsteht (RENN 1974, RENNERT 1977, WALL 1977), zu korrigieren, wurden verschiedene Korrekturverfahren entwickelt. LACEY's "autonomic lability scores" (ALS) stellt eines der weit verbreiteten Korrekturverfahren dar (LACEY 1956, 1974).

Die Existenz eines Ausgangswertgesetzes wurde allerdings von mehreren Autoren bezweifelt. Sie bezeichneten die Ausgangswertabhängigkeit als methodisch-statistischen Artefakt. Tatsächlich konnten OLDHAM (1962), VAN DER

BIJL (1951) durch methodische Studien nachweisen, daß die gefundenen negativen Korrelationen zwischen Ausgangswerten und Reaktionswerten allein durch deren mathematische Abhängigkeit a(a-b)-Effekt entsteht.

Die obengenannten Arbeiten, die durch ihre empirisch gewonnenen negativen Korrelationen zwischen Ausgangs- und Reaktionswerten das Ausgangswertgesetz stützen, können für dessen Nachweis nicht weiter herangezogen werden. Diese Tatsache widerlegt allerdings die Existenz einer Ausgangswertabhängigkeit nicht. Ob eine biologische Ausgangswertabhängigkeit neben der statistischen Abhängigkeit von Ausgangs- und Reaktionswerten besteht, ist noch nicht endgültig entschieden.

Neuere Arbeit versuchen die Korrektur des Ausgangswertabhängigkeit mittels Hauptkomponentenschätzung (MYRTEK et al. 1977) bzw. durch den Einsatz orthogonaler Polynome (WEYER & BLYTHE 1983). Anders als in früheren Ansätzen zur Ausgangswertkorrektur wird von diesen Ansätzen versucht, nicht die Ausgangswertabhängigkeit selbst, sondern nur den Artefaktanteil zu korrigieren. Dabei ist der Ansatz, über orthogonale Polynome die Ausgangswertabhängigkeit zu kontrollieren, vielversprechend. Gegenüber allen anderen Vorgehensweisen besitzt diese Methode den entscheidenden Vorteil, allein aufgrund der Meßwerte einer Person anwendbar und damit unabhängig von Stichprobeneinflüssen zu sein.

3.8 AUSWAHL DER PERSÖNLICHKEITSFRAGEBOGEN

Die Wichtigkeit von Persönlichkeitsfaktoren für das Problemlösen wird allgemein anerkannt. Auch innerhalb psychophysiologischer Streßuntersuchungen wurde mehrfach versucht, Persönlichkeitsmerkmale zu finden, die als Indikatoren der individuellen Streßbelastbarkeit gelten können (BOUCSEIN & FREY 1974, JANKE et al. 1978, KNOBLOCH et al. 1973, FAHRENBERG 1967, FULKERSON 1975, GOLDSTEIN 1973, HEUSER 1976, OPTON et al 1967, ROESSLER 1973, SCHACHTER et al. 1965, SCHÖTTKE et al. 1983).

Darüber hinaus wird in der Forschung, speziell innerhalb des Forschungsbereiches Hypertonie, die Möglichkeit eines Zusammenhangs zwischen psychosomatischen Anteilen an organischen Erkrankungen und Persönlichkeitsmerkmalen diskutiert.

In der vorliegenden Arbeit war ebenfalls beabsichtigt, relevante Persönlichkeitsmerkmale der Vpn zu erheben, die allerdings nicht gruppenbildend im Sinne eines experimentellen Plans eingesetzt werden sollten. Die Persönlichkeitsdaten sollten im Sinne einer Pilotstudie zur Hypothesenbildung für einen erweiterten experimentellen Ansatz eingesetzt werden.

3.8.1 Zur Auswahl einzelner Persönlichkeitsmerkmale

Aus der Vielzahl von Persönlichkeitskonstrukten mußte eine Auswahl der Persönlichkeitsmerkmale getroffen werden, die in der Untersuchung erhoben werden sollten. Für die Auswahl galten drei Kriterien:

- Es sollten nur solche Persönlichkeitseigenschaften aufgenommen werden, die als theoretisch und experimentell gut belegte Persönlichkeits konstrukte angesehen werden konnten.

- Die Persönlichkeitseigenschaft sollte eine Beziehung zum Problemlösen erwarten lassen oder sich bereits als relevant für diesen Bereich erwiesen haben.

- Es sollte ein möglichst kurzes, mit möglichst guten Gütekriterien ausgestattetes Fragebogenverfahren zur Erhebung vorliegen.

Als mögliche Persönlichkeitskonstrukte, die für die Wirkung von Erfolg und Mißerfolg als wichtig angesehen werden konnten, wurden

- die Leistungsmotivation,
- die generelle Ängstlichkeit,
- die Testängstlichkeit,
- die soziale Ängstlichkeit,
- die soziale Erwünschtheit,
- Extraversion,
- Introversion,
- Neurotizismus,
- internale versus externale Kontrollüberzeugungen

ausgewählt.

Für die genannten Persönlichkeitskonstrukte sollten entsprechende Erhebungsverfahren gefunden werden. Probleme ergaben sich in erster Linie bei der Fragebogenerhebung der Leistungsmotivation. Die in vielfältigen Untersuchungen - zusammenfassend HECKHAUSEN (1963, 1980), MEYER (1973), SCHMALT & MEYER 1976 - mittels TAT erhobenen Kenngrößen der Leistungsmotivation:

- Hoffnung auf Erfolg (HE) und
- Furcht vor Mißerfolg (FM) sowie
- Gesamtmotivation (GE) und
- Netto-Hoffnung (NH)

konnten durch die Festlegung auf Fragebogenverfahren nicht erhoben werden.

Zum Zeitpunkt des Untersuchungsbeginns lagen drei mögliche Fragebogenverfahren zur Erhebung der Leistungsmotivation vor.

Diese waren der:

- Test-Anxiety-Questionnaire (TAQ) von MANDLER & SARASON 1952, der
- Achievement-Anxiety-Test (AAT) von ALPERT & HABER 1960 und der
- Leistungsmotivations-Fragebogen (LM) von EHLERS 1965.

Alle drei Fragebogen erlauben, durch die Beantwortung gestellter Fragen, die Leistungsmotivation bzw. deren Bestimmungsstücke, wie die Hoffnung auf Erfolg bzw. die Angst vor Mißerfolg, zu erfassen. Ergebnis einer von FISCH & SCHMALT (1970) durchgeführten Untersuchung zu den genannten Verfahren ist allerdings, daß diese nur geringe korrelative Beziehungen zu den TAT-Indikatoren aufweisen. Korrelative und faktorielle Beziehungen fanden sich in erster Linie zwischen dem TAQ und dem AAT.

Die Fragen des TAQ sind zum Teil stark an spezifischen Leistungssituationen, wie die Durchführung eines Intelligenztests oder die Teilnahme an einer Abschlußklausur, orientiert. Hinzu kommt, daß aufgrund des TAQ nur ein globaler Punktwert gebildet wird, der als Maß für die "Furcht vor Mißerfolg" verwendet wird.

Demgegenüber weist der AAT zwei Skalen auf, die als "Skala der hemmenden Besorgnis" (AAT-) und "Skala der fördernden Besorgnis" (AAT+) bezeichnet werden. Weiterhin sind die Fragen des AAT weniger stark an spezifische Situationen gebunden, weshalb der AAT dem TAQ vorgezogen wurde.

Es wäre zwar wünschenswert gewesen, analog der mehrfachen Erhebung des emotionalen Befindens auch die Leistungsmotivation über den Untersuchungsverlauf mehrfach erheben zu können, doch gibt es hierfür bisher kein adäquates Erhebungsinstrument, das innerhalb des geplanten Untersuchungsablaufs erhoben werden konnte.

3.8.2 Zur Attribution von Erfolg und Mißerfolg

Die Beobachtung der Leistungsmotivations- und Attributionsforschung, daß Personen ihre Erfolge und Mißerfolge unterschiedlichen Ursachen zuschreiben, war auch für den vorliegenden Untersuchungsansatz von Interesse. Drei Gründe sprachen gegen eine gleichzeitige Erhebung der Erfolgs-Mißerfolgs-Attribution.

1.) Bei der Erfolgs-Mißerfolgs-Attribution handelt es sich eher um einen dispositionellen Faktor, der zu den Persönlichkeitseigenschaften gerechnet werden kann. Eine Aufnahme eines solchen Faktors als gruppenbildende Variable kam aufgrund der hiermit verbundenen Verdoppelung der Vpn-Anzahl nicht in Betracht.

2.) Die durch die aktuellen Erfolgs- und Mißerfolgserlebnisse auftretenden Attributionen für die Untersuchungsgruppen waren experimentell nur einmal, und zwar für die fingierten Leistungsrückmeldungen, kontrollierbar.

3.) Die Erhebung der Erfolgs-Mißerfolgs-Attribution ist in Mehrfacherhebungen problematisch, da die Vpn hierdurch Einblick in die Intention der Untersuchung erhalten und die Möglichkeit der willentlichen Antwortmanipulation gegeben ist.

Trotz dieser Einwände, die zum Verzicht auf die Erhebung der Erfolgs-Mißerfolgs-Attribution führten, erscheint die Erhebung dieser Variablen für nachfolgende Untersuchungen durchaus interessant.

Für die anderen Persönlichkeitskonstrukte war die Auswahl des Erhebungsverfahrens weniger problematisch. Insgesamt wurden folgende Verfahren zur Erhebung der Persönlichkeitseigenschaften ausgewählt:

- der A-Trait-Fragebogen von SPIELBERGER et al. (1970) in der Übersetzung von LAUX et al. (1981),
- die "Manifest Anxiety Scale" (MAS) von TAYLOR (1953) in der Übersetzung von LÜCK et al. (1969),
- die "Social Desirability Scale " (SDS) von CROWN & MARLOW (1960) in der Übersetzung von LÜCK et al. (1969),
- der "Achievement-Anxiety-Test" (AAT) von ALPERT & HABER (1960) in der Adaptierung von FISCH et al. (1970),
- der Fragebogen zur Erfassung der Angst in sozialen Situationen (SAP) von LÜCK & ORTLIEB (1971).
- das "Eysenck Personality Inventory" (EPI) in der deutschen Version von EGGERT (1974) und
- die Internale-Externale Kontrollskala von ROTTER (1966)

Aus den ausgewählten Fragebogenverfahren ergaben sich für jede der Vpn zehn Persönlichkeitsvariablen:

- AT   : der A-Trait Wert A-T
- MAS : der Wert der "Manifest Anxiety Scale" (MAS)
- SDS : soziale Erwünschtheit
- HBES : hemmende Besorgnis des AAT
- FBES : fördernde Besorgnis des AAT
- SAP : Summenscore aus dem SAP
- E   : Extraversion des EPI
- N   : Neurotizismus des EPI
- L   : Lügenscore des EPI
- IE   : IE-Kontrolle der Rotter-Skala

3.8.3 Erhebungsverfahren der Persönlichkeitsmerkmale

Die genannten Fragebogenverfahren sollten, wie zuvor bereits dargestellt, aufgrund der Möglichkeit zur Einübung der Terminalbedienung durch die Vpn und der sofortigen Computerauswertung der erhobenen Daten am Bildschirmterminal bearbeitet werden.

Innerhalb der für die Untersuchungsdurchführung ausgewählten Testverfahren werden sehr unterschiedliche Beantwortungsmodi benutzt. Diese reichen von der Vorgabe der Antwortalternative "ja / nein" bis zu abgestuften Vierfach-Wahlantworten des A-Trait bzw. A-State-Fragebogens. Darüber hinaus handelte es sich bei der Itemformulierung des EPI um Fragen, bei den anderen ausgewählten Persönlichkeitsfragebogen um Feststellungen, das eigene Verhalten und Erleben betreffend.

Die Anwendung des für jedes Testverfahren ursprünglich vorgesehenen Antwortmodus hätte eine ausführliche und deshalb zeitintensive Instruktion durch den VI für jedes einzelne Testverfahren erforderlich gemacht. Es war zu befürchten, daß die Vpn durch den ständigen Wechsel der Beantwortungsmodi verwirrt werden würden. Hinzu kam, daß der Wechsel in der Itemformulierung und dem Beantwortungsmodus für die Vpn den Wechsel des Erhebungsverfahrens und somit des zugrundeliegenden Konstrukts angezeigt hätte. Bei gleicher Itemformulierung und gleichem Beantwortungsmodus blieb den Vpn der Wechsel von Fragebogenverfahren zu Fragebogenverfahren, zumindest aufgrund äußerer Bedingungen, verborgen.

Für die Mehrzahl der Fragebogenverfahren lagen die Items in Form von Feststellungen vor. Hiervon abweichend sind die Items des EPI in der Frageform gestellt. Um eine Angleichung zu erreichen, wurden die Fragen des EPI in Feststellungen umgewandelt. Anstelle der Frage: "Arbeiten Sie gern alleine?" wurde z.B. die Feststellung: "Ich arbeite gern alleine" vorgegeben.

Die Beantwortung aller Fragebogenitems konnte somit anhand des gleichen Beantwortungsmodus, der aus einer sechsstufigen Ratingskala bestand, vorgenommen werden. Eine sechsstufige Ratingskala wurde ausgewählt, da diese den Vpn eine differenziertere Beantwortung gegenüber einer Alternativwahl im Sinne von "stimmt / stimmt nicht " ermöglichte.

Die verwendete sechsstufige Ratingskala weist folgende Form auf:

```
1             2             3             4             5             6
I-------------I-------------I-------------I-------------I-------------I
TRIFFT        TRIFFT        TRIFFT        TRIFFT        TRIFFT        TRIFFT
GAR NICHT     NICHT         EHER NICHT    EHER          ZU            SEHR
ZU            ZU            ZU            ZU                          ZU
```

Der Vorteil einer Skala mit einer geraden Anzahl von Skalenpunkten liegt in dem Fehlen einer mittleren Kategorie, die weder Zustimmung noch Ablehnung darstellt. Die Vpn können bei dem Fehlen eines neutralen Skalenpunktes eine Stellungnahme nach der einen oder anderen Seite nicht umgehen. Darüber hinaus kann aufgrund der sechsstufigen Skala eine nachträgliche Ja/Nein- oder Zustimmungs-Ablehnungs-Kodierung erfolgen, falls dies gewünscht wird. Zu diesem Zweck werden die Skalenpunkte eins bis drei zum Ablehnungsbereich, die Skalenpunkte vier bis sechs zum Zustimmungsbereich der Aussage des jeweiligen Items.

Die Änderung der Formulierung von Items und die Benutzung einer sechsstufigen Rating-Skala anstelle einer dichotomen Ja-Nein Beantwortung der Items wirft die Frage auf, ob hierdurch eine Validitätsänderung eintritt. Diese Frage kann aufgrund der vorliegenden Daten nicht entschieden werden. Es ist aber zu vermuten, daß keine Beeinträchtigung der Validität erfolgt, da die Validität einer Skala in erster Linie von dem Inhalt der Items und nicht von der Art ihrer Formulierung bzw. des Beantwortungsmodus abhängig sein dürfte.

Bei der Durchführung der Untersuchung erfolgte für jedes Item einzeln die Darstellung der Fragen auf dem Bildschirm zusammen mit der sechsstufigen Ratingskala. Am oberen Bildrand erfolgte eine Kurzanweisung, darunter erschienen das zu beantwortende Fragebogenitem, die sechsstufige Ratingskala und die Abfrage der von den Vpn zu leistenden Antwortreaktionen.

Die Vpn gaben Ihre Wahl durch Betätigung der Zahlen 1 bis 6 auf einem seperaten Zehnerblock des Bildschirmterminals an. Danach betätigten sie die Eingabetaste. Erfolgte keine gültige Eingabe, wurde das Fragebogenitem nochmals dargestellt. Die Möglichkeit, eine vorgenommene Eingabe zu korrigieren, bestand solange, wie die Eingabetaste noch nicht betätigt worden war.

Nach der Erstellung der Programme zur Erhebung der Persönlichkeitsmerkmale wurden diese anhand mehrerer Testdurchführungen geprüft. Während der Erprobung der Fragebogenerhebung zeigte sich, daß die benötigte Zeit für das Ausfüllen aller ausgewählten Fragebogen zu lang war. Die Fragebogenerhebung sollte nicht länger als 30 Minuten dauern. Es mußte folglich eine Reduktion der Fragebogenverfahren erfolgen.

Die Internale-Externale (IE) Kontrollskala und die Skala zur Erfassung der sozialen Erwünschtheit (SDS-Skala) wurden aus der Testdarbietung entfernt. Der wichtigste Grund hierfür bestand in der notwendigen Umstellung der Vpn im Beantwortungsmodus der Itembeantwortung. In allen anderen Fragebogenverfahren konnte die Vp das Zutreffen einer Itemaussage auf der sechsstufigen Skala angeben. Die I-E Kontrollskala verlangte dagegen eine Auswahl einer Antwortalternative aus zwei vorgegebenen Alternativen. Dies machte eine zusätzliche Instruktion erforderlich. Die zur Prüfung der Untersuchungsdurchführung herangezogenen Vpn gaben auch an, daß ihnen dieser Test schwerer gefallen sei als die anderen Testverfahren.

3.8.4 DIE PRÜFERWAHLAUFGABE

Für die vorliegende Fragestellung erschienen einige Persönlichkeitsmerkmale in dem Sinne von Bedeutung, daß sie einen Einfluß auf die Reaktion haben, die durch die gruppenspezifische Leistungsrückmeldung erfolgen würde.

Zu diesen Persönlichkeitsmerkmalen gehören - zumindest, was die Leistungsmaße angeht - nachgewiesenermaßen die Ängstlichkeit (BEIER 1951, DUNN 1968, HARLESTON 1962, HEUSER 1976, HODGES & FEELING 1970, MORRIS & LIEBERT 1970, RAPHELSON 1954, SARASON 1961, VAN BUSKIKRS 1961, ZAHN 1960) und die Leistungsorientierung (PATTY & STAFFORD 1977, LOWELL 1952, HECKHAUSEN et al. 1970), aber auch die Ich-Involviertheit (ROESSLER 1972) bzw. das Ausmaß des positiven Selbstkonzepts (SCHALON 1968, SHRAUGER & ROSENBERG 1970).

Zur experimentellen Kontrolle dieser Variablen wäre es wünschenswert gewesen, diese als unabhängige Variablen in das experimentelle Design aufnehmen zu können. Die große Anzahl relevant erscheinender Persönlichkeitsmerkmale, bei deren Aufnahme notwendigerweise jeweils eine Verdoppelung der Vpn-Anzahl zu erfolgen gehabt hätte, ließ diese Verfahrensweise nicht zu. Auch eine Parallelisierung der Vpn nach mehreren Persönlichkeitsvariablen war nicht realisierbar. Als Kontrolltechnik blieb die Randomisierung der Vpn auf die Untersuchungsgruppen.

Obwohl Persönlichkeitsmerkmale weder zur Gruppenbildung noch zur experimentellen Kontrolle eingesetzt wurden, sollte trotzdem eine Anzahl von Persönlichkeitsvariablen erhoben werden.

Das Problem, ein Erhebungsverfahren der Leistungsmotivation bzw. der Erfolgs- und Mißerfolgsorientierung zu finden, warf die Frage auf, ob nicht ein solches Verfahren selbst konstruiert werden sollte.

Ausgehend von dem unterschiedlichen Wahlverhalten bezüglich der Schwierigkeit von Aufgaben erfolgs- und mißerfolgsorientierter Vpn wurde ein Aufgabe konstruiert, die im folgenden "Prüferwahlaufgabe" genannt wird.

Leistungsorientierte Vpn sind im Alltag daran zu erkennen, daß sie Leistungssituationen suchen und von einem für sie positiven, erfolgreichen Ausgang ausgehen. Mißerfolgsorientierte Personen meiden dagegen Leistungssituationen und erwarten einen negativen Ausgang, d.h. sie sind auf einen Mißerfolg eingestellt.

Liegt die zu bearbeitende Aufgaben fest und gleichzeitig keine Information über die Schwierigkeit der Aufgabe vor, müßte die Wahl zwischen zwei Benotungssystemen von der individuellen Erfolgserwartung abhängen. Der Einfluß der Leistungserwartung wurde innerhalb sozialpsychologischer Ansätze der Selbstwert- bzw. Selbstkonzeptforschung untersucht (ARONSON & CARLSMITH 1962, CONLON 1965, LOWIN & EPSTEIN 1965, VAN DER BEIJK 1966, ZAJONC & BRICKMAN 1969).

Diese individuelle Erfolgserwartung sollte anhand der Prüferwahlaufgabe erfaßt werden. Zu diesem Zweck hatten sich die Vpn eine Prüfung in ihrem jeweiligen Sach- bzw. Studiengebiet vorzustellen. Die Prüfung kann bei zwei Prüfern abgelegt werden, die eine sehr unterschiedliche Notengebung aufweisen. Die Personen hatten aufgrund der graphisch dargestellten Notenverteilungen zu wählen, welchen der beiden Prüfer sie für die Prüfung bevorzugen würden. Grundlage ihrer Entscheidung waren dabei ausschließlich die in der folgenden Abbildung 15 dargestellten Notenverteilungen zweier Prüfer.

Die Konstruktion der Notenverteilungen beider Prüfer, in der oben dargestellten Form, erfolgte aufgrund der unterschiedlichen Erwartungshaltung erfolgs- und mißerfolgsorientierter Personen. Leistungsorientierte Personen müßten aufgrund ihrer generellen Erfolgserwartung Prüfer B bevorzugen. Dieser gibt fast ausschließlich sehr gute oder sehr schlechte Noten, doch rechnet eine leistungsorientierte Person ausdrücklich mit überdurchschnittlichen Ergebnissen und somit mit persönlichem Erfolg. Wählt sie Prüfer B, erhält sie mit großer Wahrscheinlichkeit eine sehr gute Note. Die Wahl des Prüfers A, mit einer in etwa normalverteilten Notengebung, ist für die leistungsorientierte Person weniger attraktiv, da dieser Prüfer nur sehr wenige sehr gute Noten vergibt.

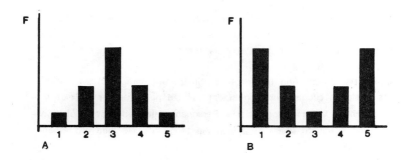

ABBILDUNG 15
NOTENVERTEILUNG DER IN DER PRÜFERWAHLAUFGABE VORGEGEBENEN PRÜFER A (LINKS) UND B (RECHTS)

Mißerfolgsorientierte Personen müßten, bedingt durch ihre generelle Mißerfolgserwartung, Prüfer A mit normalverteilten Noten auswählen. Bei ihm ist die Gefahr, die Prüfung nicht zu bestehen, selbst bei weniger guten Leistungen gering. Die Wahl des Prüfers B trägt das hohe Risiko selbst bei nur leicht unterdurchschnittlichen Leistungen, die die mißerfolgsorientierte Vp von sich erwartet, die Prüfung nicht zu bestehen.

Die ausführliche Instruktion für die Prüferwahlaufgabe findet sich im Anhang 11.

Eine vorherige intensive Erprobung der Prüferwahlaufgabe war leider nicht möglich. Es konnte nur eine kleine Anzahl von Personen mit dieser Aufgabe untersucht werden. Es zeigte sich bereits vorab, daß etwa die Hälfte der Personen sich entweder für Prüfer A oder aber für Prüfer B entschieden, was als Minimalvoraussetzung für eine sinnvolle Anwendung der Prüferwahlaufgabe in der vorliegenden Untersuchung angesehen wurde.

Weitergehende Kennwerte im Sinne der klassischen Testtheorie konnten nicht ermittelt werden. Für eine Feststellung der Reliabilität käme nur die Paralleltests- oder Retest-Reliabilität in Frage. Die Konstruktion eines Paralleltest erschien nicht möglich, die Durchführung eines Retests ist durch die recht gute Erinnerbarkeit der Prüferwahl - wenn überhaupt - nur nach einer sehr langen Intertestzeit möglich. Stimmten jedoch die in die obigen Überlegungen eingehenden Voraussetzungen, konnte zumindest eine Ersterprobung dieses Verfahrens als berechtigt gelten, zumal hiervon für das eigentliche experimentelle Vorgehen nichts abhängig war.

Nachdem die Darstellung der wesentlichsten Voraussetzungen und Überlegungen zur Auswahl der abhängigen Variablen erfolgt ist, soll in dem folgenden Kapitel die Vorgehensweise bei der Untersuchungsdurchführung dargestellt werden.

3.9 UNTERSUCHUNGSDURCHFÜHRUNG

3.9.1 VERSUCHSPERSONEN

Insgesamt nahmen an der Untersuchung 86 Vpn teil. In die Auswertung der Daten gingen 60 Vpn ein, von denen je die Hälfte männlichen bzw. weiblichen Geschlechts war. Die Reduktion der Vpn ist auf drei Ursachen zurückzuführen.

1.) Voraussetzung, damit eine Vp in die Auswertung aufgenommen wurde, war, daß die erste zu bearbeitende Aufgabe (A1) innerhalb von 40 Zügen gelöst wurde. Dies war bei 13 Vpn nicht der Fall. Das Kriterium selbst war aus zwei Gründen erforderlich. Zum einen wurden hiermit Personen frühzeitig aus dem Experiment ausgesondert, für die die gesamte Untersuchungssituation eine besonders starke Streßsituation darstellte und die die weitere Verfahrensweise eventuell als äußerst belastend erlebt hätten. Darüber hinaus konnte bei den Vpn, die bereits bei der ersten zu bearbeitenden Aufgabe (A1) die maximale Anzahl von Zügen benötigt hätten, keine weitere Verschlechterung der Leistung mehr eintreten, dafür aber eine extreme Leistungsverbesserung. Hierdurch hätte es zu einer Verzerrung der Daten kommen können, weshalb für diese Vpn das Experiment nach Abschluß der ersten zu bearbeitenden Aufgabe beendet wurde.

2.) Bei vier Vpn kam es während der Untersuchungsdurchführung zu technischen Ausfällen, die eine vollständige Erhebung aller abhängigen Variablen verhinderten.

3.) Neun Vpn zeigten innerhalb einer oder mehrerer physiologischer Maße so starke Störungen während der Untersuchungsdurchführung, daß von einer Aufnahme der Vpn in die Auswertung abgesehen werden mußte.

3.9.2 TECHNISCHE EINRICHTUNGEN

3.9.2.1 Räumlichkeiten

Die Untersuchung fand im psychophysiologischen Labor der Johann Wolfgang Goethe-Universität Frankfurt statt. Insgesamt vier Räume wurden für die Untersuchungsdurchführung benötigt. Eine Skizze der Untersuchungsräume ist in Abbildung 16 auf der nächsten Seite zu finden.

Neben einem Vorraum, in dem die Vpn die Persönlichkeitsfragebogen am Bildschirmterminal bearbeiteten, lag der eigentliche, klimatisierte Untersuchungsraum mit dem Laborstuhl. Daneben befanden sich, durch eine Sichtscheibe verbunden, der Überwachungsraum mit Polygraphen, Kontrollbildschirm und Tonband zum Einspielen der Instruktionen und schließlich der Computerraum, in dem sich der Prozeßrechner befand, der die Aufzeichnung der anfallenden Untersuchungsdaten und deren Auswertung vornahm.

Der eigentliche Untersuchungsraum war 2,65m * 2,87m groß und auf konstant 22 Grad Celsius temperiert. Die Beleuchtung erfolgte indirekt über einen 100 Watt Strahler. Etwa in der Mitte des Raumes stand, von der Sichtscheibe abgewandt, der bequeme Laborstuhl. Auf beiden Seiten des Stuhls befanden sich gepolsterte Armlehnen, auf denen die Vp bequem ihre Arme legen konnte.

Zur linken der Vp stand ein kleiner Rollwagen, auf dem sich die für die Aufzeichnung der physiologischen Variablen notwendigen Utensilien befanden.

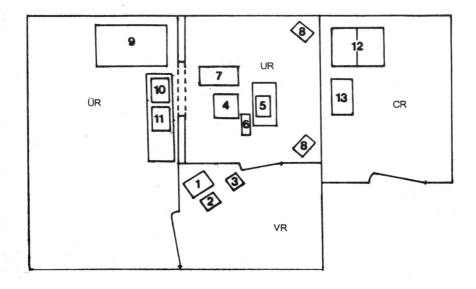

ABBILDUNG 16
SKIZZE DER UNTERSUCHUNGSRÄUME UND DES TECHNISCHEN UNTERSUCHUNGSAUFBAUS (VR=Vorraum, UR=Untersuchungsraum, ÜR=Überwachungsraum, CR=Computerraum; 1=Bildschirmterminal, 2=Stuhl, 3=Stuhl, 4=Laborstuhl, 5=Bildschirmterminal, 6=Tastatur auf Rollwagen, 7=Rollwagen mit Utensilien, 8=Lautsprecher, 9=Polygraph, 10=Bildschirmterminal, 11=Stereoanlage, 12=PDP 11/40, 13=Hardcopy-Terminal)

Vor dem Stuhl stand ein kleiner Tisch, auf dem sich das Bildschirmterminal befand. Es handelte sich hierbei um ein DEC VT-100 Terminal. Bis auf die hervorgehobenen Bildteile, in denen eine Hell/Dunkel Vertauschung vorlag, erschienen die Zeichen als schwarze Buchstaben auf hellem Untergrund. Der Abstand zwischen Bildschirm und Vp betrug etwa 80 Zentimeter. Die Tastatur wurde, nachdem die Vp auf dem Stuhl Platz genommen hatte und die physiologischen Meßaufnehmer angebracht waren, durch einen kleinen Rolltisch so an den Stuhl herangefahren, daß die Vp allein durch Bewegung der Finger die Zahlen des separaten Zehnerblocks mit der rechten Hand bedienen konnte.

3.9.2.2 Apparativer Untersuchungsaufbau

Für die Untersuchungsdurchführung wurden folgende Geräte benutzt.

1.) Ein Achtkanal Polygraph Typ R611 der Firma Beckman mit den für die Aufzeichnung der physiologischen Maße notwendigen Einschüben.
2.) PDP 11/40 Computer unter Betriebssystem RSX-11M mit 96 kByte Hauptspeicher, AR-11 Analog-Digitalwandler, vier Plattenlaufwerken, drei davon zum Wechseln, Kennedy 9000 Bandlaufwerk, einem Hardcopy- und zwei Bildschirmterminals.
3.) Eine Stereoanlage, bestehend aus Cassettenteil, Verstärker und zwei Lautsprechern.
4.) Eine Gegensprechanlage zwischen Untersuchungsraum und Kontrollraum.

Die Übermittlung der analog anfallenden physiologischen Meßdaten erfolgte über Koaxialkabel direkt zum Computer, der online die Digitalisierung der Werte vornahm und diese auf Bänder zur späteren offline Parameterbildung speicherte. Eine detaillierte Beschreibung der Aufzeichnungs- und Auswerteschritte für die physiologischen Daten befindet sich in den Kapitel 4 und 6 des technischen Ergänzungsbandes.

3.9.3 UNTERSUCHUNGSABLAUF

Die an dem Experiment teilnehmenden Studenten wurden von dem VI innerhalb der Universität angesprochen und um die Teilnahme an einem allgemeinpsychologischen Experiment gebeten, das etwa eine bis eineinhalb Stunden in Anspruch nehmen würde. Wollten die angesprochenen Personen mehr über den Inhalt der Untersuchung wissen, wurde ihnen mitgeteilt, daß es sich um eine denkpsychologische Untersuchung handelt. Genauere Informationen über den Inhalt der Untersuchung wären leider nicht möglich, da diese zwangsläufig zu Vorinformationen führten, die die Untersuchungsdurchführung und Datenerhebung beeinflussen würden, was nicht geschehen dürfe.

War die angesprochene Person bereit, an der Untersuchung teilzunehmen, wurde mit ihr ein Termin verabredet, zu dem sie in das psychologische Institut kommen sollte. Zu dem entsprechenden Termin war der VI bereits anwesend und hatte die notwendigen Vorbereitungen, die zur Durchführung der Untersuchung getroffen werden mußten, erledigt.

Die Vp wurde von dem VI begrüßt und in den Vorraum des physiologischen Untersuchungsraums geführt. Dort standen ein Bildschirmterminal und zwei Stühle. Die Vp wurde aufgefordert, sich auf den Stuhl vor dem Bildschirmterminal zu setzen. Der VI setzte sich auf den anderen im Raum befindlichen Stuhl.

Vpn, denen die Bedienung eines Bildschirmterminals neu war und die dies zu erkennen gaben, wurden darauf hingewiesen, daß ihnen im folgenden alles, was sie zu dessen Bedienung wissen müßten, ausführlich erläutert werden würde. Im übrigen sei das Arbeiten mit einem Bildschirmterminal mit dem Arbeiten an einer Schreibmaschine vergleichbar mit dem Unterschied, daß die eingegebenen Zeichen auf dem Bildschirm und nicht auf Papier erscheinen würden.

War die Vp bereit, mit der Untersuchung zu beginnen, wurde die Instruktion für die Prüferwahlaufgabe verlesen (siehe Anhang 11) und danach die Antwort der Vp registriert.

Im Anschluß hieran wurde der Vp die Bedienung und Aufgabenstellung für die Beantwortung der Fragebogenitems erläutert, indem die Instruktion (siehe Anhang 12) verlesen wurde. Hatte die Vp die Art der Bearbeitung verstanden, begann sie mit der Beantwortung der Fragebogenitems. Die Fragebogenverfahren wurden in folgender Reihenfolge vorgegeben:

- A-Trait-Fragebogen (A-Trait)
- das Eysenck-Persönlickeits-Inventar (EPI)
- die Achievement-Anxiety Scale (AAT)
- die Skala zur Erfassung der Manifesten Angst (MAS) und
- der Fragebogen zur Erfassung der Angst in sozialen Streßsituationen (SAP)

Um sicherzustellen, daß alle Vpn mit der Bearbeitungsart der Aufgaben zurechtkamen, blieb der VI während der Bearbeitung der ersten Fragebogenitems im Raum. Sodann war die Vp während des Ausfüllens des Fragebogens allein. Sie hatte aber die Möglichkeit, den VI im Nebenraum zu erreichen, um eventuell auftretende Unklarheiten beseitigen zu können.

Nach der Beantwortung aller Fragebogenitems wurde die Vp durch eine Anweisung, die auf dem Bildschirm erschien, aufgefordert, sich bei dem VI zu melden.

Der VI gab der Vp hierauf die Information, daß es sich bei der vorliegenden Untersuchung unter anderem auch um eine psychophysiologische Untersuchung handele. Aus diesem Grund sei es erforderlich, sich in den angrenzenden Untersuchungsraum zu begeben. Die Vp wurde in den Raum geführt und aufgefordert, in dem bequemen Untersuchungsstuhl Platz zu nehmen. Es wurde ihr erklärt, daß zur Aufzeichnung von psychophysiologischen Maßen Elektroden angelegt werden sollten, die alleine zur Aufzeichnung körpereigener elektrischer Ströme dienten.

Die Hautstellen, an denen Elektroden anzubringen waren, wurden mit Alkohol vorbehandelt. Sodann wurden alle Elektroden an den hierfür ausgewählten Ableitorten mit Hilfe von Elektrodenkleberingen angebracht und der Meßfühler zur Abnahme der Fingerpulsamplitude am Zeigefinger der linken Hand befestigt. Während der Befestigung der Elektroden machte der VI die Vp darauf aufmerksam, daß es für eine fehlerfreie Aufzeichnung der physiologischen Maße äußerst wichtig sei, daß sie sich körperlich möglichst ruhig verhalten.

Bei Fragen der Vp bezüglich der Zielsetzung der Untersuchung wurden diese gebeten, bis zum Untersuchungsende zu warten. Nach Abschluß der Untersuchung würden alle Fragen umfassend beantwortet werden.

Nachdem alle Vorbereitungen getroffen waren, wurden der Vp durch den VI mitgeteilt, daß er nun im Nebenraum kontrollieren müsse, ob die Aufzeichnung der physiologischen Daten einwandfrei funktioniere. Sie sollten sich in der Zwischenzeit entspannen und sich körperlich möglichst ruhig verhalten.

Zur Kontrolle der physiologischen Aufzeichnung begab sich der VI in den angrenzenden Raum, in dem sich der Polygraph befand. Dort nahm er, nach der Kontrolle einer fehlerfreien polygraphischen Aufzeichnung, die Einstellung der Verstärkerstufen vor. Lag in allen physiologischen Maßen eine gute Aufzeichnung vor, nahm der VI die Eichung der physiologischen Maße mit Hilfe eines speziellen Eichprogramms (siehe Kapitel 4.1 des technischen Ergänzungsbandes) an dem neben dem Polygraphen stehenden Bildschirmterminal vor.

Das Bildschirmterminal, das in dem Vorraum des Untersuchungsraumes stand und dort zur Bearbeitung der Persönlichkeitsfragebogen diente, wurde danach auf den Tisch direkt vor die Vp plaziert. Der VI startete das Programm das die Aufgabendarbietung, Untersuchungssteuerung und Steuerung der Erfassung der physiologischen Variablen bewerkstelligte (siehe Kapitel 3.1

des technischen Ergänzungsbandes), und gab die Vpn-Nummer ein. Aus ihr entnahm das Programm die Zugehörigkeit der Vpn zu den experimentellen Gruppen, was für die gruppenspezifische Leistungsrückmeldung nach den Schätzaufgaben erforderlich war.

Sodann verlas der VI die allgemeine Instruktion (siehe Anhang 13) für die erste Ruhephase (R1) und erkundigte sich, ob die Vp noch Fragen hatte. War dies nicht der Fall, verließ er den physiologischen Untersuchungsraum und schloß dessen Tür hinter sich.

Von dem angrenzenden Raum aus spielte er die spezielle Instruktion für die erste Ruhephase (siehe Anhang 14) vom Band über Lautsprecher in den Untersuchungsraum. Bevor in der speziellen Instruktion die Vp die Nummer erhielt, die ihr erlaubte, die Ruhephase zu beginnen, schaltete der VI die polygraphische Aufzeichnung an.

Die Registrierung der physiologischen Daten durch den Computer erfolgte ohne weiteres Zutun des VI. Anhand einer Intertaskkommunikation zwischen dem Programm, das die Darstellung der Aufgaben und Untersuchungssteuerung vornahm und dem Programm, das die erfaßten physiologischen Meßwerte digitalisierte und aufzeichnete (siehe Kapitel 3.1 des technischen Ergänzungsbandes) wurde der VI von Steuerungaufgaben weitgehend entlastet.

Nach der einminütigen Ruhephase erfolgte die Erhebung der subjektiven Befindlichkeit durch die Darstellung der 40 Items auf dem Bildschirmterminal. Die Vp füllte den Fragebogen selbständig, ohne die Anwesenheit des VI, aus. Hatte sie die Bearbeitung beendet, begab sich der VI zur Vp in den Untersuchungsraum.

Dort verlas er die allgemeine Instruktion für die Bearbeitung der Umordnungsaufgabe (siehe Anhang 15). Durch die die Instruktion begleitende Probebearbeitung einer ersten Umordnungsaufgabe durch die Vp, noch während der VI anwesend war, konnte sichergestellt werden, daß alle Vpn die Aufgabenbearbeitung auch wirklich verstanden hatten. Nach der Instruktion fragte der VI jede Vp nochmals, ob sie noch Fragen habe. Wurde dies von der Vp verneint, verließ der VI den Raum und begab sich an den Polygraphen. Von dort wurde die spezielle Instruktion für die erste zu bearbeitende Aufgabe (A1) vom Band der Vp vorgespielt (siehe Anhang 16).

Nachdem die Vp die erste zu bearbeitende Aufgabe (A1) durchgeführt hatte, füllte sie wiederum den Fragebogen zur Erfassung ihres subjektiven Befindens für die zurückliegende Untersuchungsphase am Bildschirmterminal aus.

Es folgten die zehn Einschätzaufgaben. Die Dauer der Darstellung auf dem Bildschirm war für diese Aufgaben auf zehn Sekunden begrenzt. Für diese Schätzaufgaben (SCH) erfolgte die Instruktion (siehe Anhang 17), wie für alle anderen folgenden Untersuchungsphasen, über die Einspielung einer Tonbandaufzeichnung. Jede der zehn Umordnungsaufgaben war von den Vpn bezüglich ihrer notwendigen Zugzahl, die zur vollständigen Lösung der Aufgabe erforderlich sein würde, einzuschätzen.

Nach Beendigung der zehn Einschätzaufgaben umfassenden Aufgabenserie fügte sich unmittelbar eine dreiminütige Ruhephase (RM) an, auf die sich die fingierte Leistungsrückmeldung der Leistung für die Schätzaufgaben in Abhängigkeit von der Gruppenzugehörigkeit direkt anschloß. Im Anschluß an die gruppenspezifischen Leistungsrückmeldungen (siehe Anhang 1), die für eine Minute auf dem Bildschirmterminal zu sehen waren, füllte die Vp den Fragebogen zu ihrem emotionalen Befinden aus.

Es folgt die Bearbeitung der drei Kriterienaufgaben (KR1, KR2, KR3). Die Instruktion für diese Aufgaben wurde wiederum über Tonbandeinspielungen (siehe Anhang 18) vorgenommen. Nach der Bearbeitung der drei Kriterienaufgaben schloß sich der Fragebogen zum emotionalen Befinden der Vp an. Nach Bearbeitung der drei Kriterienaufgaben wurde der Vp mitgeteilt, daß damit die Aufgabenbearbeitung beendet sei.

Abschließend erfolgte die Instruktion für die zweite Ruhephase (R2). Nach einer Minute füllte die Vp den Fragebogen zur emotionalen Befindlichkeit ein letztes Mal für die zurückliegende Untersuchungssituation aus.

War dieser Untersuchungsteil beendet, begab sich der Vl zu der Vp in den Untersuchungsraum. Dort startete er, nachdem er die Vp darauf hingewiesen hatte, daß eine Nachbefragung für die gesamte Untersuchung durchgeführt werden sollte, die strukturierte Nachbefragung, die von den Vpn, wie bereits zu Beginn der Untersuchung die Fragebogenverfahren, anhand der sechsstufigen Ratingskala zu beantworten war. Hatte die Vp die dreißig Items der Nachbefragung am Bildschirmterminal bearbeitet, wurden die Elektroden abgenommen. Es folgte eine Nachbefragung anhand von fünf Fragen (siehe Anhang 19), die von den Vpn frei zu beantworten waren.

Im Anschluß wurden die Vpn über die Fragestellung und Hypothese der Untersuchung ausführlich informiert und die bestehenden Fragen der Vp beantwortet. Falls bei der Vp Interesse bestand, wurden ihr anhand der Papieraufzeichung des Polygraphen die wesentlichen Merkmale der erhobenen physiologischen Maße erläutert.

Am Ende der Untersuchung bedankte sich der VI bei den Vpn für ihre Teilnahme an der Untersuchung und bat darum, vorerst nichts über den Inhalt der Untersuchung an andere Personen mitzuteilen.

Ein detaillierter schematischer Ablaufplan der Untersuchung ab der ersten Ruhesituation befindet sich im Anhang 20.

Bevor auf die Auswertung der erhobenen Daten eingegangen werden kann, sollen zuerst einige Vorüberlegungen zum Einsatz statistischer Verfahren, die in der vorliegenden Arbeit Verwendung fanden, dargestellt werden.

3.10 AUSWERTEMETHODIK

3.10.1 ÜBERLEGUNGEN ZUM EINSATZ VON MULTIVARIATEN VARIANZANALYSEN BEI DER AUSWERTUNG DER ABHÄNGIGEN VARIABLEN

Wird mehr als eine abhängige Variable erhoben, ist von methodischer Seite die Forderung nach multivariater Auswertung der Daten gegeben. Diese Forderung ist um so eindringlicher, je stärker zu vermuten ist, daß die abhängigen Variablen in einer Interdependenz zueinander stehen, somit zwischen diesen substantielle Korrelationen vorliegen.
Korrelieren zwei abhängige Variablen in idealer Weise miteinander und erfolgt eine univariate varianzanalytische Auswertung beider Variablen, erhält man zwei signifikante Analysen, die den Eindruck entstehen lassen, die Wirksamkeit der unabhängigen Variablen sei besonders breit, d.h. in mehreren Variablen wirksam. Tatsächlich kann eine der beiden Analysen allein aufgrund einer funktionalen Determination durch die andere Variable bedingt sein.

Alle acht in der Untersuchung erhobenen Einzelvariablen der drei Variablenbereiche (Leistungsdaten, Daten des subjektiven Befindens und physiologische Daten) hätten in der Maximalausprägung multivariaten Vorgehens in eine alle

Variablen umfassende multivariate Varianzanalyse eingebracht werden können. Die zu erwartende und mögliche Aussage dieser Analyse wäre, daß sich die Untersuchungsgruppen unter Berücksichtigung der korrelativen Beziehung der abhängigen Variablen untereinander in einer oder auch mehreren Variablen voneinander unterscheiden.

Dieser globalen Testung der Wirkung durchgeführter experimenteller Manipulation stehen spezifische experimentelle Hypothesen gegenüber. Der Vorteil eines varianzanalytisch multivariaten Vorgehens besteht in der Berücksichtigung der korrelativen Beziehung der abhängigen Variablen untereinander, der Nachteil in der sehr allgemeinen, d.h. nur wenig detaillierten Aussagemöglichkeit über Mittelwertsunterschiede zwischen Kombinationen von Untersuchungsgruppen oder Treatmentbedingungen.

Dieser Nachteil multivariater varianzanalytischer Auswertung wird in der Forschungspraxis durch eine parallele multivariate und univariate Auswertung zu kompensieren versucht. Nachdem mittels multivariater varianzanalytischer Prüfung die Frage nach globalen Effekten geklärt ist, werden in univariaten Analysen die einzelnen experimentellen Hypothesen geprüft. Gemäß dieser Vorgehensweise wurde auch in in der vorliegenden Arbeit verfahren.

Eine gemeinsame multivariate Analyse aller abhängiger Variablen, nämlich von Leistungsdaten, Daten der emotionalen Befindlichkeit und physiologischen Daten, war aufgrund der unterschiedlichen zeitlichen Struktur der Datenerhebung nicht möglich. Als nächste Stufe multivariater varianzanalytischer Auswertung verblieb die Analyse innerhalb der drei Klassen abhängiger Variablen.

Für die Leistungsdaten erschien eine multivariate Auswertung angezeigt. Die zu erwartende Korrelation zwischen den Leistungsparametern Anzahl benötigter Züge und Länge der benötigten Bearbeitungszeit ergibt sich allein aus der Tatsache, daß bei der Durchführung von vielen Zügen mehr Zeit in Anspruch genommen wird. Die Ausprägung des korrelativen Zusammenhanges ist deshalb als hoch zu erwarten. Sie liegt, wie aus Tabelle 1 auf der folgenden Seite hervorgeht, für die vier zu bearbeiten Aufgaben zwischen -.5619 und -.7596 (Spearman-Rangkorrelation). Die negativen Vorzeichen sind auf die Reziproktransformation der Lösungszeiten zurückzuführen.

TABELLE 1

SPEARMAN RANGKORRELATIONEN DER ANZAHL BENÖTIGTER
ZÜGE UND TRANSFORMIERTE LÖSUNGSZEITEN FÜR DIE VIER
ZU BEARBEITENDEN UMORDNUNGSAUFGABEN

	A1	K1	K2	K3
r Züge/Zeit	-.6525**	-.5619**	-.7596**	-.7382**

(*=p .05; **=p .01)

Die Durchführung einer multivariaten Varianzanalyse für die emotionale
Befindlichkeit war nicht möglich, da nur eine abhängige Variable in Form des
ermittelten Summenwerts für das emotionale Befinden vorlag.

Für die physiologischen Variablen wird immer wieder die Forderung nach
multivariater Datenerhebung und statistischer Analyse erhoben (FAHRENBERG
1967, 1979, MYRTEK 1980, WALSCHBURGER 1976). Diese Forderung erfolgt zum
einen im Zusammenhang mit den in Kapitel 3.7.4 bereits angesprochenen
Methodenproblemen in der psychophysiologischen Forschung, zum anderen nach
der Feststellung nur sehr geringer Korrelationen zwischen verschiedenen
physiologischen Parametern. Mit der Forderung nach multivariaten Erhebungs-
und Auswerteverfahren ist die Hoffnung verbunden, daß bei multivariater
Betrachtung der Zusammenhang bzw. die Zusammenhangsstruktur physiologischer
Parameter deutlicher zutage tritt. Aufgrund der regelmäßig zu findenden
geringen Interkorrelation der physiologischen Maße wurde auf eine multivariate Varianzanalyse der physiologischen Maße verzichtet.

3.10.1.1 Vorüberlegungen zur univariaten varianzanalytischen Auswertung der Daten

Die faktorielle Struktur des experimentellen Designs und die mehrfache
Erhebung der Variablen zu verschiedenen Meßzeitpunkten an einer Person läßt
eine varianzanalytische Auswertung mit Meßwiederholung zu, die den Vorteil
der Reduktion interindividueller Niveauunterschiede in den Ausgangswerten
aufweist.

Voraussetzung zur Anwendung der Varianzanalyse mit Meßwiederholung sind:

- Normalverteilung der Ausgangsdaten,
- Homogenität der Varianzen in den Zellen,
- Homogenität der Varianz-Kovarianz-Matrizen,
- Unkorreliertheit der wiederholten Messungen
  bei Meßwiederholungsdesigns.

Vergleicht man die Varianzanalyse mit Meßwiederholung mit einem Matchingverfahren, bei dem die Vpn entsprechend ihren Werten in einer mit dem Kriterium möglichst hoch korrelierenden Variable den Untersuchungsgruppen zugeteilt werden, dienen beide Verfahren der Reduktion interindividueller Varianz, die ohne experimentelle Kontrolle der Fehlervarianz zugeschlagen werden würde, was die Wahrscheinlichkeit des Nachweises von experimentellen Effekten erschwert. Beide Verfahren dienen somit einer Steigerung der Teststärke ("power") innerhalb varianzanalytischer Auswertemethoden. Der Einsatz beider genannter Verfahren ist um so effektiver, je stärker interindividuelle Unterschiede an der Gesamtvarianz des Datensatzes beteiligt sind.

Bei der Varianzanalyse mit Meßwiederholung handelt es sich im weiteren Sinn um den Vorgang einer Parallelisierung. N Personen werden k experimentellen Bedingungen ausgesetzt, wobei jede Person innerhalb eines experimentellen Plans mit Meßwiederholung als ein besonders gut parallelisiertes Personenpaar aufgefaßt werden kann.

Im folgenden wird der Faktor, der die experimentell manipulierte Leistungsrückmeldung enthält und die drei Untersuchungsgruppen bildet, als Gruppenfaktor (GR) benannt. Der Faktor, der als Faktorstufen Frauen und Männer beinhaltet, wird als Geschlechtsfaktor (MW) für männlich/weiblich bezeichnet. Des weiteren wird der Meßwiederholungsfaktor, der die mehrfach erhobenen Daten für eine Variable als Faktorstufen umfaßt, generell, d.h. für alle abhängigen Variablen, unabhängig von der Häufigkeit der Datenerhebung, als Verlaufsfaktor (V) benannt.

Entsprechend den allgemeinen experimentellen Hypothesen wurden Wechselwirkungen der Gruppenfaktoren mit dem Verlaufsfaktor erwartet. Neben den Zweifachinteraktionen Gruppe mal Verlauf (GR*V), und Geschlecht mal Verlauf (MW*V) erschienen auch Dreifachinteraktionen Gruppe mal Geschlecht mal Verlauf (GR*MW*V) für die beiden Leistungsvariablen als Ergebnis möglich.

In Varianzanalysen auftretende Interaktionseffekte werden in aller Regel im nachhinein durch Berechnung der einfachen Haupteffekte und der Mittelwertsunterschiede zwischen den Phasenmittelwerten geprüft. Ein solches Vorgehen ist angezeigt, wenn der Untersucher davon ausgeht, daß durch die experimentelle Manipulation Effekte in den abhängigen Variablen auftreten, die Richtung der Effekte aber noch weitgehend unbekannt sind. Die Prüfung aller nur denkbaren Mittelwertsvergleiche in einem mehrfaktoriellen experimentellen Design wirft das Problem der Summierung des Alphafehlers auf.

Dieses Problem wird durch die Anpassung der Prüfgrößen zu lösen versucht. Können die Hypothesen eines Experiments genauer spezifiziert werden, geht es bei der Prüfung der Hypothesen also nicht um eine globale Testung der Effekte, sondern um die Prüfung spezifizierter Aussagen, besteht die Möglichkeit der a priori oder geplanten Vergleiche. Bei diesem Vorgehen ist eine Testung der globalen Effekte nicht unbedingt notwendig (KIRK 1968).

Die Prüfung der Hypothesen mittels geplanter orthogonaler Kontraste stellt darüber hinaus eine methodisch saubere Lösung für das Problem der Summierung des Alphafehlers dar.

Diesem Ansatz folgend, wurden für die durchzuführenden Varianzanalysen orthogonale Kontraste formuliert, deren Logik nun erläutert werden soll.

3.10.1.2 Zur Prüfung von Mittelwertsunterschieden zwischen Faktorstufen anhand orthogonaler Kontraste

Die prinzipiellen Überlegungen zur Auswahl der varianzanalytischen Auswertemethoden sind in dem vorangegangenen Kapitel dargelegt. An dieser Stelle soll auf die Einsatzmöglichkeiten, Vor- bzw. Nachteile der Bildung orthogonaler Kontraste eingegangen werden. Die statistische Analyse der abhängigen Variablen erfolgte mittels dreifaktorieller Varianzanalysen. Zur Prüfung der Mittelwertsunterschiede wurden orthogonale Kontraste eingesetzt.

Während die F-Tests einer Varianzanalyse die Wirksamkeit bzw. Effekte der in sie eingehenden Faktoren und deren Wechselwirkungen prüft, kann mittels orthogonaler Kontraste festgestellt werden, welche Mittelwertunterschiede innerhalb eines Faktors oder der Kombination zweier oder mehrerer Faktorenstufen auftreten.

Hat ein Faktor mehr als zwei Faktorstufen, stellt sich bei der Signifikanz des mit ihm verbundenen Haupteffektes die Frage, welche der Mittelwerte sich signifikant voneinander unterscheiden. Zur Klärung dieser Frage werden multiple Mittelwertsvergleiche durchgeführt.

Zwei Arten der multiplen Mittelwertsvergleiche sind zu unterscheiden, die als a priori bzw. a posteriori Vergleiche bezeichnet werden (KIRK 1968). A posteriori Vergleiche werden benutzt, wenn allein die Frage beantwortet werden soll, ob der durch das experimentelle Design definierte Faktor überhaupt einen Effekt zeigt. Wird dies durch die Signifikanz des varianzanalytischen Faktors belegt, klärt ein a posteriori Mittelwertsvergleich, welche der Faktorstufenmittelwerte sich unterscheiden. Diese Art der Tests (Duncan, Newman-Keuls, Scheffe,' Turkey, u.a) berücksichtigen dabei das mit Mehrfachvergleichen anwachsende Alpha-Risiko, also den Fehler 1. Art, der darin besteht, die Alternativhypothese anzunehmen, obwohl die Nullhypothese richtig ist.

Anders ist es bei der Verwendung von a priori Vergleichen. Hierbei sind die durch das Experiment zu klärenden Fragen genau spezifiziert. Es interessiert hier nicht nur die Frage, ob ein Faktor wirksam ist und falls ja, auf welchen Faktorstufen dies der Fall ist. Bereits bei der Planung des Experimentes werden die zu beantwortenden spezifischen Fragen in a priori Kontraste umgesetzt. Im Englischen tragen sie auch die diesen Sachverhalt gut veranschaulichende Bezeichnung "planned comparisons".

Während die Varianzanalyse somit die generellen Haupt- oder Wechselwirkungseffekte über alle Faktorstufen prüft und hierfür eine Signifikanzprüfung vornimmt, prüft ein orthogonaler Kontrast Mittelwertsunterschiede zwischen vorbestimmten Faktorstufen eines oder mehrerer Faktoren. Die Signifikanzprüfung bezieht sich dabei auf die Mittelwertsunterschiede zwischen den im Kontrast spezifizierten Zellenmittelwerten. Für einen Faktor mit k Faktorstufen können maximal k-1 orthogonale Kontraste gebildet werden. Ein Kontrast ist orthogonal, wenn in ihn keine Informationen eingehen, die bereits in einem anderen Kontrast enthalten sind. Die Information eines einzelnen Mittelwertes darf bei der Verwendung orthogonaler Kontraste für sich alleine, d.h. ohne mit anderen Mittelwerten zusammengefaßt zu werden, nur ein einziges Mal in die Kontrastbildung eingehen. Konkret bedeutet dies, daß der Mittelwert einer Faktorstufe nur mit dem Mittelwert einer anderen Mittelwertsstufe verglichen werden kann. Ein nochmaliger Vergleich der gleichen Faktorstufe mit dem Mittelwert einer anderen Mittelwertsstufe führt zu nicht-orthogonalen Kontrasten.

3.10.1.3 Festlegung des Signifikanzniveaus der orthogonalen Kontraste

Statistisch betrachtet, sind zwei oder mehrere Kontraste dann orthogonal, wenn die Produktsumme ihrer Gewichtskoeffizienten über die Faktorstufen gleich Null ist (KIRK 1968, HAYS 1973).

Während ansonsten als Signifikanzniveau das durch die Anzahl der Faktorstufen definierte Alpha-Niveau zur Bewertung der Bedeutung des Ergebnisses heranzuziehen ist, besteht der Vorteil orthogonaler a priori Kontraste in der Möglichkeit der Signifikanzprüfung auf dem gewählten Alpha-Niveau.

Nach KIRK (1968) benötigt man bei der Verwendung orthogonaler Kontraste, die gemäß a priori Hypothesen formuliert wurden, im Prinzip keine Prüfung der generellen Wirksamkeit von experimentellen bzw. varianzanalytischen Faktoren. Für die vorliegenden Daten wurde dennoch beide Auswerteschritte vorgenommen.

Liegt ein mehrfaktorieller Versuchsplan vor und interessieren gerade die Wechselwirkungen zwischen den varianzanalytischen Faktoren, können zwar auch für die Wechselwirkungseffekte orthogonale Kontraste gebildet werden, doch erscheint es trotzdem sinnvoll, eine Prüfung der generellen varianzanalytischen Faktoren durchzuführen. Ohne eine vorherige Klärung, ob eine Interaktion zwischen den varianzanalytischen Faktoren vorliegt und inwieweit es sich um eine Zweifach- oder Dreifachinteraktion handelt, müßten alle möglichen orthogonalen Kontraste spezifiziert und geprüft werden.

Bei dem vorliegenden dreifaktoriellen Plan können sowohl Zweifach- als auch eine Dreifachinteraktion der varianzanalytischen Faktoren auftreten.

Obwohl für a priori formulierte orthogonale Kontraste üblicherweise keine Alpha-Adjustierung erfolgt und somit nach KIRK (1968) auf dem ausgewählten Signifikanzniveau Alpha geprüft werden kann: "For planned orthogonal comparisons, contemporary practice in the behavioral sciences favors setting the type I error probability at α for each comparison." (KIRK 1968, S. 78), sollte doch die Anzahl der zu prüfenden orthogonalen Kontraste auf die wesentlichen Vergleiche reduziert bleiben.

Des weiteren werden durch die geplanten orthogonalen Kontraste zwangsläufig nur so viele Freiheitsgrade ausgeschöpft, wie durch das experimentelle Design gegeben sind. Der möglichen methodisch-statistischen Fehlerquelle, die in einer zu umfangreichen Signifikanzsuche innerhalb mehrfaktorieller varianzanalytischer Pläne besteht, wird hiermit vorgebeugt.

Der Nachteil orthogonaler Kontraste besteht in der Notwendigkeit, die interessierenden Vergleiche zu gestalten, d.h. die Kontraste so zu formulieren, daß sie voneinander unabhängig sind. Der Untersucher sieht sich hier nicht selten der Situation gegenüber, daß zwei oder mehrere seiner inhaltlich begründeten Hypothesen zu nicht-orthogonalen Kontrasten führen. Die Lösung eines solchen Dilemmas besteht zum einen in dem Verzicht auf den weniger wichtigen Kontrast oder aber in der Umformulierung einer oder mehrerer Kontraste, so daß unter Inkaufnahme eines inhaltlichen Kompromisses beide Fragestellungen unabhängig voneinander geprüft werden können.

In der vorliegenden Arbeit wurde deshalb nach folgender Vorgehensweise verfahren:

Für jede der abhängigen Variablen wurden parallel zur Hypothesenbildung die Art der erwarteten Haupteffekte und Wechselwirkungen der Varianzanalyse und die dazugehörigen orthogonalen Kontraste spezifiziert (siehe Kapitel 3.11).

Für die Fragestellung von geringem Interesse wurde die Prüfung der einfachen Haupteffekte angesehen. In erster Linie interessierte bei dem dreifaktoriellen Design die Zweifachinteraktion zwischen dem Gruppenfaktor (GR) und dem Verlaufsfaktor (V). Eine Dreifachinteraktion zwischen dem Gruppenfaktor (GR), dem Geschlechtsfaktor (MW) und dem Verlaufsfaktor (V) wurde nur für den Leistungsbereich erwartet. Für das subjektive Befinden der Vpn als auch für die physiologischen Variablen wurde der Effekt des Geschlechtsfaktors als statistisch unbedeutend angenommen.

Diesen Vorüberlegungen folgend wurden für den Leistungsbereich orthogonale Kontraste formuliert, die die Dreifachinteraktion prüfen sollten, während für die subjektive Befindlichkeit und die physiologischen Variablen orthogonale Kontraste zur Prüfung von Zweifachinteraktionen gebildet wurden.

3.11 FORMULIERUNG DER SPEZIFISCHEN HYPOTHESEN

Die Prüfung von Mittelwertsunterschieden anhand orthogonaler Kontraste setzt voraus, daß bereits bei der Untersuchungsplanung die zu prüfenden Zellenunterschiede genau spezifiziert wurden. Die allgemeinen Hypothesen müssen dabei in zueinander orthogonale Kontraste übertragen werden, die auf den varianzanalytischen Untersuchungsplan zugeschnitten sind. Im folgenden sind für die drei Variablenbereiche die spezifischen Hypothesen genannt.

3.11.1 Spezifische Hypothesen zu den Leistungsvariablen

Als allgemeine Hypothese wurde für den Leistungsbereich erwartet, daß sich die drei Untersuchungsgruppen, die Erfolgsgruppe, Mißerfolgsgruppe und die Kontrollgruppe, in den beiden abhängigen Variablen des Leistungsbereichs:

- Anzahl der benötigten Züge pro Aufgabe,
- Länge der Bearbeitungszeit pro Aufgabe

voneinander unterscheiden.

Folgende spezifische Hypothesen wurden für den Leistungsbereich formuliert.

HL.1 Die Erfolgsgruppe erzielt nach positiver Leistungsrückmeldung gegenüber der ersten zu bearbeitenden Aufgabe (A1) im Vergleich zur Mißerfolgsgruppe mit negativer Leistungsrückmeldung bessere Leistungsergebnisse in den nachfolgenden Kriterienaufgaben (KRMIT), benötigt also weniger Züge und kürzere Bearbeitungszeiten.

HL.2 Die leistungsmindernde Wirkung von Mißerfolg auf die Problemlöseleistung ist stärker ausgeprägt als die leistungsfördernde Wirkung von Erfolg. Die zusammengefaßten Erfolgs- und Mißerfolgsgruppen1 liegen in den Leistungsmaßen unter den Ergebnissen der Kontrollgruppe, die bessere Leistungen erzielt. Zusammengefaßte Erfolgs- und Mißerfolgsgruppen benötigen, in den drei Kriterienaufgaben (KRMIT) im Vergleich zur ersten zu bearbeitenden Aufgabe (A1) sowohl mehr Züge als auch längere Bearbeitungszeiten als die Kontrollgruppe.

HL.3 Frauen schneiden in der Mißerfolgsgruppe nach negativer Leistungsrückmeldung besser ab als Männer. Zwischen den Männern und Frauen der Erfolgsgruppe und der Kontrollgruppe gibt es keine bedeutsamen Unterschiede in den Leistungsvariablen.

HL.4 Über die drei Kriterienaufgaben unterscheiden sich die Erfolgs- und Mißerfolgsgruppe im linearen Trendverlauf der Leistungsvariablen. Die Erfolgsgruppe zeigt gegenüber der Mißerfolgsgruppe einen Anstieg ihrer Problemlöseleistung.

Für die drei Kriterienaufgaben (K1, K2, K3) gibt es einen linearen Trendverlauf.

3.11.2 Spezifische Hypothesen zu den Daten der emotionalen Befindlichkeit

Allgemein wurde erwartet, daß die Untersuchungsgruppen zwischen den experimentellen Untersuchungsphasen Unterschiede in ihrem emotionalen Befinden aufweisen.

---

1)
    Die Zusammenfassung von Erfolgs- und Mißerfolgsgruppe erscheint auf den ersten Blick widersinnig. Für beide Gruppen werden bezüglich der Leistung entgegengesetzte Änderungen erwartet, für die Mißerfolgsgruppe eine Leistungsabnahme, für die Erfolgsgruppe eine Leistungszunahme. Auf den zweiter Blick erscheint es trotzdem sinnvoll eine derartige Gruppenzusammenfassung vorzunehmen. Aus vorliegenden experimentellen Arbeiten ist ableitbar, daß die leistungsmindernde Wirkung von Mißerfolg stärker ausgeprägt ist als die leistungsfördernde Wirkung von Erfolg. Durch die Zusammenfassung der Mißerfolgs- und Erfolgsgruppe und dem Vergleich mit der Kontrollgruppe läßt sich diese Hypothese mittels orthogonaler Kontraste prüfen. Hinzu kommt, daß dieser Kontrast aus methodischen Überlegungen, die in Kapitel 3.12.1 näher erläutert werden, angemessen erscheint.

Die speziellen Hypothesen lauteten:

HE.1 Die Mißerfolgsgruppe schildert im Vergleich zur ersten Ruhesituation (R1) nach der Rückmeldung von Mißerfolg (RÜ) ein stärkeres Ausmaß emotionalen Mißempfindens als die Erfolgsgruppe, die eine Verminderung ihres subjektiven Mißempfindens aufweist.

HE.2 Die emotionales Mißempfinden induzierende Wirkung negativer Leistungsrückmeldungen ist stärker ausgeprägt als die emotionales Mißempfinden reduzierende Wirkung von positiver Leistungsrückmeldung. Durch die zu erwartende gegenläufige emotionale Reaktion der Erfolgs- und Mißerfolgsgruppe nach der Leistungsrückmeldung wird im Vergleich zur ersten Ruhesituation (R1) in der Rückmeldephase (RÜ) für deren zusammengefaßte Daten der emotionalen Befindlichkeit eine höhere Ausprägung emotionalen Mißempfindens im Vergleich zur Kontrollgruppe erwartet.

HE.3 Erfolgsgruppe und Mißerfolgsgruppe unterscheiden sich zwischen der ersten zu bearbeitenden Aufgabe (A1) und dem Mittelwert der drei Kriterienaufgaben (KRMIT) in der emotionalen Befindlichkeit. Die Erfolgsgruppe zeigt ein niedrigeres Ausmaß emotionalen Mißempfindens in den drei Kriterienaufgaben als die Mißerfolgsgruppe.

HE.4 Die zusammengefaßte Erfolgs- und Mißerfolgsgruppe [2] weist gegenüber der Kontrollgruppe zwischen der ersten zu bearbeitenden Aufgabe (A1) und den Kriterienaufgaben, aufgrund der stärkeren emotional negativen Wirkung der Mißerfolgsrückmeldung, ein ausgeprägteres emotionales Mißempfinden auf als die Kontrollgruppe.

---

2) Für das emotionale Befinden gilt bezüglich der Zusammenfasung von Erfolgs- und Mißerfolgsgruppe und deren Vergleich mit der Kontrollgruppe das gleiche wie für die Leistungsdaten (siehe Kapitel 3.11.1)

3.11.3 Spezifische Hypothesen zu den physiologischen Variablen

Als allgemeine Hypothese wurde ein Unterschied zwischen den Untersuchungsgruppen in einem oder mehreren der physiologischen Parametern erwartet. Diese Unterschiede bezogen sich zum einen auf die Unterschiede zwischen der mittleren Ruhephase (RM) und der eigentlichen Rückmeldephase (RÜ), zum anderen auf die erste zu bearbeitende Aufgabe (A1) und die drei Kriterienaufgaben (KR).

HP.1 Erfolgsgruppe und Mißerfolgsgruppe unterscheiden sich in der Höhe der physiologischen Aktivierung zwischen der mittleren Ruhephase (RM) und der Rückmeldephase (RÜ). Der Anstieg der physiologischen Erregung ist bei positiver Leistungsrückmeldung geringer als bei negativer Leistungsrückmeldung.

HP.2 Die zusammengefaßte Erfolgs- und Mißerfolgsgruppe[3] zeigt aufgrund der stärkeren physiologischen Aktivierungssteigerung der Mißerfolgsrückmeldung nach der gruppenspezifischen Leistungsrückmeldung zwischen der mittleren Ruhephase (RM) und der darauf folgenden Rückmeldephase (RÜ) eine höhere physiologische Aktivierung auf als die Kontrollgruppe.

HP.3 Es besteht zwischen der Erfolgs- und Mißerfolgsrückmeldung ein Unterschied in der physiologischen Aktivierung zwischen der ersten zu bearbeitenden Aufgabe (A1) und dem mittleren Niveau der physiologischen Aktivierung über die drei Kriterienaufgaben (KR). Die Mißerfolgsgruppe weist gegenüber der Erfolgsgruppe einen stärkeren physiologischen Aktivierungsanstieg in den physiologischen Parametern auf.

---

3) Eine Zusammenfassung von Erfolgs- und Mißerfolgsgruppe erscheint aufgrund der zu erwartenden unspezifischen physiologischen Aktivierung und somit gleichgerichteten Änderung der abhängigen Varibalen sinnvoll.

HP.4 Die Erfolgsgruppe zeigt gegenüber der Mißerfolgsgruppe einen Unterschied in den linearen Trendeffekten über die drei Kriterienaufgaben (K1, K2, K3) auf. Während die Erfolgsgruppe eine trendmäßige Abnahme der physiologischen Aktivierung aufweist, handelt es sich bei der Mißerfolgsgruppe um eine trendmäßige Zunahme der physiologischen Aktivierung über die drei Kriterienaufgaben.

3.12 BILDUNG DER ORTHOGONALEN KONTRASTE FÜR DIE FAKTOREN DES EXPERIMENTELLEN DESIGNS

3.12.1 Mittelwertprüfung für den Faktor Gruppe (GR)

Für alle Varianzanalysen des vorliegenden experimentellen Designs sind die orthogonalen Kontraste des Gruppenfaktors identisch. Um nicht bei jeder Ergebnisdarstellung auf die Kontrastbildung des Faktors Gruppe eingehen zu müssen, sollen an dieser Stelle die orthogonalen Kontraste des Faktors Gruppe (GR) vorab besprochen werden.

Für die drei Experimentalgruppen können maximal 2 orthogonale Kontraste gebildet werden. Da es nicht sinnvoll erscheint, die Daten einer der Experimentalgruppen mit der Kontrollgruppe zusammenzufassen, ergeben sich nur zwei sinnvolle Möglichkeiten für orthogonale Kontraste.

Um die Frage nach der unterschiedlichen Auswirkung von positiver und negativer Leistungsrückmeldung beantworten zu können, müssen die Daten der Erfolgsgruppe mit den Daten der Mißerfolgsgruppe verglichen werden. Der erste Kontrast ist somit der Vergleich Erfolgsgruppe versus Mißerfolgsgruppe (ERFMIS).

Als weiterer orthogonaler Kontrast wurde der Vergleich zwischen den zusammengefaßten Experimentalgruppen, also der Erfolgsgruppe und Mißerfolgsgruppe, und den Daten der Kontrollgruppe formuliert (EXPKON). Diese Kontrastbildung ergibt sich zwangsläufig. Ein Vergleich der Daten der Kontrollgruppe mit den Daten der Erfolgsgruppe und parallel hierzu ein Vergleich zwischen Kontrollgruppe und Mißerfolgsgruppe führt zu nichtorthogonalen Kontrasten. Weiter erschien die Zusammenfassung von einer der Experimentalgruppen mit der Kontrollgruppe nicht sinnvoll. Somit stellen die beiden Kontraste Erfolgsgruppe versus Mißerfolgsgruppe (ERFMIS) und die

Kombination aus Erfolgsgruppe plus Mißerfolgsgruppe versus der Kontrollgruppe (EXPKON) die einzig sinnvoll durchzuführenden orthogonalen Kontraste innerhalb des Gruppenfaktors dar.

Die beiden Kontraste sind in der folgenden Abbildung 18 dargestellt.

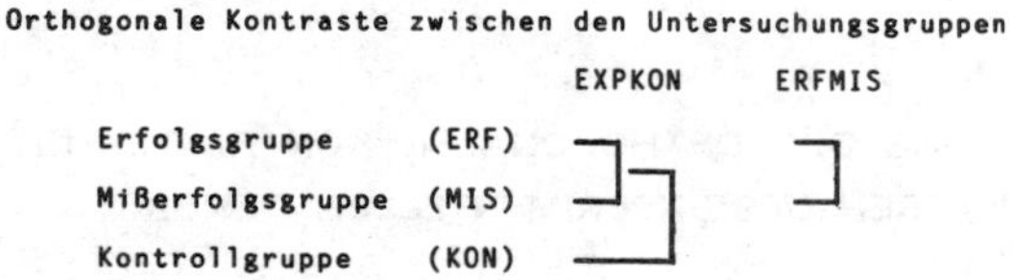

```
              Orthogonale Kontraste zwischen den Untersuchungsgruppen
                                         EXPKON      ERFMIS
         Erfolgsgruppe    (ERF) ─┐        ─┐
         Mißerfolgsgruppe (MIS) ─┤         ─┘
         Kontrollgruppe   (KON) ─┘
```

ABBILDUNG 17
ORTHOGONALE KONTRASTE FÜR DEN GRUPPENFAKTOR

3.12.2 Mittelwertsprüfung für den Faktor Geschlecht (MW)

Eine Kontrastbildung für den Faktor Geschlecht (MW) ist nicht erforderlich. Der Faktor Geschlecht (MW) weist nur zwei Faktorstufen auf. In diesem Fall wird kein multipler Mittelwertsvergleich benötigt, um festzustellen, welche Mittelwerte der Faktorstufen sich unterscheiden. Die Signifikanz eines zweifach gestuften Faktors belegt für sich die Unterschiedlichkeit der Mittelwerte beider Faktorstufen.

3.12.3 Mittelwertsprüfung für den Verlaufsfaktor

Die Bildung orthogonaler Kontraste für den Verlaufsfaktor ist für die abhängigen Variablen verschieden, da diesen jeweils eine andere Anzahl von Meßzeitpunkten zugrunde liegen. Im Verlaufsfaktor unterscheiden sich die orthogonalen Kontraste zwischen den Leistungsmaßen, den physiologischen Parametern und den Variablen des subjektiven Befindens.

3.12.3.1 Orthogonale Kontraste für den Verlaufsfaktor bei den Leistungsvariablen

Grundlage der orthogonalen Kontraste für die Leistungsvariablen sind die vier von den Vpn zu bearbeitenden Aufgaben. Dabei handelt es sich um die erste zu bearbeitende Aufgabe, die von allen Vpn unter gleichen Bedingungen bearbeitet wurde, und die drei nachfolgenden Kriterienaufgaben (K1, K2, K3), die nach den gruppenspezifischen Leistungsrückmeldungen zur Bearbeitung vorgegeben wurden.

Da sowohl für die Leistungsvariable Anzahl benötigter Züge als auch für die Leistungsvariable Bearbeitungszeit die gleichen Aufgaben zugrunde liegen, gelten für beide Variablen die gleichen orthogonalen Kontraste, die im folgenden erläutert werden sollen.

Von Interesse war zum einen, ob sich zwischen der Leistung in der ersten zu bearbeitenden Aufgabe und den drei Kriterienaufgaben ein Unterschied ergeben würde. Zum anderen interessierten trendmäßige Veränderungen der Leistung über die drei Kriterienaufgaben. Bei den Trendprüfungen kamen lineare Verlaufsformen in Frage.

Um die genannten Fragen mittels orthogonaler Kontraste prüfen zu können, wurden zwei orthogonale Kontraste für die vier Meßzeitpunkte formuliert:

- Der Vergleich zwischen der ersten zu bearbeitenden Aufgabe (A1) und dem Mittelwert der drei Kriterienaufgaben (KR) prüft, inwieweit sich die Problemlöseleistung zwischen diesen Untersuchungssituationen unterscheiden. Er trägt im folgenden die Bezeichnung A1KR.

- Zur Überprüfung der linearen Verlaufsanteile über die drei Kriterienaufgaben wurde ein Kontrast formuliert, in den die drei Kriterienaufgaben (K1, K2, K3) eingehen. Dieser wird im folgenden mit der Bezeichnung KRLIN benannt.

Die zwei Kontraste sind in Abbildung 18 auf der nächsten Seite veranschaulicht.

```
             Orthogonale Kontraste für die Leistungsvariablen
                                              A1KR      LIN
    Erste Aufgabe                    (A1)   ─┐
    Erste Kriteriumaufgabe           (K1)    │─┐        ─┐
    Zweite Kriteriumaufgabe          (K2)    │─┤         │
    Dritte Kriteriumaufgabe          (K3)    ─┘         ─┘
```

ABBILDUNG 18
ORTHOGONALE KONTRASTE INNERHALB DES VERLAUFSFAKTORS FÜR DIE LEISTUNGSVARIABLEN

3.12.3.2   Orthogonale Kontraste für den Verlaufsfaktor bei der Variablen emotionale Befindlichkeit

Das emotionale Befinden der Vpn wurde zu insgesamt fünf Untersuchungssituationen erhoben. Diese waren die Situationen jeweils nach der ersten Ruhesituation (R1), der Bearbeitung der ersten Aufgabe (A1), der erfolgten Leistungsrückmeldung (RÜ), der Bearbeitung der Kriterienaufgaben (KR) und der letzten Ruhephase (R2).

Von den vier möglichen orthogonalen Kontrasten sind drei als inhaltlich interessant einzuschätzen. Bei der Variablen für das emotionale Befinden interessierte vor allem der Vergleich zwischen der ersten Ruhephase (R1) und der Rückmeldephase (RÜ). Dieser bezieht sich auf die Frage, ob sich die Gruppen durch die unterschiedlichen Leistungsrückmeldungen in ihrem subjektiven Befinden unterscheiden.

Weiterhin war der Vergleich zwischen dem emotionalen Befinden während der ersten zu bearbeitenden Aufgabe (A1) und den drei Kriterienaufgaben (KRMIT) von Interesse.

Die gebildeten orthogonalen Kontraste sind in Abbildung 19 auf der nächsten seite dargestellt.

Orthogonale Kontraste für das emotionale Befinden

		R1RÜ	A1KR
Erste Ruhephase	(R1)	⎤	
Erste Aufgabe	(A1)	⎥	⎤
Rückmeldephase	(RÜ)	⎦	⎥
Kriteriumaufgaben	(KR)		⎦
Zweite Ruhephase	(R2)		

ABBILDUNG 19
ORTHOGONALE KONTRASTE INNERHALB DES VERLAUFSFAKTORS FÜR DIE EMOTIONALE BEFINDLICHKEIT

3.12.3.3 Orthogonale Kontraste für die physiologischen Variablen

Für die statistische Auswertung mußte die Anzahl der relevanten Untersuchungssituationen festgelegt werden. Von allen Meßzeitpunkten (siehe Kapitel 3.4) sind acht Situationen für die Beantwortung der Fragestellungen wichtig.

Die in der Untersuchung mittels physiologischer Maße zu klärenden Fragen beziehen sich zum einen auf die Wirksamkeit der experimentellen Manipulation, also auf die Effekte, die durch die Leistungsrückmeldung von Erfolg und Mißerfolg im physiologischen Bereich eintreten, zum anderen auf die Frage, ob die zu erwartenden Veränderungen im Leistungsbereich mit physiologischen Veränderungen verbunden sind oder eventuell mit diesen interagieren. Falls dies der Fall sein sollte, stellt sich die Frage, welcher Zusammenhang zwischen positiver und negativer Leistungsrückmeldung und physiologischer Aktivierung besteht. Aufgrund der genannten Fragestellungen wurden für die folgenden Untersuchungssituationen die ausgewählten physiologischen Parameter in die statistische Auswertung aufgenommen:

1) erste Ruhesituation (R1)
2) erste zu bearbeitende Aufgabe (A1)
3) mittlere Ruhesituation (RM)
4) Rückmeldesituation (RÜ)
5) erste Kriteriumaufgabe (K1)
6) zweite Kriteriumaufgabe (K2)
7) dritte Kriteriumaufgabe (K3)
8) letzte Ruhesituation (R2)

Für die Aufgabensituation, in der die Einschätzung der notwendigen Zugzahlen von den Vpn vorgenommen werden mußte, wurden die physiologischen Parameter nicht in die statistische Analyse mit aufgenommen. Das Ausmaß der physiologischen Aktivierung in dieser Untersuchungssituation, noch bevor die experimentelle Manipulation erfolgte, erschien für die Fragestellung als wenig gewinnbringend und wurde deshalb nicht in die statistische Auswertung aufgenommen.

Bei allen weiteren nicht in die statistische Analyse eingehenden Meßzeitpunkten handelte es sich unter anderem um die kurzen Vor- bzw. Nachbereitungsphasen der jeweiligen interessierenden Untersuchungsphasen.

Für die acht ausgewählten Untersuchungssituationen wurden gemäß Kapitel 3.11 orthogonale Kontraste zum varianzanalytischen Mittelwertsvergleich gebildet. Diese orthogonalen Kontraste sind auf die beiden oben genannten Fragestellungen bezogen und in Abbildung 20 dargestellt.

Der orthogonale Kontrast zwischen der ersten zu bearbeitenden Aufgabe und dem Mittel aus den drei Kriterienaufgaben (A1KR) untersucht in Verbindung mit den beiden orthogonalen Kontrasten des Gruppenfaktors, ob sich die Untersuchungsgruppen zwischen den genannten Untersuchungssituationen unterscheiden. Hiermit wird der Frage nachgegangen, welche Effekte leistungsbezogene Rückmeldungen auf die physiologischen Parameter ausüben.

Orthogonale Kontraste für die physiologischen Variablen

		A1KR	RMRÜ	KRLIN
Erste Ruhephase	(R1)			
Erste Aufgabe	(A1)	┐		
Mittlere Ruhephase	(RM)		┐	
Rückmeldephase	(RÜ)		┘	
Erste Kriteriumaufgabe	(K1)	┐		┐
Zweite Kriteriumaufgabe	(K2)	┘		
Dritte Kriteriumaufgabe	(K3)	┘		┘
Zweite Ruhephase	(R2)			

ABBILDUNG 20
ORTHOGONALE KONTRASTE INNERHALB DES VERLAUFSFAKTORS FÜR DIE PHYSIOLOGISCHEN VARIABLEN

Ein weiterer orthogonaler Kontrast bezieht sich auf die Differenz zwischen der mittleren Ruhesituation und der Rückmeldesituation (RMRÜ). In Verbindung mit den beiden orthogonalen Kontrasten des Gruppenfaktors kann geklärt werden, ob die gruppenspezifischen Rückmeldungen in den Untersuchungsgruppen unterschiedliche physiologische Reaktionen bewirken.

Neben den beiden genannten orthogonalen Kontrasten interessierte der Verlauf physiologischer Erregung über die drei Kriterienaufgaben. Vier Arten von Trendeffekten sind bei drei Meßpunkten denkbar. Es kann zu einem linearen Anstieg oder Abfall oder zu einem quadratischen Verlauf in u-förmiger oder umgekehrt u-förmiger Form in Abhängigkeit von der Polungsrichtung des physiologischen Maßes kommen.

Um die Trendeffekte zu prüfen, wurde ein orthogonaler Kontrast gebildet, der für die drei Kriterienaufgaben den linearen Anteil des Verlaufs auf Signifikanz prüft (KRLIN). Ein weiterer orthogonaler Kontrast prüft den quadratischen Anteil des Verlaufs der physiologischen Variablen. Zusammen mit den beiden orthogonalen Kontrasten des Gruppenfaktors ist es somit möglich, unterschiedliche Verläufe der physiologischen Variablen über die Kriterienaufgaben zwischen den Untersuchungsgruppen zu untersuchen.

3.13 ÜBERLEGUNGEN ZUR STATISTISCHEN AUSWERTUNG DER PHYSIOLOGISCHEN VARIABLEN

Als abhängige physiologische Variablen wurden während des Experimentes insgesamt fünf physiologische Maße abgeleitet:

- die Fingerpulsamplitude (FPA),
- die Herzperiode (HP),
- die Pulslaufzeit (PLZ),
- die Hautleitfähigkeit (LEIT) und
- das Elektromyogramm (EMG) am Unterarm.

Anstelle der Pulswellengeschwindigkeit (PWG) wurde die Pulswellenlaufzeit (PLZ) als physiologischer Indikator ausgewählt. Bei der Pulswellengeschwindigkeit handelt es sich, wie der Name bereits sagt, um ein Geschwindigkeitsmaß. Geschwindigkeiten dürfen nicht gemittelt werden (GRAHAM 1978), was aber bei der varianzanalytischen Auswertung der Daten geschieht. Dagegen dürfen Zeitmaße gemittelt werden, weshalb es methodisch günstiger erschien, mit der Pulswellenlaufzeit anstelle der Pulswellengeschwindigkeit zu arbeiten.

Dem Einwand, daß die Vpn mit längeren Armen zwangsläufig auch höhere Pulswellenlaufzeiten aufweisen als Vpn mit eher kurzen Armen, ist entgegenzuhalten, daß durch die Durchführung einer Varianzanalyse mit Meßwiederholung Niveauunterschiede zwischen den Vpn eliminiert werden und somit die unterschiedliche Armlänge der Vpn zu keiner Verzerrung der Ergebnisse führt. Darüber hinaus kann aufgrund der Zufallszuteilung der Personen zu den Untersuchungsgruppen davon ausgegangen werden, daß die Gruppenmittelwerte, was die Armlänge betrifft, nicht bedeutsam voneinander abweichen.

Für die letzten beiden physiologischen Maße Hautleitfähigkeit und Elektromyogramm wurden mehrere physiologische Parameter bei der Datenauswertung gebildet. Um Redundanzen zu vermeiden, sollte jeweils nur ein Parameter in die statistische Auswertung eingehen. Die Einbeziehung der ebenfalls als physiologische Parameter ermittelten Variabilitätsmaße unterblieb.

Die Wahl fiel bei der Hautleitfähigkeit auf das Leitfähigkeitsmaß, gemessen in Mikrosiemens, bei der Muskelaktivität auf die Anzahl erfolgter Resets innerhalb eines Meßintervalls.

3.14 ZUR DATENAUSWERTUNG MITTELS STATISTISCHER PROGRAMMPAKETE

Die statistischen Auswertungen der Daten erfolgte auf der DEC-10 Rechenanlage des Hochschulrechenzentrums der J.W. Goethe-Universität Frankfurt.

Als Auswerteprogramme kamen das SPSS (NIE et al. 1975) und BMDP (DIXON & BROWN 1979) zum Einsatz. Die graphischen Darstellungen wurden durch ein selbst erstelltes Fortran-Programm angefertigt, in das Unterprogramme der Programmbibliothek PLOT-10 aufgenommen wurden.

3.15 AUFZEICHNUNG UND AUSWERTUNG DER PHYSIOLOGISCHEN PARAMETER

Die Vorgehensweise bei der Aufzeichnung und Auswertung der physiologischen Parameter ist zu umfangreich, um innerhalb dieser Arbeit im Detail beschrieben werden zu können. Aus diesem Grund werden alle technischen Einrichtungen und methodischen Überlegungen sowie die verfahrenstechnischen Vorgehensweisen in einem technischen Ergänzungsband veröffentlicht. Die für das Verständnis der Arbeit wichtigen Grundprinzipien sollen allerdings an dieser Stelle in aller Kürze dargestellt werden.

3.15.1 Datenaufzeichnung

Die erhobenen physiologischen Daten wurden zur Kontrolle auf einem Polygraphen (Beckmann R-611) auf Papier mitgeschrieben. Parallel hierzu erfolgte die Übertragung der Werte an den Computer (PDP-11/40), der die analogen Daten digitalisierte und auf Magnetband schrieb. Insgesamt wurden sechs Kanäle aufgezeichnet. Die Abtastrate lag bei 100 Hz, die Auflösung bei 10 Bit. Ein Digitalisierungszyklus umfaßte 4 Sekunden Untersuchungszeitraum.

3.15.2 Datenauswertung

Die Datenauswertung erfolgte offline. Anhand selbst erstellter Programme wurden folgende physiologische Parameter bestimmt:

- Fingerpulsamplitude (FPA):
  maximale Amplitude (Differenz zwischen minimalem und maximalem Digitalisierungspunkt des Photoplethysmogramms, die zu einer Herzaktion gehörten) innerhalb eines Digitalisierungszyklus.

- Pulswellenlaufzeit (PLZ):
  Pulswellenlaufzeit und Pulswellengeschwindigkeit, bestimmt aufgrund des Modalwerts innerhalb eines Digitalisierungszyklus.

- Herzperiode (HP):
  Größter Abstand zweier Herzaktionen (RR-Intervall) in Millisekunden, bestimmt aus dem Modalwert einer analog vorverarbeiteten Kurvenform ähnlich einer Tachokardiometeraufzeichnung (siehe Kapitel 3.7.3.1.2) innerhalb eines Digitalisierungszyklus.

- Hautleitfähigkeit (LEIT):
  Mittlerer Hautleitfähigkeitswert in Mikrosiemens bzw. Widerstandswert in kOHM innerhalb eines Digitalisierungszyklus.

- Elektromyogramm (NEMG):
  Anzahl der innerhalb eines Digitalisierungszyklus erfolgten Resets (Nullsetzen eines Amplitudensummenwertes, wenn ein Kriteriumwert von 512 Punkten des gleichgerichteten analogen Signals überschritten wurde), mittlerer Abstand dieser Resets in Millisekunden und zeitlichen Streuung der Resets.

Die Vorgehensweise bei der Zusammenfassung der ermittelten physiologischen Parameter einzelner Digitalisierungszyklen ist in Kapitel 3.15 näher erläutert.

4 E R G E B N I S T E I L

4.1 AUSWERTUNG DER LEISTUNGSDATEN

Eine Voraussetzung zur Anwendung der Varianzanalyse ist die Normalverteilung der Ausgangsdaten. Zur Prüfung dieser Voraussetzung wurde der Kolmogorov-Smirnov-Test auf Abweichung von der Normalverteilung auf beide Leistungsmaße des Problemlösens angewandt. Es ergab sich für die Lösungszeiten eine signifikante Abweichung ($p=.0095$) von der Normalverteilung.

Die Abweichung von Zeitmeßwerten von der Normalverteilung ist ein häufiger Befund in experimentellen Arbeiten (LIENERT 1973, HEUSER 1976).

Zur Korrektur nicht normalverteilter Ausgangsdaten werden verschiedene Transformationsverfahren angewendet (LIENERT 1973). Die häufigste und erfolgsversprechendste Datentransformation für Zeitmessungen ist die Reziproktransformation $x'=1/x$.

Für die vorliegenden Lösungszeiten wurde eine Reziproktransformation und eine erneute Prüfung auf Normalverteilung mit dem Kolmogorov-Smirnov-Test durchgeführt.

Nach der Reziproktransformation der Lösungszeiten weichen diese nicht mehr statistisch signifikant von der Normalverteilung ab ($p=.997$). In die Berechnung der Varianzanalyse für die Lösungszeiten wurden die reziproktransformierten Daten aufgenommen. Die Ergebnisse für die Leistungsdaten sind im nachfolgenden Kapitel dargestellt.

4.1.1 Multivariate Auswertung der Leistungsvariablen

Bestehen zwischen zwei abhängigen Variablen funktionale Abhängigkeiten, wie sich auch in Korrelationen zwischen diesen zeigt, ist eine multivariate Auswertung der Daten angezeigt.

Während diese Abhängigkeiten für die beiden Leistungsparameter Anzahl benötigter Züge und Lösungszeiten durchaus zu erwarten sind, können diese Beziehungen für die physiologischen Maße aufgrund der geringen Interkorrelationen zwischen diesen nicht angenommen werden. Die Auswahl der physiologischen Parameter erfolgte aus jeweils verschiedenen physiologischen Funktionsbereichen, so daß eine hohe Korrelation zwischen den Parametern nicht zu erwarten war.

Es erfolgte deshalb eine multivariate Analyse ausschließlich für die beiden Leistungsvariablen. In die multivariate Auswertung der Leistungsdaten gingen die Anzahl benötigter Züge und die Länge der Lösungszeiten für die vier zu bearbeitenden Umordnungsaufgaben (A1, K1, K2, K3) ein.

Da die weitreichenden Vorannahmen der multivariaten Varianzanalyse nicht bis ins Detail geprüft werden konnten, wurde eine konservative Signifikanzprüfung mittels Greenhouse-Geisser-Anpassung der Freiheitsgrade durchgeführt. Die statistischen Ergebnisse der multivariaten Varianzanalyse für die Leistungsvariablen Anzahl benötigter Züge und Lösungzeiten befinden sich im Anhang 21.

Die multivariate Varianzanalyse weist als Ergebnis neben den multivariaten Haupteffekten für die Leistungsvariablen im Verlaufsfaktor (V) sowohl eine multivariate signifikante Zweifachwechselwirkung Gruppe mal Verlauf (p=.0017) als auch eine signifikante Dreifachwechselwirkung Gruppe mal Geschlecht mal Verlauf (p=.0291) auf.

Bei univariater Betrachtung der Leistungsmaße ergaben sich für die Zweifachwechselwirkung Gruppe mal Verlauf signifikante Ergebnisse sowohl für die Anzahl benötigter Züge (p=.0428) als auch für die Länge der Lösungszeiten (p=.0028). Darüber hinaus ergibt sich für die Dreifachinteraktion Gruppe mal Geschlecht mal Verlauf ein signifikantes Ergebnis für die Lösungszeit (p=.0365), aber nicht für die Anzahl der benötigten Züge (p=.3430).

Aus der multivariaten Analyse der Leistungsvariablen kann unter Berücksichtigung der Interkorrelation der abhängigen Variablen die Wirksamkeit des Gruppenfaktors in Abhängigkeit vom Verlauf auf die Leistungsdaten abgeleitet werden. Darüber hinaus zeigt sich eine multivariate Dreifachinteraktion zwischen allen drei in die Untersuchung eingehenden Faktoren.

Zur genaueren Bestimmung der Gruppenunterschiede werden im folgenden die Ergebnisse der univariaten Varianzanalysen mit Meßwiederholung zusammen mit den orthogonalen Kontrasten dargestellt.

4.1.2 Varianzanalytische Ergebnisse für die Anzahl der benötigten Züge bis zur Lösung der Aufgaben

Die individuellen Werte der benötigten Züge befinden sich im Anhang 22. Die Gruppenmittelwerte der Untersuchungsgruppen sind in Tabelle 2 auf der folgenden Seite dargestellt.

TABELLE 2

GRUPPENMITTELWERTE DER ANZAHL BENÖTIGTER ZÜGE

	A1	K1	K2	K3
ERF-W	9.60	21.30	19.70	17.60
ERF-M	11.20	16.10	22.10	14.70
MIS-W	11.10	27.70	31.80	19.90
MIS-M	12.10	23.90	28.20	29.60
KON-W	11.20	11.90	22.60	16.00
KON-M	11.70	23.10	17.20	10.20

In der nachfolgenden Tabelle 3 sind die Ergebnisse der dreifaktoriellen Varianzanalyse mit Meßwiederholung für die Anzahl der benötigten Züge pro Problemlöseaufgabe dargestellt.

TABELLE 3
ERGEBNISSE DER DREIFAKTORIELLEN VARIANZANALYSE FÜR DIE ANZAHL DER ERFOLGTEN ZÜGE IN DEN VIER PROBLEM-LÖSEAUFGABEN

FAKTOR	QS	df	F	p
GR	1338,07	2/54	11,22	.0001**
MW	0,37	1/54	0.00	.9856
GR*MW	17,45	2/54	0,15	.8642
FEHLER(zwischen)	119,22			
V	1697,84	3/162	16,80	.0000**
GR*V	140,76	6/162	1,39	.2205
MW*V	32,77	3/162	0,32	.8079
GR*MW*V	273,41	6/162	2.70	.0157*
FEHLER (V*innerhalb)	101,79			

(*=p<.05;   **=p<.01)

Zwei Haupteffekte und die Dreifachinteraktion sind signifikant. Die Signifikanz des Faktors Verlauf (V; p=.0000) weist auf die unterschiedliche Zughäufigkeit bei den vier Problemlöseaufgaben hin. Des weiteren ist die Signifikanz des Hauptfaktors Gruppe (GR; p=.0001) Beleg für die unterschiedlich durchschnittliche Zughäufigkeit zwischen den Untersuchungsgruppen.

Die auftretende Dreifachinteraktion zwischen den Faktoren Gruppe (GR), Geschlecht (MW) und Verlauf (V) belegt eine unterschiedliche Veränderung der benötigten Anzahl von Zügen bei Männern und Frauen in Abhängigkeit von der Art der erfolgten Leistungsrückmeldung.

Um nähere Einzelheiten über diese unterschiedlichen Veränderungen zu erhalten, dient die Betrachtung der orthogonalen Kontraste, die sich auf die Dreifachinteraktion beziehen. Diese sind in Tabelle 4 aufgeführt.

TABELLE 4
ERGEBNISTABELLE DER ORTHOGONALEN KONTRASTE FÜR DIE
ANZAHL DER BENÖTIGTEN ZÜGE PRO AUFGABE

BEZEICHNUNG	QS	df	F	p
A1KRMIT/EXPKON	401,10	1/54	8,48	.0052**
A1KRMIT/ERFMIS	374,53	1/54	7,92	.0068**
A1KRMIT/MWATERF	45,93	1/54	0,97	.3288
A1KRMIT/MWATMIS	0,02	1/54	0,00	.9479
A1KRMIT/MWATKON	0,94	1/54	0,02	.8885
KRLIN/EXPKON	45,06	1/54	0,39	.6360
KRLIN/ERFMIS	11,25	1/54	0,10	.7568
KRLIN/MWATERF	13,22	1/54	0,11	.7371
KRLIN/MWATMIS	455,62	1/54	3,92	.0328*
KRLIN/MWATKON	722,50	1/54	6,22	.0175*

($*=p \leq .05$; $**=p \leq .01$)

Legende für die Bezeichnungen der orthogonalen Kontraste:

EXPKON : Kontrast zwischen der Kontrollgruppe (KON) und den zusammengefaßten Experimentalgruppen (EXP)
ERFMIS : Kontrast zwischen der Erfolgsgruppe (ERF) und der Mißerfolgsgruppe (MIS)
MWATERF : Kontrast zwischen den Männern und Frauen der Erfolgsgruppe
MWATMIS : Kontrast zwischen den Männern und Frauen der Mißerfolgsgruppe (MIS)
MWATKON : Kontrast zwischen den Männern und Frauen der Kontrollgruppe (KON)
A1KRMIT : Kontrast zwischen der ersten Aufgabe (A1) und dem Mittelwert der drei Kriterienaufgaben (KRMIT)
KRLIN : Kontrast zur Prüfung der linearen Verlaufsanteile über die drei Kriterienaufgaben

Betrachtet man die Kontraste, die zur Untersuchung der Dreifach-Interaktionen formuliert wurden, zeigen die Kontraste KRLIN/MWATMIS (p=.0328) und KRLIN/MWATKON (p=.0175) signifikante Ergebnisse auf. Dies bedeutet, daß sich sowohl die Frauen und Männer der Mißerfolgsgruppe als auch der Kontrollgruppe im linearen Verlauf der Anzahl benötigter Züge über die drei Kriterienaufgaben unterscheiden.

Der orthogonale Kontrast (KRLIN/MWATMIS; p=.0328), der die Unterschiede in den linearen Verlaufsanteilen zwischen Frauen und Männern innerhalb der Mißerfolgsgruppe beschreibt, ist in Abbildung 21 dargestellt.

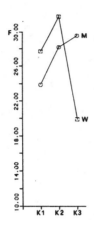

ABBILDUNG 21
ANZAHL BENÖTIGTER ZÜGE ÜBER DIE DREI KRITERIENAUFGABEN
(K1, K2, K3) FÜR DIE FRAUEN UND MÄNNER DER MISSERFOLGSGRUPPE

In der Mißerfolgsgruppe zeigen sowohl Männer als auch Frauen von der ersten zur zweiten Kriteriumaufgabe eine in etwa gleich starke Erhöhung der benötigten Anzahl von Zügen. Der unterschiedliche Datenverlauf ergibt sich zwischen der zweiten und dritten Kriteriumaufgabe. Dort nimmt für die Gruppe der Männer die Leistungsgüte weiter ab, d.h. die Männer benötigen für die dritte Aufgabe mehr Züge als für die erste und zweite Aufgabe, während die Frauen eine deutliche Leistungsverbesserung aufweisen und bei der dritten Kriteriumaufgabe am besten abschneiden.

Aus der graphischen Darstellung der Daten für den orthogonalen Kontrast KRLIN/MWATKON in Abbildung 22 ergibt sich, daß die Männer der Kontrollgruppe über die drei Kriterienaufgaben im Durchschnitt eine von Kriteriumaufgabe zu

Kriteriumaufgabe fortlaufende Verringerung der benötigten Anzahl von Zügen aufweisen. Die Frauen zeigen dagegen von der ersten zur zweiten Aufgabe eine Erhöhung der benötigten Anzahl von Zügen, von der zweiten zur dritten Kriteriumaufgabe eine Verringerung der benötigten Zugzahl. Während die Männer der Kontrollgruppe ihre durchschnittliche Leistungsgüte von Kriteriumaufgabe zu Kriteriumaufgabe verbessern, nimmt die Anzahl der benötigten Züge bis zur Aufgabenlösung bei den Frauen der Kontrollgruppe über die drei Kriterienaufgaben tendenziell eher ab.

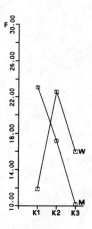

ABBILDUNG 22
ANZAHL BENÖTIGTER ZÜGE ÜBER DIE DREI KRITERIENAUFGABEN
(K1, K2, K3) FÜR DIE FRAUEN UND MÄNNER DER KONTROLLGRUPPE

Vergleicht man die Daten der Frauen und Männer in der Kontrollgruppe miteinander, fällt auf, daß der unterschiedliche Verlauf der Variablen Anzahl von Zügen zum einen durch die Leistungsunterschiede in der ersten Kriteriumaufgabe, zum anderen durch die unterschiedliche Veränderung der benötigten Anzahl von Zügen von der ersten zur zweiten Kriterienaufgabe zustandekommt. Die Frauen der Kontrollgruppe erzielen in der ersten Kriteriumaufgabe ein besseres Ergebnis als die Männer der Kontrollgruppe, doch verschlechtert sich ihre Leistung zur zweiten Kriteriumaufgabe hin deutlich, während die Männer der Kontrollgruppe eine Leistungsverbesserung von der ersten zur zweiten Kriteriumaufgabe aufweisen.

Der Frage, weshalb sich auch in der Kontrollgruppe, die keine leistungsbezogene Rückmeldung ihrer Leistung erhielt, eine unterschiedliche Zughäufigkeit und damit eine unterschiedliche Leistungsfähigkeit zwischen den Geschlechtern ergibt, wird in der später erfolgenden Diskussion der Ergebnisse nachgegangen.

Frauen und Männer der Erfolgsgruppe unterscheiden sich im linearen Verlauf der benötigten Anzahl von Zügen nicht signifikant voneinander (KRLIN/ MWATERF; p=.7371). Die Rückmeldung von Erfolg kompensiert quasi die zwischen den Geschlechtern bestehenden Unterschiede in der Leistung bei der Bearbeitung von Denkaufgaben.

Faßt man die Ergebnisse für den linearen Verlauf der benötigten Anzahl der Züge zusammen, ist festzuhalten, daß sich hierbei Unterschiede zwischen den Geschlechtern in Abhängigkeit von der Gruppenzugehörigkeit ergeben. Ein Vergleich der Gruppenmittelwerte, getrennt nach Geschlechtern, zeigt bei den Männern für die Mißerfolgsgruppe eine Abnahme der Leistungsgüte und für die Kontrollgruppe eine Zunahme der Leistungsgüte, gemessen an der notwendigen Anzahl der Züge bis zur Aufgabenlösung. Für die Frauen ergibt sich eine solche unterschiedliche Tendenz in Abhängigkeit von der Gruppenzugehörigkeit nicht.

Neben den orthogonalen Kontrasten, die zur Klärung der Dreifach-Interaktionen formuliert wurden, sind zwei Kontraste signifikant, die auf die Interaktion von Gruppen- und Verlaufsfaktor abzielen, ohne hierbei den Geschlechtsfaktor zu berücksichtigen.

Dies ist der Vergleich zwischen der ersten zu bearbeitenden Aufgabe und dem Mittelwert der drei Kriterienaufgaben (A1KRMIT) für den orthogonalen Kontrast Erfolgsgruppe versus Mißerfolgsgruppe (A1KRMIT/ERFMIS; p=.0068) und Experimentalgruppe versus Kontrollgruppe (A1KRMIT/EXPKON; p=.0052).

Für den Kontrast zwischen Erfolgs- und Mißerfolgsgruppe zeigt sich, wie aus Abbildung 23 hervorgeht, eine stärkere Zunahme der benötigten Anzahl von Zügen. Die Anzahl der bis zur Lösung der Kriterienaufgaben benötigten Züge nimmt für die Mißerfolgsgruppe von der ersten zu bearbeitenden Aufgabe zum Mittelwert der drei Kriterienaufgaben stärker zu als für die Erfolgsgruppe.

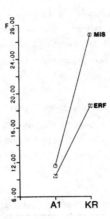

ABBILDUNG 23
ANZAHL BENÖTIGTER ZÜGE FÜR ERFOLGSGRUPPE (ERF) UND MISSERFOLGS-
GRUPPE (MIS) IN DER ERSTEN ZU BEARBEITENDEN AUFGABE (A1) UND IN
DEM MITTELWERT DER DREI KRITERIENAUFGABEN (KR)

Des weiteren zeigt die graphische Darstellung des Kontrasts zwischen den
Daten der zusammengefaßten Experimentalgruppen zu den Daten der Kontrollgruppe, die in Abbildung 24 zu sehen ist, eine signifikant stärkere Zunahme
der Anzahl benötigter Züge für die Experimentalgruppen, verglichen mit der
Kontrollgruppe.

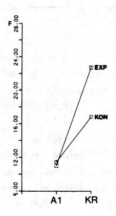

ABBILDUNG 24
ANZAHL BENÖTIGTER ZÜGE FÜR DIE EXPERIMENTALGRUPPEN (EXP) UND DIE
KONTROLLGRUPPE (KON) IN DER ERSTEN ZU BEARBEITENDEN AUFGABE (A1)
UND IN DEM MITTELWERT DER DREI KRITERIENAUFGABEN (KR)

Sieht man von der Wirkung des Faktors Geschlecht ab, wird aus den beiden letzten Abbildungen deutlich, daß die Rückmeldung von Mißerfolg bezüglich der Anzahl der benötigten Züge bis zur Lösung der Aufgaben, wie erwartet, zu einer Verschlechterung der Leistungsgüte führt.

Versucht man eine Beurteilung der Rückmeldung von Erfolg allein aufgrund der orthogonalen Kontraste, ist festzustellen, daß die erwartete Leistungsverbesserung der Erfolgsgruppe zumindest nicht stark genug ist, die Leistungsverschlechterung der Mißerfolgsgruppe auszugleichen. Zieht man die Daten der Anzahl benötigter Züge für die Gruppen heran, wird deutlich, daß zwischen den Ergebnissen der Erfolgsgruppe und den Ergebnissen der Kontrollgruppe kein wesentlicher Unterschied besteht. In den drei Kriterienaufgaben liegt die Anzahl der benötigten Züge der Erfolgsgruppe sogar numerisch unter den Ergebnissen der Kontrollgruppe. Die in Hypothese HL.1 formulierte Annahme, daß Erfolgsrückmeldung zu einer Leistungsverbesserung führt, kann anhand der experimentellen Daten nicht belegt werden.

Zusammenfassend ist festzustellen, daß für die Variable Anzahl der benötigten Züge sowohl der Faktor Gruppe (GR) als auch der Faktor Geschlecht (MW) von Bedeutung ist, wobei der Faktor Geschlecht in der Kontrollgruppe und in der Mißerfolgsgruppe, aber nicht in der Erfolgsgruppe, einen modifizierenden Einfluß ausübt. Wie erwartet, zeigt die Mißerfolgsgruppe im Vergleich zur Erfolgsgruppe eine deutliche Leistungseinbuße. Eine Leistungsverbesserung der Erfolgsgruppe in der Variable Anzahl benötigter Züge, wie als Hypothese formuliert, kann aufgrund der experimentellen Daten nicht nachgewiesen werden.

Untersucht man mittels orthogonaler Kontraste den Verlauf der benötigten Anzahl von Zügen für die drei Kriterienaufgaben (K1, K2, K3), zeigt sich, daß die Männer in der Mißerfolgsgruppe einen negativen linearen Trend aufweisen, während die Frauen einen positiven Trend zeigen. Dies bedeutet, daß Männer durch die Rückmeldung von Mißerfolg tendenziell stärker in ihrer Leistungsgüte beeinträchtigt werden als Frauen.

Erfolgt keine Leistungsrückmeldung, zeigen die Männer bezüglich der Anzahl benötigter Züge einen positiven linearen Trend, während die Frauen einen negativen Trend aufweisen, d.h. die Männer verbesserten ihre Leistung von Kriteriumaufgabe zu Kriteriumaufgabe, während bei den Frauen eine trendmäßige Leistungsverschlechterung eintrat.

4.1.3 Varianzanalytische Ergebnisse für die transformierten Lösungszeiten der Problemlöseaufgaben

Wie zuvor beschrieben, ergab die Überprüfung der Normalverteilung für die benötigten Lösungszeiten eine signifikante Abweichung der Rohwerte von der Normalverteilung.

Die Lösungszeiten der vier Denkaufgaben wurden deshalb mit der Reziproktransfomation $x'=1/x$ transformiert. Um die sehr kleinen transformierten Zeitwerte zu vergrößern, wurden die Werte mit dem Faktor 100 multipliziert.

Die Rohwerte der transformierten Lösungszeiten sind im Anhang 23, deren Gruppenmittelwerte in der folgenden Tabelle 5 dargestellt.

TABELLE 5
GRUPPENMITTELWERTE DER TRANSFORMIERTEN LÖSUNGSZEITEN
($x'=100/x$) FÜR DIE VIER UMORDNUNGSAUFGABEN

	A1	K1	K2	K3
ERF-W	0,85	0,47	0,68	0,84
ERF-M	1,00	0,89	0,45	1,03
MIS-W	0,78	0,60	0,37	0,76
MIS-M	0,80	0,55	0,33	0,43
KON-W	0,87	0,80	0,55	1,03
KON-M	0,95	0,56	0,75	1,32

Die transformierten Bearbeitungszeiten sind recht unanschaulich. Deshalb sind in der folgenden Tabelle 6 die durchschnittlich benötigten Bearbeitungszeiten in Sekunden dargestellt.

TABELLE 6
GRUPPENMITTELWERTE DER UNTRANSFORMIERTEN LÖSUNGSZEITEN
INS SEKUNDEN FÜR DIE VIER UMORDNUNGSAUFGABEN (A1, K1, K2, K3)

	A1	K1	K2	K3
ERF-W	117,6	212,8	147,1	119,1
ERF-M	100,0	114,9	222,2	97,1
MIS-W	128,2	166,7	270,2	131,6
MIS-M	125,0	181,8	303,0	232,6
KON-W	114,9	125,0	181,8	97,1
KON-M	105,3	178,6	133,3	75,8

Für die transformierten Lösungszeiten wurde sodann eine dreifaktorielle Varianzanalyse mit Meßwiederholung mit den vier Aufgaben (A1, K1, K2, K3) als Stufen des Meßwiederholungsfaktors berechnet.

Die varianzanalytischen Ergebnisse für die transformierten Lösungszeiten sind in Tabelle 7 aufgeführt.

TABELLE 7
ERGEBNISSE DER DREIFAKTORIELLEN VARIANZANALYSE FÜR
DIE TRANSFORMIERTEN LÖSUNGSZEITEN DER VIER PROBLEM-
LÖSEAUFGABEN

FAKTOR	QS	df	F	p
GR	329,45	2/54	4,72	.0129*
MW	8,62	1/54	0,25	.6211
GR*MW	29,03	2/54	0,83	.4406
FEHLER (zwischen)	34,89			
V	202,36	3/162	16,94	.0000**
GR*V	24,48	6/162	2,05	.0620
MW*V	293,37	3/162	0,25	.8644
GR*MW*V	35,99	6/162	3,01	.0081**
FEHLER (C*innerhalb)	11,94			

($*=p<.05$; $**=p<.01$)

Zwei Haupteffekte und eine Wechselwirkung der Varianzanalyse überschreiten das Signifikanzniveau von 5%. Es handelt sich hierbei um die beiden Haupteffekte Gruppe (GR; p=.0129) und Verlauf (V; p=.0000). Die Untersuchungsgruppen unterscheiden sich demnach in den über die Aufgaben gemittelten Lösungszeiten. Des weiteren besteht mindestens ein Mittelwertunterschied zwischen den Lösungszeiten der vier Denkaufgaben.

Die Signifikanz der Zweifachinteraktion zwischen dem Gruppenfaktor und dem Verlaufsfaktor (GR*V, p=.0620) erreicht das Signifikanzniveau von 5 Prozent nicht. Die nur knapp verfehlte Signifikanzgrenze weist allerdings auf eine Tendenz in diese Richtung hin, die eine unterschiedliche Ausprägung der Lösungszeiten zwischen den Denkaufgaben in Abhängigkeit von der Gruppenzugehörigkeit anzeigen würde.

Die signifikante Dreifachinteraktion Gruppenfaktor mal Verlaufsfaktor mal Verlaufsfaktor (GR*MW*V; p=.0081) unterstützt die allgemeine Hypothese, daß je nach der Art der Leistungsrückmeldung die Leistungsgüte bei den Problemlöseaufgaben in Abhängigkeit von der Geschlechtszugehörigkeit unterschiedlich ausfällt. Männer und Frauen unterscheiden sich danach innerhalb zumindest einer Untersuchungsgruppe in ihrem Leistungsverlauf über die drei Kriterienaufgaben.

Zur Prüfung der spezifischen Hypothesen wurden wiederum orthogonale Kontraste herangezogen, die sich in der folgenden Tabelle 8 finden.

TABELLE 8
ERGEBNISTABELLE DER ORTHOGONALEN KONTRASTE FÜR DIE
TRANSFORMIERTEN LÖSUNGSZEITEN DER DENKAUFGABEN

BEZEICHNUNG	QS	df	F	p
A1KRMIT/EXPKON	29,47	1/55	2,51	.1191
A1KRMIT/ERFMIS	5,12	1/54	0,44	.5118
A1KRMIT/MWATERF	0,12	1/54	0,01	.9209
A1KRMIT/MWATMIS	9,17	1/54	0,78	.3811
A1KRMIT/MWATKON	0,01	1/54	0,00	.9746
KRLIN/EXPKON	85,80	1/54	4,35	.0416*
KRLIN/ERFMIS	24,98	1/54	0,10	.2652
KRLIN/MWATERF	13,81	1/54	0,70	.4062
KRLIN/MWATMIS	18,67	1/54	0,95	.3334
KRLIN/MWATKON	69,43	1/54	3,52	.0658

(*=p<.05; **=p<.01)

Legende für die Bezeichnungen der orthogonalen Kontraste:

- EXPKON : Kontrast zwischen der Kontrollgruppe (KON) und den zusammengefaßten Experimentalgruppen (EXP)
- ERFMIS : Kontrast zwischen der Erfolgsgruppe (ERF) und der Mißerfolgsgruppe (MIS)
- MWATERF : Kontrast zwischen den Männern und Frauen der Erfolgsgruppe
- MWATMIS : Kontrast zwischen den Männern und Frauen der Mißerfolgsgruppe (MIS)
- MWATKON : Kontrast zwischen den Männern und Frauen der Kontrollgruppe (KON)
- A1KRMIT : Kontrast zwischen der ersten Aufgabe und dem Mittelwert der drei Kriterienaufgaben
- KRLIN : Kontrast zur Prüfung der linearen Verlaufsanteile über die drei Kriterienaufgaben

Als signifikant erweist sich der Kontrast der linearen Verlaufsanteile über die drei Kriterienaufgaben zwischen den Experimentalgruppen und der Kontrollgruppe (KRLIN/EXPKON; p=.0416). Danach unterscheiden sich die linearen Trendanteile der transformierten Lösungszeiten zwischen der zusammengefaßten Erfolgs- und Mißerfolgsgruppe von der Kontrollgruppe.

In Abbildung 25 sind die transformierten Lösungszeiten für die zusammengefaßten Experimentalgruppen und die Kontrollgruppe dargestellt.

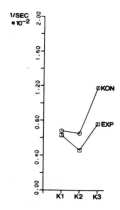

ABBILDUNG 25
TRANSFORMIERTE LÖSUNGSZEITEN FÜR DIE EXPERIMENTALGRUPPEN (EXP) UND DIE KONTROLLGRUPPE (KON) FÜR DIE DREI KRITERIENAUFGABEN (K1, K2, K3)

Die graphische Darstellung der Daten dieses Kontrasts in Abbildung 25 zeigt, daß die Kontrollgruppe über die Kriterienaufgaben eine Leistungssteigerung bezüglich der Lösungszeiten erzielt, die über der Verbesserung der Leistungsgüte der Experimentalgruppen liegt.

Der sich in der Dreifachinteraktion der Varianzanalyse andeutende Effekt einer unterschiedlichen Wirkung des Geschlechts auf die Lösungszeiten kann aufgrund der orthogonalen Kontraste nicht weiter gestützt werden. Keiner der Kontraste erreichte das Signifikanzniveau von 5 Prozent. Allein der orthogonale Kontrast für die linearen Trendanteile über die drei Kriterienauf-

gesetzte Signifikanzniveau nur knapp (KRLIN*MWATKON; p=.0658). Aufgrund eines vergleichbaren Ergebnisses für die Leistungsvariable Anzahl benötigter Züge soll das Ergebnis des Kontrasts für die transformierten Lösungszeiten veranschaulicht werden. Die transformierten Lösungzeiten sind in Abbildung 26 dargestellt.

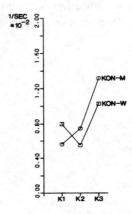

ABBILDUNG 26
TRANSFORMIERTE LÖSUNGZEITEN FÜR DIE MÄNNER UND FRAUEN DER KONTROLLGRUPPE (KON) ÜBER DIE DREI KRITERIENAUFGABEN (K1, K2, K3)

Wie aus den dargestellten transformierten Lösungszeiten hervorgeht, zeigen die Männer der Erfolgsgruppe gegenüber den Frauen der Kontrollgruppe einen stärkeren linearen Trendanstieg über die drei Kriterienaufgaben. Die Männer weisen hiermit über die Kriterienaufgaben gegenüber den Frauen einen größeren Leistungszuwachs auf.

4.2 VARIANZANALYTISCHE ERGEBNISSE FÜR DAS AUSMASS EMOTIONALEN MISSEMPFINDENS

Der Nachweis für die Wirksamkeit der experimentellen Manipulation kann durch die Unterschiede im emotionalen Befinden, die durch Erfolg bzw. Mißerfolg induziert wurden, erbracht werden.

Gemäß den spezifizierten Hypothesen war für die dreifaktorielle Varianzanalyse eine Zweifachinteraktion zwischen dem Faktor Gruppe (GR) und dem Faktor Verauf (V) zu erwarten. Sollten Männer und Frauen auf Erfolg oder Mißerfolg in ihrem subjektiven Befinden anders reagieren, müßte sich eine Dreifachinteraktion zwischen den varianzanalytischen Faktoren ergeben.

Für den Meßwiederholungsfaktor Verlauf (V), der für die Variable emotionale Befindlichkeit fünf Untersuchungsphasen umfaßte (R1, A1, RÜ, KR, R2), wurden zwei orthogonale Kontraste formuliert, die in der Legende zu Tabelle 9 erläutert sind.

Die Rohwerte zur emotionalen Befindlichkeit sind im Anhang 24 vorzufinden. Die Gruppenmittelwerte der fünf Meßzeitpunkte sind in der folgenden Tabelle 9 dargestellt.

TABELLE 9
GRUPPENMITTELWERTE FÜR DAS EMOTIONALE BEFINDEN ZU DEN FÜNF MESSZEITPUNKTEN

	R1	A1	RÜ	KR	R2
ERF-W	51.20	58.50	53.50	56.50	53.50
ERF-M	48.20	54.10	50.50	52.40	50.50
MIS-W	66.60	73.10	72.40	77.50	72.40
MIS-M	54.30	61.30	66.40	70.10	66.40
KON-W	54.50	56.30	55.50	57.30	55.50
KON-M	56.10	55.70	55.40	57.60	55.40

Die Ergebnisse der Varianzanalyse sind für die subjektive Befindlichkeit in der folgenden Tabelle 10 dargestellt.

TABELLE 10
ERGEBNISSE DER DREIFAKTORIELLEN VARIANZANALYSE FÜR DIE EMOTIONALE BEFINDLICHKEIT ERFASST MIT DEM A-STATE FRAGEBOGEN VON SPIELBERGER

FAKTOR	QS	df	F	p
GR	6432,69	2/54	8,19	.0008**
MW	1196,00	1/54	1,52	.2227
GR*MW	501,85	2/54	0,64	.5319
FEHLER(zwischen)	138,09			
V	358,88	4/216	15,58	.0000**
GR*V	131,04	4/216	5,68	.0000**
MW*V	18,07	4/216	0.79	.5358
GR*MW*V	18,17	8/216	0.79	.6123
FEHLER(V*innerhalb)	0,98			

Für das emotionale Befinden ergeben sich vier Mittelwertsprüfungen anhand othogonaler Kontraste, die in Tabelle 11 zusammengestellt sind.

TABELLE 11
ERGEBNISTABELLE DER ORTHOGONALEN KONTRASTE:

BEZEICHNUNG	QS	df	F	p
A1KR/EXPKON	5,70	1/54	0,22	.6431
A1KR/ERFMIS	357,01	1/54	13,59	.0005**
R1RÜ/EXPKON	66,61	1/54	7,81	.0072*
R1RÜ/ERFMIS	73,70	1/54	8,64	.0048*

Legende für die Bezeichnungen der orthogonalen Kontraste:

- EXPKON : Kontrast zwischen der Kontrollgruppe (KON) und den zusammengefaßten Experimentalgruppen (EXP)
- ERFMIS : Kontrast zwischen der Erfolgsgruppe (ERF) und der Mißerfolgsgruppe (MIS)
- A1KR : Kontrast zwischen der ersten Aufgabe (A1) und dem A-State-Wert für die drei Kriterienaufgaben (KR)
- R1RÜ : Kontrast zwischen dem Mittel aus der ersten Ruhephase (R1) und dem A-State-Wert nach erfolgter Leistungsrückmeldung (RÜ)

Die Varianzanalyse zeigt als signifikante Ergebnisse in den Hauptfaktoren Gruppe (GR; p=.0008) und Verlauf (V; p=.0000). Die Untersuchungsgruppen unterscheiden sich somit in den über die Untersuchungssituationen gewonnenen Mittelwerten. Des weiteren weist die Signifikanz des Faktors Verlauf (V) Unterschiede zwischen den Untersuchungsphasen, unabhängig von der Gruppenzugehörigkeit, auf.

Die festzustellende Zweifachinteraktion zwischen den Faktoren Gruppe mal VERLAUF (GR*V; p=.0000) belegt die Hypothesen, die besagen, daß sich Erfolgsrückmeldung bzw. Mißerfolgsrückmeldung in ihrer Wirkung auf das emotionale Befinden unterschiedlich auswirken.

Darüber hinaus kann vorab festgestellt werden, daß die gewählten experimentellen Bedingungen, d.h. die Art und Weise, wie die Erfolgs- bzw. Mißerfolgsbedingung realisiert wurde, zu dem gewünschten Erfolgs- bzw. Mißerfolgserleben führte, wie aus der näheren Betrachtung der orthogonalen Kontraste hervorgeht.

Der Einfluß des Faktors Geschlecht (MW) ist unbedeutend, wie aus den nicht signifikanten Zwei- und Dreifachinteraktionen hervorgeht. Frauen und Männer unterscheiden sich demzufolge nicht in der Veränderung ihres emotionalen Befindens nach Erfolg bzw. Mißerfolg.

Für die vorliegende Zweifachinteraktion Gruppe mal Verlauf (GR*V) sind in der Abbildung 27 die Daten graphisch dargestellt.

Auf den ersten Blick fällt auf, daß ab der zweiten Untersuchungssituation, also nach der gruppenspezifischen Rückmeldung, die Erfolgsgruppe die niedrigsten Werte emotionalen Mißempfindens aufweist.

Für die Untersuchungssituation, in der die Kriterienaufgaben zu bearbeiten waren, zeigt die Erfolgsgruppe gegenüber der Mißerfolgsgruppe einen niedrigeren Summenwert im A-State-Fragebogen auf, d.h. sie fühlte sich weniger angespannt und besorgt. Die Erfolgsgruppe erreicht ihren höchsten Wert emotionalen Mißempfindens bei der Bearbeitung der ersten Aufgabe. Alle anderen vier Meßwerte sind numerisch kleiner. Die Rückmeldung von Erfolg scheint das Ausmaß der erlebten emotionalen Beeinträchtigung zu reduzieren.

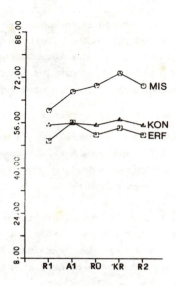

ABBILDUNG 27
MITTELWERTE DES A-STATE-FRAGEBOGENS (AUSMASS EMOTIONALEN MISSEMPFINDENS) FÜR DIE ERFOLGSGRUPPE, MISS- ERFOLGSGRUPPE UND KONTROLLGRUPPE IN FÜNF UNTERSUCHUNGSPHASEN ERSTE RUHEPHASE (R1), ERSTE ZU BEARBEITENDE AUFGABE (A1), LEISTUNGSRÜCKMELDUNG (RÜ), KRITERIENAUFGABEN (KR) UND LETZE RUHEPHASE (R2)

Ein erster Hinweis auf die Wirkung der unterschiedlichen Rückmeldung läßt sich daraus ersehen, daß die Mißerfolgsgruppe einen Anstieg in dem A-State-Fragebogen von der ersten zu bearbeitenden Aufgabe (A1) zur Rückmeldephase (RÜ) aufweist. Während die Erfolgsgruppe eine Verringerung des Summenwertes zeigt, und die Kontrollgruppe, die keine leistungsbezogene Rückmeldung erhielt, in beiden Untersuchungssituationen in etwa gleiche Werte erzielte, nimmt das emotionale Mißempfinden für die Mißerfolgsgruppe zu.

Die Personen der Mißerfolgsgruppe, die eine negative Leistungsrückmeldung erhielten, schildern somit in der Rückmeldephase, im Vergleich zu der Situation, in der die erste Aufgabe zu bearbeiten war, stärkeres emotionales Mißempfinden, während die Personen in der Erfolgsgruppe mit positiver Leistungsrückmeldung geringeres emotionales Mißempfinden schildern.

Betrachtet man die Ergebnisse der orthogonalen Kontraste, zeigt sich bei dem Kontrast zwischen Erfolgsgruppe und Mißerfolgsgruppe für den Vergleich der ersten zu bearbeitenden Aufgabe und dem Mittel aus den drei Kriterienaufgaben ein signifikantes Ergebnis (A1KR/ERFMIS; p=.0005), während sich die Daten der zusammengefaßten Experimentalgruppen von denen der Kontrollgruppe nicht signifikant voneinander unterscheiden (A1KR/EXPKON; p=.6431).

Die Daten des signifikanten orthogonalen Kontrasts (A1KR/ERFMIS; p=.0005) sind in Abbildung 28 dargestellt.

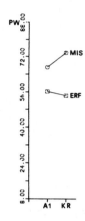

ABBILDUNG 28
MITTELWERTE DES A-STATE-FRAGEBOGENS (AUSMASS EMOTIONALEN MISSEMPFINDENS) FÜR DIE ERSTE ZU BEARBEITENDE AUFGABE (A1) UND DIE KRITERIENAUFGABEN (KR) ZWISCHEN DER ERFOLGSGRUPPE (ERF) UND DER MISSERFOLGSGRUPPE (MIS)

Erfolgsgruppe und Mißerfolgsgruppe weisen in dem Ausmaß emotionalen Mißempfindens von der ersten zu bearbeitenden Aufgabe zu den Kriterienaufgaben eine unterschiedliche Änderung auf. Die Mißerfolgsgruppe zeigt einen Anstieg, die Erfolgsgruppe einen Abfall in Ihrem emotionalen Mißempfinden. Hieraus ist zu entnehmen, daß die negative Leistungsrückmeldung einen emotional belastenden Effekt ausübt, während die positive Leistungsrückmeldung zu einer emotionalen Entlastung in einer nachfolgenden Aufgabenphase führt.

Für die Kontraste zwischen der ersten Ruhephase (R1) zu Beginn der Untersuchung und der Rückmeldephase (RÜ) ergeben sich sowohl für den Vergleich der zusammengefaßten Experimentalgruppen zu der Kontrollgruppe als auch für den Kontrast zwischen der Erfolgsgruppe zur Mißerfolgsgruppe signifikante orthogonale Kontraste. In Abbildung 29 sind die in den orthogonalen Kontrast (R1RÜ/ERFMIS; p=.0048) eingehenden Mittelwerte dargestellt.

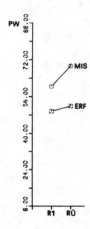

ABBILDUNG 29
MITTELWERTE DES A-STATE-FRAGEBOGENS (AUSMASS EMOTIONALEN MISS-EMPFINDENS) FÜR DIE ERSTE RUHEPHASE (R1) UND DIE RÜCKMELDEPHASE (RÜ) ZWISCHEN DER ERFOLGSGRUPPE (ERF) UND DER MISSERFOLGSGRUPPE (MIS)

Beide Gruppen weisen von der ersten Ruhesituation (R1) zur Rückmeldephase (RÜ) eine Zunahme der Werte im A-State-Fragebogen auf. Die Zunahme des emotionalen Mißempfindens ist bei der Mißerfolgsgruppe größer als bei der Erfolgsgruppe.

Dieses Ergebnis entspricht bezüglich der Mißerfolgsgruppe der Erwartung, bezüglich der Erfolgsgruppe allerdings nicht. Es wurde erwartet, daß nach der Rückmeldung von Erfolg das Ausmaß des empfundenen emotionalen Mißempfindens abnehmen würde. Der Vergleich zwischen der ersten Ruhesituation und der Rückmeldephase zeigt allerdings eine, wenn auch nur geringe und statistisch wohl unbedeutende Zunahme des von der Erfolgsgruppe angegebenen emotionalen Mißempfindens.

Es stellt sich die Frage, wie dieses erwartungswidrige Ergebnis zustandekommt bzw. wie dieses Ergebnis zu erklären ist.

Der gebildete orthogonale Kontrast erfolgt, was den Verlaufsfaktor betrifft, zwischen der ersten Ruhephase und der Rückmeldephase. Ein wesentlicher Unterschied zwischen diesen beiden Untersuchungssituationen besteht in dem Wissen der Vpn um den Gegenstand der Untersuchung. In der ersten Ruhesituation wußten die Vpn aller Untersuchungsgruppen noch nicht, daß sie Problemlöseaufgaben unter Zeitdruck zu bearbeiten haben, während sie in der Rückmeldesituation in der Erwartung stehen, weitere Problemaufgaben lösen zu müssen.

Berücksichtigt man dies, wird plausibel, daß unter der Erwartung von Problemlöseaufgaben, die unter Zeitdruck zu lösen sind, das Ausmaß des emotionalen Mißempfindens erhöht ist, so daß sich der Effekt einer positiven Leistungsrückmeldung in der Erwartung einer Streßsituation unter Umständen gerade kompensiert. Die Erhöhung des emotionalen Mißempfindens in der Erfolgsgruppe, wie sie durch den orthogonalen Kontrast geprüft wird, ist somit in erster Linie durch den besonders niedrigen Wert in der ersten Ruhephase und nicht durch die erwartungswidrige Reaktion auf die Rückmeldung von Erfolg zurückzuführen.

Der orthogonale Kontrast zwischen den zusammengefaßten Experimentalgruppen und der Kontrollgruppe für die erste Ruhephase (R1) und der Rückmeldephase (RÜ) ist ebenfalls signifikant (R1RÜ/EXPKON; $p=.0072$). Die Darstellung der Mittelwerte in Abbildung 30 auf der nächsten Seite zeigt, daß die zusammengefaßten Experimentalgruppen in der Rückmeldephase ein höheres emotionales Mißempfinden aufweisen als die Kontrollgruppe. Wie in Hypothese HE.2 erwartet, ist die emotional negative Wirkung von Mißerfolg stärker ausgeprägt als die emotional positive Wirkung von Erfolg.

Betrachtet man zusammenfassend die Darstellung der Mittelwertsverläufe emotionalen Mißempfindens über alle fünf Meßzeitpunkte, zeigt sich eine Veränderung der abhängigen Variablen von der ersten zu bearbeitenden Aufgabe zur Rückmeldephase, die genau den Erwartungen entspricht.

Die Erfolgsgruppe schildert nach der Rückmeldung von Erfolg in geringerem Ausmaß emotionales Mißempfinden, die Kontrollgruppe ohne leistungsbezogene Rückmeldung zeigt in etwa gleichem Umfang emotionales Mißempfinden wie bei der Bearbeitung der ersten Kriteriumaufgabe, und in der Mißerfolgsgruppe steigt das Ausmaß emotionalen Mißempfindens an. Hieraus ist die Wirksamkeit der experimentellen Manipulation, d.h. die erwartungsgemäße Auswirkung der gruppenspezifischen Leistungsrückmeldungen, zu ersehen.

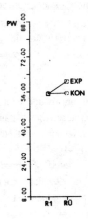

ABBILDUNG 30
MITTELWERTE DES A-STATE-FRAGEBOGENS IN DER ERSTEN RUHEPHASE (R1) UND DER RÜCKMELDEPHASE (RÜ) FÜR DIE ZUSAMMENGEFASSTEN EXPERIMENTALGRUPPEN (EXP) UND DIE KONTROLLGRUPPE (KON)

4.2.1 Einzelbetrachtung der Items zum emotionalen Befinden

Um Unterschiede in den Leistungsdaten zwischen den Experimentalgruppen und der Kontrollgruppe auf die verschiedenen emotionalen Zustände rückführen zu können, muß festgestellt werden, ob die intendierten emotionalen Zustände durch die experimentelle Manipulation auch realisiert werden konnten.

Neben der Verrechnung der Summenwerte für das emotionale Befinden, die bereits den Beleg für die adäquate Realisierung emotionaler Zustände erbrachte, ergibt die Betrachtung der Einzelitems ein differenzierteres Bild der Unterschiede im emotionalen Zustand der Vpn.

Für die vierzig Items des mehrfach in der Untersuchung erhobenen erweiterten A-State-Fragebogens zur Erhebung der emotionalen Befindlichkeit wurde deshalb eine Analyse auf Einzelitem-Niveau durchgeführt. Die Ergebnisse der Einzelitem-Analysen werden im folgenden dargestellt.

Jedes der vierzig Items wurde von den Vpn für fünf Untersuchungssituationen auf einer sechsstufigen Ratingskala beurteilt. Die Verwendung einer sechsstufigen Ratingskala wirft bei der Wahl des statistischen Auswerteverfahrens die Frage nach der Verteilungsform der Antwortreaktionen auf. Nur bei normalverteilten Antwortreaktionen wäre eine parametrische Prüfung der Mittelwertsunterschiede auf Einzelitem-Niveau zulässig. Um umfangreiche Verteilungsprüfungen zu vermeiden, kam ein gestuftes statistisches Vorgehen zur Anwendung.

Anhand des nonparametrischen KRUSKAL-WALLIS-H-Test wurde in einem ersten Schritt verteilungsunabhängig geprüft, ob Rangmittelwertsunterschiede zwischen den Untersuchungsgruppen vorlagen. Der KRUSKAL-WALLIS-H-Test prüft die Unterschiede in den mittleren Rängen zwischen mehreren Gruppen. Als Nachteil erweist sich, daß bei Vorliegen eines signifikanten Ergebnisses und mehrerer Untersuchungsgruppen nicht entschieden werden kann, zwischen welchen der Gruppen Mittelwertsunterschiede in den Rangsummen bestehen.

Für die sich als signifikant erweisenden Items wurde sodann in einem zweiten Schritt, anhand einfaktorieller Varianzanalysen, die Signifikanz der mittleren Skalierungen zwischen den Untersuchungsgruppen bestimmt.

Die Anwendung der einfaktoriellen Varianzanalyse als parametrisches statistisches Verfahren erfolgte in erster Linie aufgrund der Möglichkeit, orthogonale Kontraste zu bilden. Hierdurch war es möglich festzustellen, welche Mittelwertsunterschiede zwischen den drei Untersuchungsgruppen sich bedeutsam voneinander unterscheiden.

Das zweistufige Vorgehen bei der statistischen Analyse auf Einzelitem-Niveau wurde für die Untersuchungsgruppen ohne Berücksichtigung des Geschlechts durchgeführt, da es in erster Linie auf die Prüfung der instruktionsbedingten Gruppenunterschiede ankam.

Die Signifikanzprüfung auf Einzelitem-Ebene erfordert ohne den Rückgriff auf multivariate Analysemethoden, die weitreichende Verteilungsannahmen machen, viele Signifikanztests, die zu einer Inflation des Alpha-Risikos führen.

Um der Inflation des Alpha-Risikos entgegenzuwirken, können verschiedene
Maßnahmen angewendet werden, z.B. kann die BONFERRONI-Alpha-Adjustierung
vorgenommen werden. Aufgrund der 40 durchzuführenden Signifikanztests ergibt
sich das Signifikanzniveau als 0.05/40=.00125. Die links vom Dezimalpunkt
dreistellige Signifikanzanzeige für den H-Test des SPSS Statistik-Programm-
pakets läßt als Signifikanzniveau eine Signifikanzfeststellung erst dann zu,
wenn p>.001 ausfällt.

Eine Beurteilung der Einzelitems nach der oben beschriebenen BONFERONI-
Alpha-Adjustierung ist als äußerst restriktiv anzusehen. Dies um so mehr, da
aus den einzelnen Tests nicht auf Unterschiede in der Grundgesamtheit
geschlossen werden sollte, sondern in eher deskriptiver Weise der Frage
nachzugehen war, in welchen Items des erweiterten A-State-Fragebogens Unterschiede zwischen den Untersuchungsgruppen vorliegen.

Da der KRUSKAL-WALLIS-H-Test somit nur zur ersten Selektion der Items diente,
die nachfolgend in die einfaktorielle Varianzanalyse eingehen sollten, wurde
das Signifikanzniveau, das überschritten werden mußte, damit das Item in die
einfaktorielle Varianzanalyse aufgenommen wurde, auf 1% festgelegt. Die
folgenden Listen der signifikanten Einzelitems enthalten somit nur die Items,
deren Signifikanz im KRUSKAL-WALLIS-H-Test das 1%-Niveau unterschritt.

Die Ergebnisse der Einzelitem-Analyse für den ersten von den Vpn auszufüllen-
den erweiterten A-State-Fragebogen zur Erfassung der emotionalen Befindlichkeit sind in der folgenden Tabelle 12 dargestellt.

TABELLE 12
STATISTISCHE ERGEBNISSE FÜR DIE EINZELITEMS DER SKALA ZUR EMOTIONALEN
BEFINDLICHKEIT IN DER VOREXPERIMENTELLEN UNTERSUCHUNGSSITUATION

	H-TEST	!	EINFAKTORIELLE VARIANZANALYSE ORTHOGONALE KONTRASTE		
	p	!	EXPKON p	!	ERFMIS p
Ich bin übermütig.	.008**	!	.007**	!	.740
Ich bin bedrückt.	.009**	!	1.000	!	.002**
Ich bin traurig.	.004**	!	.869	!	.001**

(*=p<.05; **=p<.001)

Für den ersten zu bearbeitenden erweiterten A-State-Fragebogen ergaben sich drei Items, deren Signifikanzwert beim KRUSKAL-WALLIS-H-Test unterhalb des 1%-Niveaus liegt. Bei einem Signifikanzniveau von nur 5% und vierzig Signifikanzprüfungen sind erwartungsgemäß 2 Prüfungen per Zufall signifikant. Die Signifikanz der drei Items kann somit durchaus zufallsbedingt sein. Von einer weitergehenden Interpretation wird deshalb abgesehen.

Auf der nächsten Seite sind die Ergebnisse der Einzelitem-Analyse des erweiterten A-State-Fragebogens für die Rückmeldesituation dargestellt. Von den vierzig Items erreichten siebzehn Items das Signifikanzniveau von 1%.

Die folgenden neun Items erreichten das Signifikanzniveau von 5 Prozent. Dies waren die Items :

- Ich bin aufgeregt.
- Ich fühle mich selbstsicher.
- Ich bin entspannt.
- Ich bin vergnügt.
- Ich bin abgespannt.
- Ich fühle mich minderwertig.
- Ich bin erschöpft.
- Ich bin freudig erregt.
- Ich bin deprimiert.

Unterhalb des 5%-igen Signifikanzniveaus lagen vierzehn Items. Diese lauten:

- Ich fühle mich geborgen.
- Ich bin ausgeruht.
- Ich fühle mich wohl.
- Ich bin nervös.
- Ich bin zappelig.
- Ich bin verkrampft.
- Ich bin überreizt.
- Ich bin ärgerlich.
- Ich bin übermütig.
- Ich bin träge.
- Ich bin ungeduldig.
- Ich bin wütend.
- Ich fühle mich beschwingt.
- Ich bin skeptisch.

TABELLE 13
STATISTISCHE ERGEBNISSE FÜR DIE EINZELITEMS DER SKALA ZUR EMOTIONALEN BEFINDLICHKEIT IN DER SITUATION NACH ERFOLGTER GRUPPENSPEZIFISCHER LEISTUNGSRÜCKMELDUNG

	H-TEST	EINFAKTORIELLE VARIANZANALYSE ORTHOGONALE KONTRASTE	
	p	EXPKON p	ERFMIS p
Ich bin ruhig.	.004**	.079	.004**
Ich fühle mich angespannt.	.004**	.007**	.022*
Ich bin bekümmert.	.001**	.147	.000**
Ich bin gelöst.	.005**	.411	.001**
Ich bin besorgt, daß etwas schiefgehen könnte.	.001**	.072	.001**
Ich bin beunruhigt.	.007**	.640	.001**
Ich bin zufrieden.	.000**	.601	.000**
Ich bin besorgt.	.002**	.730	.001**
Ich bin froh.	.002**	.496	.000**
Ich bin enttäuscht.	.003**	.129	.002**
Ich bin glücklich.	.001**	.786	.000**
Ich bin verunsichert.	.008**	.024*	.014*
Ich bin bedrückt.	.001**	.098	.000**
Ich bin mutlos.	.002**	.370	.001**
Ich fühle mich unbeschwert.	.003**	.335	.002**
Ich bin traurig.	.002**	.335	.001**
Ich bin heiter.	.009**	.196	.005**

(*=p<.05; **=p<.001)

Für die siebzehn Items des erweiterten A-State-Fragebogens sind in der zweiten und dritten Spalte der Ergebnistabelle 13 die gebildeten orthogonalen Kontraste und deren Signifikanzwerte aufgeführt.

In zwei der siebzehn Fälle ist der orthogonale Kontrast zwischen der Kontrollgruppe (KON) und den zusammengefaßten Experimentalgruppen (EXP) signifikant, d.h. sie erreichen das Signifikanzniveau von 1%. Die dazugehörigen Items lauten:

- Ich fühle mich angespannt.
- Ich bin verunsichert.

Nach der Leistungsrückmeldung beschreibt sich demzufolge die Kontrollgruppe als weniger angespannt und weniger verunsichert als die zusammengefaßten Experimentalgruppen.

Fünfzehn der siebzehn Items, die im KRUSKAL-WALLIS-H-Test das Signifikanzniveau von 1% unterschritten, weisen hochsignifikante Ergebnisse in den orthogonalen Kontrasten zwischen der Erfolgsgruppe und der Mißerfolgsgruppe auf.

Betrachtet man die Mittelwerte für beide Gruppen (siehe Anhang 24), schildert sich nach der Leistungsrückmeldung die Erfolgsgruppe gegenüber der Mißerfolgsgruppe als:

- ruhiger,
- weniger angespannt,
- weniger bekümmert,
- gelöster,
- weniger aufgeregt,
- weniger besorgt, daß etwas schiefgehen könnte,
- weniger beunruhigt,
- zufriedener,
- weniger besorgt,
- froher,
- weniger enttäuscht,
- glücklicher,
- weniger bedrückt,
- weniger mutlos,
- unbeschwerter und
- heiterer.

Zusammenfassend ergibt sich das Bild einer geringeren emotionalen Aktivierung mit weniger Anspannung, weniger Sorgen und mehr Freude. Diese Ergebnisse entsprechen den Erwartungen, die für das emotionale Befinden nach den gruppenspezifischen Leistungsrückmeldungen vorlagen.

4.3 DARSTELLUNG DER VARIANZANALYTISCHEN ERGEBNISSE FÜR DIE PHYSIOLOGISCHEN VARIABLEN

Insgesamt wurden fünf physiologische Maße erhoben.

FPA   Fingerpulsamplitude,
PLZ   Pulswellenlaufzeit,
RR   Herzperiodenwerte,
LEIT   Hautleitfähigkeit,
NEMG Elektromyogramm.

Die Vorgehensweise der Parameterbildung für die physiologischen Maße ist in Kapitel 6.3 des technischen Ergänzungsbandes erläutert. Des weiteren sind die Überlegungen zur Auswahl der in die Varianzanalysen eingehenden Untersuchungssituationen für die physiologischen Variablen in Kapitel 3.7.3 behandelt. In den folgenden fünf Unterkapiteln werden die varianzanalytischen Ergebnisse der physiologischen Parameter dargestellt.

Am Ende des Kapitels erfolgt eine erste zusammenfassende Erörterung der Ergebnisse für die physiologischen Variablen.

4.3.1 Varianzanalytische Ergebnisse für die Variable Fingerpulsamplitude (FPA)

Im folgenden Kapitel werden die varianzanalytischen Ergebnisse für die physiologische Variable Fingerpulsamplitude dargestellt. Die in die Analyse eingehenden Differenzwerte der Fingerpulsamplituden zu den individuellen Mittelwerten sind im Anhang 25 aufgeführt. Die folgende Tabelle 14 enthält die Gruppenmittelwerte für die sechs Untersuchungsgruppen in den acht für die Auswertung herangezogenen Untersuchungsphasen.

TABELLE 14
MITTELWERTE DER INTRAINDIVIDUELL GEWONNENEN DIFFERENZWERTE DER FINGERPULSAMPLITUDE (FPA) FÜR DIE SECHS UNTERSUCHUNGSGRUPPEN UND ACHT UNTERSUCHUNGSPHASEN (R1-R2)

	R1	A1	RM	RÜ	K1	K2	K3	R2
ERF-W	36.38	-48.90	-59.82	-36.16	-3.43	44.15	68.13	83.25
ERF-M	64.01	-102.68	-55.21	-9.44	22.97	36.71	95.27	65.00
MIS-W	50.11	-67.77	-43.25	14.12	20.99	15.21	20.46	41.81
MIS-M	-8.67	-78.07	-65.25	-7.42	40.54	76.63	61.05	42.94
KON-W	31.33	-37.69	-30.41	-10.10	-1.89	36.97	28.75	29.61
KON-M	44.97	-43.34	-26.47	-13.99	10.39	26.84	31.11	15.72

Die Ergebnisse für die dreifaktorielle Varianzanalyse mit Meßwiederholung sind in Tabelle 15 dargestellt.

TABELLE 15
ERGEBNISSE DER DREIFAKTORIELLEN VARIANZANALYSE MIT MESSWIEDERHOLUNG FÜR DIE FINGERPULSAMPLITUDE (FPA)

FAKTOR	QS	df	F	p
GR	164133,00	2/54	1,10	.3409
MW	215903,08	1/54	1,44	.2347
GR*MW	66757,40	2/54	0,45	.6422
FEHLER(zwischen)	149505,41			
V	115991,00	7/378	19,08	.0000**
GR*V	7406,09	14/378	1,22	.2593
MW*V	3885,70	7/378	0,64	.5889
GR*MW*V	4115,06	14/378	0,68	.7910
FEHLER(V*innerhalb)	6080,11			

(*=p<.05; **=p<.01)

Wie aus Tabelle 15 zu ersehen ist, weist der Haupteffekt Verlauf (V) ein signifikantes Resultat auf. Die Werte der Fingerpulsamplitude unterscheiden sich zwischen den Untersuchungssituationen. In den Untersuchungssituationen liegen somit unterschiedliche Grade der Aktiviertheit vor. Die Untersuchungsgruppen sowie das Geschlecht der Vpn weisen keinen bedeutenden Einfluß auf die Fingerpulsamplitude auf, was aus den insignifikanten Hauptfaktoren Gruppe (GR) und Geschlecht (MW) zu ersehen ist. Auch liegt keine signifikante Interaktion zwischen diesen Faktoren vor. Weder die beiden Zweifachinteraktionen Gruppe mal Verlauf (GR*V) bzw. Geschlecht mal Verlauf (MW*V) noch die Dreifachinteraktion Gruppe mal Geschlecht mal Verlauf (GR*MW*V) sind bei der Varianzanalyse der Fingerpulsamplitude signifikant.

Zur Prüfung der spezifischen Hypothesen wurden orthogonale Kontraste herangezogen, die sich in der folgenden Tabelle 16 finden.

Die Hinweise zur Bildung und Auswertung der orthogonalen Kontraste sind in Kapitel 3.11 nachzulesen.

TABELLE 16
ERGEBNISTABELLE DER ORTHOGONALEN KONTRASTE FÜR
DIE FINGERPULSAMPLITUDE (FPA)

BEZEICHNUNG	QS	df	F	p
A1KRMIT/EXPKON	28475,60	1/54	2,37	.1292
A1KRMIT/ERFMIS	443,06	1/54	0,04	.8483
RMRÜ/EXPKON	5903,48	1/54	1,97	.1657
RMRÜ/ERFMIS	2617,23	1/54	0,88	.3537
KRLIN/EXPKON	1526,27	1/54	0,31	.5775
KRLIN/ERFMIS	19182,80	1/54	3,87	.0542
KRQUA/EXPKON	1363,98	1/54	1,15	.2889
KRQUA/ERFMIS	1593,83	1/54	1,34	.2520

(*=p<.05; **=p<.01)

Legende für die Bezeichnungen der orthogonalen Kontraste:

EXPKON : Kontrast zwischen der Kontrollgruppe (KON) und den zusammengefaßten Experimentalgruppen (EXP)
ERFMIS : Kontrast zwischen der Erfolgsgruppe (ERF) und der Mißerfolgsgruppe (MIS)
A1KRMIT : Kontrast zwischen der ersten Aufgabe und dem Mittelwert der drei Kriterienaufgaben
RMRÜ : Kontrast zwischen der mittleren Ruhephase (RM) und der Rückmeldephase (RÜ)
KRLIN : Kontrast zur Prüfung der linearen Verlaufsanteile über die drei Kriterienaufgaben
KRQUA : Kontrast zur Prüfung der quadratischen Verlaufsanteile über die drei Kriterienaufgaben

Keiner der a priori Kontraste erreicht das Signifikanzniveau von 5%. Ein Kontrast ist auf dem 10%-Signifikanzniveau signifikant. Obwohl dieser Kontrast zu schwach ist, um als statistisch bedeutsam angesehen zu werden, soll er doch in seiner Tendenz beschrieben werden.

Es handelt sich hierbei um den Kontrast der linearen Verlaufsanteile innerhalb der drei Kriterienaufgaben zwischen der Erfolgsgruppe und der Mißerfolgsgruppe (KRLIN/ERFMIS; p=.0542). Hiernach unterscheiden sich die Erfolgsgruppe (ERF) und die Mißerfolgsgruppe (MIS) im Ausmaß der linearen Fingerpulsamplitudenänderung. Die Veränderungen für die beiden Untersuchungsgruppen ist in Abbildung 31 dargestellt.

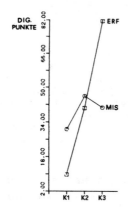

ABBILDUNG 31
FINGERPULSAMPLITUDENWERTE (FPA) ÜBER DIE DREI KRITERIENAUFGABEN (K1, K2, K3) FÜR DIE ERFOLGSGRUPPE (ERF) UND DIE MISSERFOLGSGRUPPE (MIS)

Wie sich zeigt, nimmt die Fingerpulsamplitude bei der Erfolgsgruppe ständig zu, während die Mißerfolgsgruppe nach einer anfänglichen Zunahme der Fingerpulsamplitude von der ersten Kriteriumaufgabe (K1) zu der zweiten Kriteriumaufgabe (K2) eine Abnahme der Fingerpulsamplitude von der zweiten Kriteriumaufgabe zur dritten Kriteriumaufgabe aufweist. Der Anstieg der Fingerpulsamplitude bedeutet eine Reduktion der physiologischen Aktivierung. Insofern kann als Tendenz eine stärkere Aktivierungssenkung der Erfolgsgruppe im Vergleich zu der Mißerfolgsgruppe festgehalten werden.

4.3.2 Varianzanalytische Ergebnisse für die Variable Herzperiode (HP)

Im folgenden werden die varianzanalytischen Ergebnisse für die Herzperiode (HP) dargestellt.

Die Differenzwerte der Herzperiode zum jeweiligen individuellen Mittelwert jeder Vp sind im Anhang 26 aufgeführt; die Gruppenmittelwerte finden sich in der folgenden Tabelle 17.

TABELLE 17
MITTELWERTE DER INTRAINDIVIDUELL GEWONNENEN DIFFERENZWERTE DER HERZPERIODE (HP) FÜR DIE SECHS UNTERSUCHUNGSGRUPPEN IN ACHT UNTERSUCHUNGSSITUATIONEN

	R1	A1	RM	RÜ	K1	K2	K3	R2
ERF-W	3.82	-25.19	-12.40	-1.77	15.90	24.63	20.79	21.87
ERF-M	61.26	-50.37	-33.27	-6.87	18.73	14.52	4.46	43.39
MIS-W	26.16	-53.36	-26.36	-9.34	25.45	31.85	30.67	40.79
MIS-M	19.64	-38.13	-3.42	-2.98	7.80	19.18	11.36	13.39
KON-W	3.34	-52.39	-26.99	-21.73	13.75	21.13	37.06	59.40
KON-M	28.63	-31.03	-1.15	8.96	15.24	16.48	-22.89	15.08

Die nachfolgende Tabelle 18 zeigt die Ergebnistabelle der dreifaktoriellen Varianzanalyse mit Meßwiederholung für die Herzperiodenwerte.

TABELLE 18
ERGEBNISSE DER DREIFAKTORIELLEN VARIANZANALYSE MIT MESSWIEDERHOLUNG FÜR DIE HERZPERIODE (HP)

FAKTOR	QS	df	F	p
GR	63871,60	2/54	0,91	.4092
MW	36273,30	1/54	0,52	.4757
GR*MW	118180,50	2/54	1,68	.1958
FEHLER(zwischen)	70310,15			
V	37341,00	7/378	18,88	.0000**
GR*V	538,54	14/378	0,24	.9980
MW*V	4794,21	7/378	2,17	.0364*
GR*MW*V	3233,49	14/378	1,46	.1227
FEHLER(V*innerhalb)	2212,35			

(*=p<.05; **=p<.01)

Der Haupteffekt Verlauf (V; p=.0000) und die Zweifachinteraktion Geschlecht mal Verlauf (MW*V; p=.0364) weisen signifikante Ergebnisse auf.

Aus der Signifikanz des Haupteffekts Verlauf (V) geht hervor, daß sich die Herzperiodenwerte in wenigstens zwei Untersuchungssituationen voneinander unterscheiden.

Die Signifikanz der Zweifachinteraktion Geschlecht mal Verlauf (MW*V) belegt einen unterschiedlichen Datenverlauf der Herzperiode von Männern und Frauen zwischen den Untersuchungssituationen.

Der Faktor Gruppe (GR) zeigt in der Variablen Herzperiode weder als Haupteffekt noch in einer der Interaktionen bedeutsame Effekte. Für die Wirkung des Faktors Geschlecht (MW) wurden ohne das Zusammenwirken mit dem Faktor Gruppe (GR) weder allgemeine noch spezifische Hypothesen formuliert. Die vorliegende Fragestellung zielt auf unterschiedliche Wirkungen von Erfolgs- und Mißerfolgsrückmeldung ab. Diesbezüglich ist das Ergebnis einer Wirkung des Faktors Geschlecht (MW), unabhängig von der manipulierten Bedingungsvariation, von geringem Interesse. Interessant wäre eine unterschiedliche Reaktion von Frauen und Männern zwischen den verschiedenen Untersuchungssituationen in Abhängigkeit von der erfolgten Rückmeldung. Dies entspricht varianzanalytisch einer Dreifachinteraktion, die aber im vorliegenden Fall nicht signifikant ist.

Obwohl die interessierenden varianzanalytischen Resultate keine signifikanten Ergebnisse aufweisen, erfolgt die Prüfung der spezifizierten Hypothesen anhand der a priori formulierten orthogonalen Kontraste. In der Tabelle 19 auf der folgenden Seite sind diese dargestellt.

Keiner der formulierten orthogonalen Kontraste erreicht das 5%-ige Signifikanznivau. Die Herzperiode zeigt somit keine Unterschiede zwischen den Untersuchungsgruppen, soweit der Gruppenfaktor (GR) betroffen ist.

Die nachträgliche Prüfung, zwischen welchen der Untersuchungsphasen verschiedene Änderungen der Herzperiode zwischen den Geschlechtern erfolgen, erschien, bezogen auf die zugrunde liegende Fragestellung, wenig sinnvoll und wurde deshalb nicht durchgeführt.

TABELLE 19
ERGEBNISTABELLE DER ORTHOGONALEN KONTRASTE FÜR
DIE HERZPERIODE (HP)

BEZEICHNUNG	QS	df	F	p
A1KRMIT/EXPKON	288,41	1/54	0,09	.7605
A1KRMIT/ERFMIS	1172,52	1/54	0,38	.5394
RMRÜ/EXPKON	235,26	1/54	0,41	.5234
RMRÜ/ERFMIS	478,67	1/54	0,84	.3636
KRLIN/EXPKON	351,59	1/54	0,08	.7797
KRLIN/ERFMIS	412,30	1/54	0,09	.7620
KRQUA/EXPKON	49,91	1/54	0,00	.7920
KRQUA/ERFMIS	29,11	1/54	0,04	.8404

(*=p<.05; **=p<.01)

Legende für die Bezeichnungen der orthogonalen
Kontraste:

EXPKON	:	Kontrast zwischen der Kontrollgruppe (KON) und den zusammengefaßten Experimentalgruppen (EXP)
ERFMIS	:	Kontrast zwischen der Erfolgsgruppe (ERF) und der Mißerfolgsgruppe (MIS)
A1KRMIT	:	Kontrast zwischen der ersten Aufgabe (A1) und dem Mittelwert der drei Kriterienaufgaben (KRMIT)
RMRÜ	:	Kontrast zwischen der mittleren Ruhephase (RM) und der Rückmeldephase (RÜ)
KRLIN	:	Kontrast zur Prüfung der linearen Verlaufsanteile über die drei Kriterienaufgaben
KRQUA	:	Kontrast zur Prüfung der quadratischen Verlaufsanteile über die drei Kriterienaufgaben

4.3.3 Varianzanalytische Ergebnisse für die Variable Pulswellenlaufzeit (PLZ)

Die in die Varianzanalyse eingehenden Daten der Pulswellenlaufzeit, die aus den intraindividuell ermittelten Differenzwerten bestehen, sind im Anhang 27 aufgeführt. Eine Darstellung der Gruppenmittelwerte dieser Daten findet sich in der folgenden Tabelle 20.

TABELLE 20
MITTELWERTE DER INTRAINDIVIDUELL GEWONNENEN DIFFERENZWERTE DER
PULSWELLENLAUFZEIT (PLZ) FÜR DIE SECHS UNTERSUCHUNGSGRUPPEN UND
ACHT UNTERSUCHUNGSPHASEN

	R1	A1	RM	RÜ	K1	K2	K3	R2
ERF-W	11.84	-15.52	-16.26	-11.81	1.55	16.00	16.98	15.55
ERF-M	8.61	-5.82	-3.73	-9.30	-1.73	7.85	8.75	4.02
MIS-W	7.91	-9.76	-5.73	4.29	1.32	7.13	1.80	7.27
MIS-M	1.84	-3.16	-2.26	13.07	5.76	-2.50	-10.89	-1.03
KON-W	-1.69	-6.20	0.71	4.69	6.85	4.28	0.08	-2.52
KON-M	6.00	-6.59	-6.22	4.06	-1.99	7.51	2.18	3.58

In Tabelle 21 sind die varianzanalytischen Ergebnisse für die Pulslaufzeit
(PLZ) dargestellt.

TABELLE 21
ERGEBNISSE DER DREIFAKTORIELLEN VARIANZANALYSE MIT
MESSWIEDERHOLUNG FÜR DIE PULSLAUFZEIT (PLZ)

FAKTOR	QS	df	F	p
GR	19229,30	2/54	1,12	.3340
MW	7090,46	1/54	0,41	.5233
GR*MW	12589,50	2/54	0,73	.4853
FEHLER(zwischen)	17180,61			
V	1663,92	7/378	4,83	.0165*
GR*V	762,52	14/378	2,21	.0070**
MW*V	288,54	7/378	0,84	.5562
GR*MW*V	306,05	14/378	0,89	.5712
FEHLER(V*innerhalb)	344,28			

(*=p<.05; **=p<.01)

Sowohl der Haupteffekt Verlauf (V) als auch die Zweifachinteraktion
Gruppe*Verlauf (GR*V) weist ein signifikantes Ergebnis auf, wie aus Tabelle
21 hervorgeht.

Zwischen den Untersuchungssituationen bestehen Unterschiede in der mittleren
Pulslaufzeit (V; p=.0165). Des weiteren unterscheiden sich die Untersuchungsgruppen in der Pulslaufzeit in Abhängigkeit von der Untersuchungssituation über die Untersuchungssituationen (GR*V; p=.0070).

Die Haupteffekte Gruppe (GR) und Geschlecht (MW) zeigen ebenso wie die Zweifachinteraktion (GR*MW) und die Dreifachinteraktionen (GR*MW*V) keine signifikanten Ergebnisse in der Variable Pulslaufzeit. Entsprechend den spezifischen Hypothesen wurden orthogonale Kontraste gebildet, die in der Tabelle 22 dargestellt sind.

TABELLE 22
ERGEBNISTABELLE DER ORTHOGONALEN KONTRASTE FÜR DIE PULSLAUFZEIT (PLZ)

BEZEICHNUNG	QS	df	F	p
A1KRMIT/EXPKON	113,05	1/54	0,29	.5925
A1KRMIT/ERFMIS	1080,66	1/54	2,77	.1018
RMRÜ/EXPKON	7,74	1/54	0,02	.8793
RMRÜ/ERFMIS	875,41	1/54	2,63	.1106
KRLIN/EXPKON	93,26	1/54	0,38	.5376
KRLIN/ERFMIS	2212,99	1/54	9,13	.0038**
KRQUA/EXPKON	0,03	1/54	0,00	.9858
KRQUA/ERFMIS	49,50	1/54	0,49	.4876

(*=p<.05; **=p<.01)

Legende für die Bezeichnungen der orthogonalen Kontraste:

- EXPKON : Kontrast zwischen der Kontrollgruppe (KON) und den zusammengefaßten Experimentalgruppen (EXP)
- ERFMIS : Kontrast zwischen der Erfolgsgruppe (ERF) und der Mißerfolgsgruppe (MIS)
- A1KRMIT : Kontrast zwischen der ersten Aufgabe (A1) und dem Mittelwert der drei Kriterienaufgaben (KRMIT)
- RMRÜ : Kontrast zwischen der mittleren Ruhephase (RM) und der Rückmeldephase (RÜ)
- KRLIN : Kontrast zur Prüfung der linearen Verlaufsanteile über die drei Kriterienaufgaben
- KRQUA : Kontrast zur Prüfung der quadratischen Verlaufsanteile über die drei Kriterienaufgaben

Ein Kontrast erreicht das Signifikanzniveau von 5%. Dies ist der Kontrast des linearen Verlaufsanteils über die drei Kriterienaufgaben zwischen der Erfolgsgruppe und der Mißerfolgsgruppe (KRLIN/ERFMIS; p=.0038). Beide Gruppen unterscheiden sich über die drei Kriterienaufgaben im linearen Verlaufsanteil der Meßwerte.

Die graphische Darstellung der entsprechenden Daten in Abbildung 32 zeigt eine Zunahme der Pulswellengeschwindigkeit für die Erfolgsgruppe und eine

Abnahme der Pulswellengeschwindigkeit für die Mißerfolgsgruppe über die drei Kriterienaufgaben (K1, K2, K3).

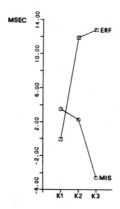

ABBILDUNG 32
PULSWELLENLAUFZEIT DER ERFOLGSGRUPPE (ERF) UND DER MISSERFOLGS-
GRUPPE (MIS) FÜR DIE DREI KRITERIENAUFGABEN (K1, K2, K3)

Ein Anstieg der Werte der Pulswellenlaufzeit bedeutet eine Aktivierungssenkung, eine Erniedrigung der Pulswellenlaufzeit eine Aktivierungserhöhung.

Bei der Erfolgsgruppe ist, wie aus der Abbildung 32 hervorgeht, ein Ansteigen der Pulslaufzeit von Kriteriumaufgabe zu Kriteriumaufgabe und somit eine Senkung ihrer physiologischen Aktivierung zu erkennen. Demgegenüber zeigt die Mißerfolgsgruppe eine Senkung ihrer Pulslaufzeit von Kriteriumaufgabe zu Kriteriumaufgabe und somit eine Erhöhung ihrer Aktivierung in der Pulslaufzeit.

Erfolgs- und Mißerfolgsgruppe zeigen eine unterschiedliche Änderung ihrer physiologischen Aktivierung, wie sich in einem unterschiedlichen linearen Trend über die drei Kriterienaufgaben ergibt. Sowohl die erwarteten Unterschiede in der physiologischen Aktivierung zwischen der ersten zu bearbeitenden Aufgabe (A1) und dem Mittelwert der drei Kriterienaufgaben (KRMIT) als auch der erwartete Unterschied zwischen der mittleren Ruhephase (RM) und der Rückmeldephase (RÜ) traten nicht ein.

4.3.4 Varianzanalytische Ergebnisse für die Variable Hautleitfähigkeit (LEIT)

Die ermittelten individuellen Differenzwerte der Hautleitfähigkeit sind im Anhang 28 aufgeführt. Eine Darstellung der Gruppenmittelwerte der Variablen für die Untersuchungsgruppen findet sich in der nachfolgenden Tabelle 23.

TABELLE 23
MITTELWERTE DER INTRAINDIVIDUELL GEWONNENEN DIFFERENZWERTE DER HAUTLEITFÄHIGKEIT (LEIT) FÜR DIE SECHS UNTERSUCHUNGSGRUPPEN UND ACHT UNTERSUCHUNGSPHASEN (R1-R2)

	R1	A1	RM	RÜ	K1	K2	K3	R2
ERF-W	-0.37	0.55	-0.02	0.04	0.48	-0.15	-0.16	0.72
ERF-M	1.14	1.30	1.39	0.74	-0.73	-0.44	0.77	-0.08
MIS-W	1.48	0.07	-0.35	0.16	0.67	1.41	0.33	-1.09
MIS-M	0.58	0.81	-0.91	0.46	-0.32	0.85	-0.45	0.11
KON-W	1.58	0.16	-0.80	-2.27	-0.46	-0.57	1.09	2.25
KON-M	3.00	0.04	-0.01	0.06	0.77	0.73	0.48	0.34

Die Ergebnisse der dreifaktoriellen Varianzanalyse mit Meßwiederholung für die Variable Hautleitfähigkeit (LEIT) sind in der folgenden Tabelle 24 dargestellt.

TABELLE 24
ERGEBNISSE DER DREIFAKTORIELLEN VARIANZANALYSE MIT MESSWIEDERHOLUNG FÜR DIE VARIABLE HAUTLEITFÄHIGKEIT (LEIT)

FAKTOR	QS	df	F	p
GR	110,34	2/54	0,31	.7317
MW	310,30	1/54	0,88	.3514
GR*MW	20,64	2/54	0,06	.9430
FEHLER(zwischen)	351,17			
V	9,69	7/378	1,02	.4160
GR*V	8,41	14/378	0,89	.5749
MW*V	5,36	14/378	0,56	.7842
GR*MW*V	14,21	14/378	1,50	.1094
FEHLER(V*innerhalb)	9,49			

(*=p<.05; **=p<.01)

Die Varianzanalyse ergibt für keinen der Hauptfaktoren und für keine der Wechselwirkungen ein signifikantes Ergebnis.

In Tabelle 25 sind die ermittelten orthogonalen Kontraste für die Hautleitfähigkeit (LEIT) aufgeführt.

TABELLE 25
ERGEBNISTABELLE DER ORTHOGONALEN KONTRASTE FÜR DIE
VARIABLE HAUTLEITFÄHIGKEIT (LEIT)

BEZEICHNUNG	QS	df	F	p
A1KRMIT/EXPKON	5,39	1/54	0,73	.3954
A1KRMIT/ERFMIS	6,59	1/54	0,90	.3475
RMRÜ/EXPKON	19,73	1/54	3,67	.0605
RMRÜ/ERFMIS	0,11	1/54	0,02	.8889
KRLIN/EXPKON	1,88	1/54	0,55	.4606
KRLIN/ERFMIS	2,19	1/54	0,65	.4252
KRQUA/EXPKON	4,71	1/54	1,48	.2297
KRQUA/ERFMIS	14,07	1/54	4,41	.0405*

(*=p<.05;   **=p<.01)

Legende für die Bezeichnungen der orthogonalen Kontraste:

EXPKON : Kontrast zwischen der Kontrollgruppe (KON) und den zusammengefaßten Experimentalgruppen (EXP)
ERFMIS : Kontrast zwischen der Erfolgsgruppe (ERF) und der Mißerfolgsgruppe (MIS)
A1KRMIT : Kontrast zwischen der ersten Aufgabe (A1) und dem Mittelwert der drei Kriterienaufgaben (KRMIT)
RMRÜ : Kontrast zwischen der mittleren Ruhephase (RM) und der Rückmeldephase (RÜ)
KRLIN : Kontrast zur Prüfung der linearen Verlaufsanteile über die drei Kriterienaufgaben
KRQUA : Kontrast zur Prüfung der quadratischen Verlaufsanteile über die drei Kriterienaufgaben

Von den orthogonalen Kontrasten erreicht nur ein Kontrast das Signifikanzniveau von 5 Prozent. Dies ist der Kontrast für die quadratischen Verlaufsanteile über die drei Kriterienaufgaben zwischen der Erfolgsgruppe und der Mißerfolgsgruppe.

Die Abbildung 33 zeigt den Datenverlauf der Hautleitfähigkeit für die beiden Gruppen.

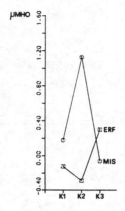

ABBILDUNG 33
VERLAUF DER LEITFÄHIGKEIT ÜBER DIE DREI KRITERIENAUFGABEN
(K1, K2, K3) FÜR DIE ERFOLGSGRUPPE (ERF) UND DIE MISSERFOLGS-
GRUPPE (MIS)

Wie aus Abbildung 33 zu entnehmen ist, verringert sich bei der Erfolgsgruppe die Hautleitfähigkeit von der ersten zur zweiten Kriteriumaufgabe und nimmt zur dritten Kriteriumaufgabe hin wiederum zu. Bei der Mißerfolgsgruppe steigt die Hautleitfähigkeit von der ersten zur zweiten Kriteriumaufgabe an, um dann von der dritten Kriteriumaufgabe wieder abzusinken.

Dabei erreicht die Erfolgsgruppe in der ersten Kriteriumaufgabe eine numerisch niedrigere, in der dritten Kriteriumaufgabe eine numerich höhere Leitfähigkeit als die Mißerfolgsgruppe. Somit erfährt die Erfolgsgruppe eine Reduktion der Aktivierung von der ersten zur zweiten Kriteriumaufgabe mit anschließendem Aktivierungsanstieg zur dritten Kriteriumaufgabe. Die Miß-erfolgsgruppe zeigt den entgegengesetzten Verlauf mit Steigerung der physio-logischen Aktiviertheit von der ersten zur zweiten Kriteriumaufgabe und nachfolgender Reduktion der Aktiviertheit zur dritten Kriteriumaufgabe hin. Die fehlende Signifikanz des linearen Kontrasts zwischen der Erfolgs- und Mißerfolgsgruppe über die drei Kriterienaufgaben zeigt an, daß sich die

Hautleitfähigkeit zwischen der ersten und dritten Kriteriumaufgabe nicht unterscheidet.

Der Datenverlauf ist innerhalb der Erfolgsgruppe als umgekehrt u-förmig, bei der Mißerfolgsgruppe u-förmig zu erkennen. Hieraus ist die Signifikanz der quadratischen Verlaufsanteile ableitbar.

Ein weiterer Kontrast überschreitet das 5% Signifikanzniveau nur geringfügig. Dies ist der Kontrast für den Vergleich zwischen der mittleren Ruhesituation zur Rückmeldesituation für die Kontrollgruppe und die zusammengefaßten Experimentalgruppen (RMRÜ/EXPKON; p=.0605).

Die Experimentalgruppen zeigen von der mittleren Ruhesituation zur Rückmeldesituation einen Anstieg der Hautleitfähigkeit, somit eine Aktivierungserhöhung. Die Kontrollgruppe zeigt hingegen einen Abfall der Hautleitfähigkeit, somit eine Verringerung ihrer Aktiviertheit.

Obwohl das festgesetzte Signifikanzniveau nicht erreicht wird, fällt dieser Kontrast entsprechend den durch die Hypothese HP.2 formulierten Erwartungen aus. Die Experimentalgruppen zeigen in der Hautleitfähigkeit nach der leistungsbezogenen Rückmeldung - zumindest tendenziell - einen physiologischen Aktivierungshub auf, während die Kontrollgruppe, die keine leistungsbezogene Rückmeldung erhielt, sich in der Rückmeldephase weiter entspannen konnte.

Die Aktivierungssteigerung von der mittleren Ruhephase zur Rückmeldephase für die zusammengefaßte Erfolgs- und Mißerfolgsgruppe ist ein Hinweis auf die mit der Leistungsrückmeldung einhergehenden emotionalen Prozesse.

4.3.5 Varianzanalytische Ergebnisse für die Anzahl erfolgter Resets innerhalb des Elektromyogramms (NEMG)

Im folgenden werden die Ergebnisse der Anzahl der erfolgten Resets für die physiologische Variable Muskelspannung (NEMG) dargestellt.

Die in die Auswertung eingehenden intraindividuell bestimmten Differenzwerte sind im Anhang 29 aufgeführt und die hieraus gebildeten Gruppenmittelwerte in der nachfolgenden Tabelle 26 dargestellt.

TABELLE 26
MITTELWERTE DER INTRAINDIVIDUELL GEWONNENEN DIFFERENZWERTE DER ANZAHL ERFOLGTER RESETS IM ELEKTROMYOGRAMM (NEMG) FÜR DIE SECHS UNTERSUCHUNGSGRUPPEN UND ACHT UNTERSUCHUNGSPHASEN

	R1	A1	RM	RÜ	K1	K2	K3	R2
ERF-W	0.36	0.04	-0.14	-0.04	-0.07	0.07	0.03	-0.31
ERF-M	0.33	-0.24	-0.13	-0.10	-0.03	0.15	0.15	-0.01
MIS-W	0.11	-0.21	-0.10	0.18	0.06	-0.02	0.02	0.11
MIS-M	0.28	0.06	0.23	0.12	-0.19	0.09	-0.33	-0.23
KON-W	-0.51	-0.10	0.12	-0.44	0.16	0.32	0.32	-0.11
KON-M	0.13	0.90	0.50	-0.02	-0.16	-0.48	-0.46	-1.55

Die Ergebnisse der dreifaktoriellen Varianzanalyse mit Meßwiederholung können der Tabelle 27 entnommen werden.

TABELLE 27
ERGEBNISSE DER DREIFAKTORIELLEN VARIANZANALYSE MIT MESSWIEDERHOLUNG FÜR DIE ANZAHL DER ERFOLGTEN RESETS IN DER VARIABLE MUSKELSPANNUNG (NEMG)

FAKTOR	QS	df	F	p
GR	160,27	2/54	1,16	.3210
MW	319,71	1/54	2,32	.1340
GR*MW	5,63	2/54	0,04	.9601
FEHLER(zwschen)	138,09			
V	1,29	7/378	1,31	.6355
GR*V	1,19	14/378	1,21	.2629
MW*V	1,43	7/378	1,46	.1819
GR*MW*V	1,34	14/378	1,37	.1669
FEHLER(V*innerhalb)	0,98			

(*=p<.05; **=p<.01)

Die dreifaktorielle Varianzanalyse mit Meßwiederholung ergab für keinen der Hauptfaktoren und keine der Wechselwirkungen ein signifikantes Resultat.

In der folgenden Tabelle 28 sind die orthogonalen Kontraste für die Variable Anzahl der Resets im Elektromyogramm (NEMG) aufgeführt.

TABELLE 28
ERGEBNISTABELLE DER ORTHOGONALEN KONTRASTE FÜR DIE
VARIABLE (NEMG)

BEZEICHNUNG	QS	df	F	p
A1KRMIT/EXPKON	2,74	1/54	1,93	.1703
A1KRMIT/ERFMIS	0,14	1/54	0,10	.7591
RMRÜ/EXPKON	2,51	1/54	4,43	.0399*
RMRÜ/ERFMIS	0,00	1/54	0,00	.9618
KRLIN/EXPKON	0,06	1/54	0,27	.6049
KRLIN/ERFMIS	0,26	1/54	1,21	.2760
KRQUA/EXPKON	0,24	1/54	1,27	.2651
KRQUA/ERFMIS	0,22	1/54	0,12	.7319

(*=p<.05; **=p<.01)

Legende für die Bezeichnungen der orthogonalen Kontraste:
- EXPKON : Kontrast zwischen der Kontrollgruppe (KON) und und den zusammengefaßten Experimentalgruppen (EXP)
- ERFMIS : Kontrast zwischen der Erfolgsgruppe (ERF) und der Mißerfolgsgruppe (MIS)
- A1KRMIT : Kontrast zwischen der ersten Aufgabe (A1) und dem Mittelwert der drei Kriterienaufgaben (KRMIT)
- RMRÜ : Kontrast zwischen der mittleren Ruhephase (RM) und der Rückmeldephase (RÜ)
- KRLIN : Kontrast zur Prüfung der linearen Verlaufsanteile über die drei Kriterienaufgaben
- KRQUA : Kontrast zur Prüfung der quadratischen Verlaufsanteile über die drei Kriterienaufgaben

Ein Kontrast erreichte das 5%-ige Signifikanzniveau. Dies ist der Vergleich der mittleren Ruhephase mit der Rückmeldephase für die Experimentalgruppen versus der Kontrollgruppe (RMRÜ/EXPKON; p=.0399).

Aus Abbildung 34 auf der nächsten Seite ist zu entnehmen, daß die Experimentalgruppen einen Anstieg der Anzahl erfolgter Resets in der Muskelspannung zeigen, während die Kontrollgruppe eine deutliche Abnahme in dieser Variablen aufweist.

Die Experimentalgruppen, die eine unterschiedliche leistungsbezogene Rückmeldung erhielten, zeigen somit von der mittleren Ruhephase zur Rückmeldephase erwartungsgemäß einen Anstieg der physiologischen Aktivierung. Für die Kontrollgruppe ergibt sich eine Abnahme der physiologischen Erregung, die auf eine in der Rückmeldephase sich fortsetzende Entspannung hinweist.

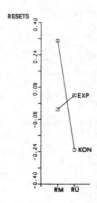

ABBILDUNG 34
ANZAHL ERFOLGTER RESETS IM ELEKTROMYOGRAMM FÜR DIE ZUSAMMEN-
GEFASSTEN EXPERIMENTALGRUPPEN (EXP) UND DIE KONTROLLGRUPPE
(KON) IN DER MITTLEREN RUHEPHASE (RM) UND DER LEISTUNGS-
RÜCKMELDEPHASE (RÜ)

4.4 ERGEBNISSE DER NACHBEFRAGUNG ZUM VERSUCHSERLEBEN

Neben der Erhebung der abhängigen Variablen wurde am Ende der Untersuchung eine Nachbefragung vorgenommen.

Die Vpn beurteilten dreißig auf das Versuchsgeschehen und Versuchserleben bezogene Feststellungen. Die zu beurteilenden Feststellungen befinden sich im Anhang 30. Jede der Feststellungen wurde, wie die Items der Persönlichkeitsfragebogen und die Items zur Skalierung des emotionalen Befindens, auf dem Bildschirm einzeln dargeboten. Zur Beurteilung der Items wurde wiederum die den Vpn bereits bekannte sechsstufige Ratingskala herangezogen.

Zur Klärung der Frage, welche der Items zwischen den vorliegenden Untersuchungsgruppen Unterschiede aufweisen, kam, wie bereits bei der Auswertung der Items zum emotionalen Befinden, zuerst die nonparametrische Rangvarianzanalyse nach KRUSKAL-WALLIS zur Anwendung. In erster Linie interessierten die Unterschiede zwischen den Untersuchungsgruppen, also zwischen Erfolgs-,

Mißerfolgs- und Kontrollgruppe. Die möglichen Unterschiede zwischen den Geschlechtern blieben aus diesem Grund unberücksichtigt.

Es ergaben sich bei einem Signifikanzniveau von 5% in dem Kruskal-Wallis H-Test dreizehn signifikante Unterschiede in den mittleren Rängen zwischen den drei Untersuchungsgruppen.

Um zu erfahren, welche der drei Gruppen sich in den Beurteilungen der Nachbefragung voneinander unterscheiden, wurden für die dreizehn Items einfaktorielle Varianzanalysen berechnet.

Die Mittelwertsunterschiede zwischen den Gruppen wurden im Zusammenhang mit einfaktoriellen Varianzanalysen anhand orthogonaler Kontraste geprüft. Die orthogonalen Kontraste waren analog zu den orthogonalen Kontrasten des Gruppenfaktors (GR) bei der varianzanalytischen Auswertung der abhängigen Variablen formuliert. Es wurden die Ergebnisse der Experimentalgruppen gegen die Ergebnisse der Kontrollgruppe und die Ergebnisse der Erfolgsgruppe gegen die Ergebnisse der Mißerfolgsgruppe verglichen. Die Tabelle 29 auf der folgenden Seite zeigt die Ergebnisse der durchgeführten orthogonalen Kontraste.

Die Datenanalyse der Nachbefragung diente ausschließlich deskriptiven Zwecken, weshalb für beide Analysen ein Alpha-Risko von 5% angesetzt wurde.

Bei fünf der dreizehn signifikanten Items des nonparametrischen KRUSKAL-WALLIS-H-Test waren die formulierten orthogonalen Kontraste nicht signifikant. Dies waren die Items:

1.) Ich konnte mich bei der Bearbeitung der letzten Aufgaben gedanklich vollständig konzentrieren.

4.) Ich fand die letzte Aufgabenserie interessant.

21.) An verschiedenen Punkten während der Aufgabenbearbeitung hätte ich am liebsten geflucht.

22.) Ich habe die Aufgaben sehr überlegt bearbeitet.

23.) Mich würde stark interessieren, wie ich in den letzten Aufgaben abgeschnitten habe.

TABELLE 29
ERGEBNISTABELLE DER KRUSKAL-WALLIS RANGVARIANZANALYSEN UND ORTHOGONALEN KONTRASTE ZWISCHEN DEN UNTERSUCHUNGSRUPPEN FÜR DIE ITEMS DER STRUKTURIERENDEN NACHBEFRAGUNG

ITEM NR.	p. H-TEST	ORTHOGONALE KONTRASTE p. EXPKON	p. ERFMIS
1	.004**	.330	.330
2	.179	.207	.187
3	.910	.304	.544
4	.025*	.135	.070
5	.481	.419	.901
6	.082	.268	.043*
7	.138	.116	.412
8	.019*	.118	.011*
9	.285	1.000	.079
10	.284	.592	.438
11	.573	.330	.330
12	.002**	.371	.000**
13	.207	.609	.079
14	.809	.801	.721
15	.057	.045	.144
16	.578	.313	.714
17	.025*	.040*	.024*
18	.002**	.065	.007**
19	.417	.723	.791
20	.000**	.005**	.001**
21	.000**	.329	.331
22	.028*	.441	.101
23	.042*	.882	.085
24	.476	.552	.240
25	.000**	.016*	.001**
26	.174	.672	.042*
27	.000**	.138	.000**
28	.485	.747	.629
29	.032*	.594	.003**
30	.086	.380	.068

Die verbleibenden acht Items der Nachbefragung, die sowohl im KRUSKAL-WALLIS H-Test als auch in den orthogonalen Kontrasten signifikante Resultate erbrachten, lauten:

8.) Ich war während der Bearbeitung der letzten Aufgabenphase zu nervös, um diese effektiv bearbeiten zu können.

12.) Im nachhinein muß ich feststellen, daß ich die Art der Aufgabenbearbeitung doch nicht richtig verstanden habe.

17.) Ich empfand die Aufgabensituation als belastend.

18.) Insgesamt bin ich mit meinen Leistungen in den Aufgaben zufrieden.

20.) Ich fühlte mich während der Bearbeitung der Aufgaben zeitweise gedanklich blockiert.

25.) Es gab Phasen während der Aufgabenbearbeitung, in denen ich nicht richtig vorankam.

27.) Ich habe mich über meine Leistung bei der Einschätzung der notwendigen Zugzahl gefreut.

29.) Ich habe mit dem Gedanken gespielt, den Versuch abzubrechen.

Die in die orthogonalen Kontraste eingehenden Mittelwerte der Untersuchungsgruppen sind für die acht Items in der Tabelle 30 dargestellt.

TABELLE 30
MITTELWERTE DER NACHBEFRAGUNGS-ITEMS, DIE SICH
ZWISCHEN DEN UNTERSUCHUNGSGRUPPEN UNTERSCHEIDEN

ITEM NR.	ERF	MIS	KON
8	2.626	3.400	2.450
12	1.421	2.300	1.650
17	2.684	3.500	2.450
18	4.368	3.000	4.100
20	3.000	4.350	2.700
25	3.579	4.750	3.200
27	4.211	2.350	- +
29	1.684	2.950	2.100

+ Item 27 wurde durch die Kontrollgruppe, die keine leistungsbezogene Rückmeldung erhielt, nicht beantwortet.

Die acht in Tabelle 30 aufgeführten Items der Nachbefragung zeigen bei den orthogonalen Kontrasten einen signifikanten Mittelwertsunterschied zwischen den Ratings der Erfolgs- und Mißerfolgsgruppe.

Gemäß den Mittelwerten der Items war die Erfolgsgruppe gegenüber der Mißerfolgsgruppe mit ihren Leistungen zufriedener (Item 18) und hat sich über ihre Leistung bei der Einschätzung der notwendigen Zugzahl gefreut (Item 27).

Die Mißerfolgsgruppe gab in stärkerem Umfang an, zu nervös gewesen zu sein, um die letzten Aufgaben effektiver bearbeiten zu können (Item 8) und glaubte, die Art der Aufgabenbearbeitung wohl doch nicht richtig verstanden zu haben (Item 12); sie empfand die Aufgabensituationen als belastender (Item 17), fühlte sich während der Bearbeitung der Aufgaben gedanklich stärker blockiert (Item 20), kam während bestimmter Phasen in der Aufgabenbearbeitung nicht richtig voran (Item 25) und spielte stärker mit dem Gedanken, die Untersuchung abzubrechen als die Erfolgsgruppe.

Für drei der acht Items ergab auch der Kontrast zwischen der Kontrollgruppe und den zusammengefaßten Experimentalgruppen ein signifikantes Resultat. Dabei handelt es sich um die Items 17, 20 und 25, deren Mittelwerte in Tabelle 31 aufgeführt sind.

TABELLE 31
MITTELWERTE DER SIGNIFIKANTEN ITEMS DER NACHBEFRAGUNG FÜR DIE ORTHOGONALEN KONTRASTE ZWISCHEN DER KONTROLLGRUPPE (KON) UND DEN ZUSAMMENGEFASSTEN EXPERIMENTALGRUPPEN (EXP)

ITEM NR.	EXP	KON
17	3.092	2.450
20	3.675	2.700
25	4.165	3.200

Die Experimentalgruppen empfanden die Aufgabensituationen als belastender (Item 17), fühlten sich während der Bearbeitung der Aufgaben gedanklich stärker blockiert (Item 20) und gaben in stärkerem Umfang an, Phasen während der Aufgabenbearbeitung erlebt zu haben, in denen sie nicht recht vorankamen (Item 25).

Zusammenfassend ergeben sich aus der Nachbefragung deutliche Hinweise auf Wirkungen, die durch die experimentelle Manipulation erwartet wurden. Die zwischen den Untersuchungsgruppen auftretenden Unterschiede in der Nachbefragung weisen deutlich auf Aspekte hin, die als Symptome affektiver Denkhemmungen gelten. Interessant erscheint, daß ein Teil der Vpn in der Mißerfolgsgruppe ihren Mißerfolg abzuwehren sucht, indem sie diesen auf ein mangelndes Verständnis der Instruktion zurückführt (Item 12).

Von besonderer Bedeutung für die intendierte Induktion positiver Emotionen ist, daß die Erfolgsgruppe im Vergleich zur Mißerfolgsgruppe in stärkerem Maße angibt, sich über die Leistungsrückmeldung bei den Aufgaben, die eine Schätzung der Zugzahl erforderten, gefreut zu haben. Aus den Ergebnissen der Nachbefragung kann zusammenfassend abgeleitet werden, daß die Art und Weise der Leistungsrückmeldung den gewünschten Effekt einer positiven emotionalen Befindensänderung bzw. der Reduktion von emotionalem Mißempfinden, wie es sich ebenfalls in den Daten des Fragebogens zum emotionalen Befinden widerspiegelt, erbrachte.

Der Inhalt der Items, in denen sich die Erfolgsgruppe von der Mißerfolgsgruppe unterscheidet, läßt zum einen die geringere emotionale Belastung der Erfolgsgruppe deutlich werden, des weiteren unterscheiden sich beide Gruppen in dem Umfang, in dem sie über Beeinträchtigungen des Arbeitsverhaltens klagen.

Der Vergleich der Mittelwerte zwischen der Kontrollgruppe und den zusammengefaßten Experimentalgruppen ergab - zumindest in drei Items (17, 20, 25) - eine stärke Belastung der Experimentalgruppen. In diesen drei Items liegen die Item-Mittelwerte der Erfolgsgruppe numerisch unter dem Mittelwert der Kontrollgruppe, was auf eine stärkere arbeitsmäßige bzw. emotionale Belastung der Erfolgsgruppe schließen läßt. Die Rückmeldung von Erfolg bewirkt, nach den Ergebnissen dieser drei orthogonalen Kontraste zu urteilen, keine emotionale Entlastung. Zwar ist die emotionale Beeinträchtigung geringer als in der Mißerfolgsgruppe, doch immer noch stärker als in der Kontrollgruppe.

5 DISKUSSION

Für die in der vorliegenden Arbeit untersuchten drei Variablenbereiche Problemlöseleistung, emotionales Befinden und physiologische Aktivierung können nur wenige Arbeiten genannt werden, die zu allen drei Bereichen gleichzeitig Daten erhoben haben. Die Diskussion der Ergebnisse im Zusammenhang mit anderen Arbeiten kann deshalb fast ausschließlich in bezug auf einzelne Variablenbereiche erfolgen. Erst am Ende der Diskussion wird eine integrative Betrachtung über alle Variablenbereiche versucht werden können.

5.1 DISKUSSION DER ERGEBNISSE DES LEISTUNGSBEREICHS

Ein Großteil der durch die Hypothesen erwarteten Effekte wurde durch die empirischen Ergebnisse belegt. Die allgemeine und grundlegende Hypothese, die eine leistungssteigernde Wirkung von Erfolgsrückmeldung auf das Problemlösen behauptet, konnte allerdings nicht bestätigt werden.

Die in vielen Untersuchungen gefundenen negativen Auswirkungen von Leistungsversagen auf nachfolgende Problemlöseleistungen erfahren auch durch die vorliegende Arbeit weitere Unterstützung. In Abhebung zu den genannten Untersuchungen - mit Ausnahme der Untersuchung von HEUSER (1976) - wird, was die Leistungsvariablen, speziell die Variable Anzahl benötigter Züge angeht, ein geschlechtsspezifischer Effekt nachgewiesen. Männer zeigten nach negativer Leistungsrückmeldung in ihrer Problemlöseleistung über eine Serie von Aufgaben eine lineare Zunahme der Anzahl benötigter Züge, d.h. eine Abnahme ihrer Problemlöseleistung, während Frauen eine Verbesserung ihrer Problemlöseleistung erzielten, was aus der trendmäßigen Verringerung der Anzahl benötigter Züge hervorgeht.

Diese Aussage muß allerdings relativiert werden, da in der vorliegenden Arbeit rund 30% der Frauen, die mit dem Versuch begannen, die erste zu bearbeitende Aufgabe nicht innerhalb von 40 Zügen lösten und damit nicht in die Auswertung aufgenommen werden konnten. Dies ist unter Umständen auf die Tatsache zurückzuführen, daß bereits die durch die Untersuchungssituation gegebene Streßwirkung ausreiche, um die vorgegebene Aufgabenstellung für diese Frauen in der maximal vorgegebenen Zugzahl unlösbar werden zu lassen. Den zwölf weiblichen Vpn, die bei der ersten zu bearbeitenden Aufgabe versagten, steht nur eine männliche Vp gegenüber, die die erste Aufgabe nicht lösen konnte. Ähnliche Wirkungen für die erste Aufgabendarbietung einer Problemaufgabe berichtete auch HEUSER (1976).

Interessanterweise zeigen sich Geschlechtseffekte in der Variable Anzahl benötigter Züge und in den Lösungszeiten auch in der Kontrollgruppe, die keine leistungsbezogene Rückmeldung erhielt. Die Ergebnisse fallen dort, was die Problemlöseleistung angeht, für die beiden Geschlechter gerade entgegengesetzt aus. Frauen zeigen über die drei Kriterienaufgaben eine trendmäßige lineare Zunahme der benötigten Anzahl von Zügen pro Aufgabe und damit eine Leistungsverschlechterung, Männer eine Abnahme der benötigten Anzahl von Zügen und damit eine Leistungsverbesserung. Die Ergebnisse für die transformierten Lösungszeiten weisen ebenfalls in Richtung einer Leistungsverbesserung für die Männer. Eine Wirkung des Faktors Geschlecht in der Kontrollgruppe konnte in der Arbeit von HEUSER (1976) nicht beobachtet werden.

Hieraus ergeben sich zwei Fragen, die bereits im Ergebnisteil angesprochen wurden:

1.) Weshalb unterscheiden sich Männer und Frauen bezüglich der Anzahl benötigter Züge in der Kontrollgruppe, in der keine leistungsbezogene Rückmeldung erfolgte?

2.) Was könnten die Gründe dafür sein, daß in der Erfolgsgruppe, in der eine leistungsbezogene Rückmeldung erfolgte, keine Geschlechtseffekte auftreten?

Eine Beantwortung beider Fragen kann nur durch hypothetische Erwägungen versucht werden.

Die geschlechtsspezifischen Ergebnisse in dem Leistungsbereich lassen sich durch die unterschiedliche Bedeutung einer erfolgreichen Aufgabenlösung für das Selbstwertgefühl beider Geschlechter erklären.

Für Männer könnte der Erfolg bei einer Problemlöseaufgabe für deren Selbstkonzept wichtiger sein als für Frauen, da Männer ihr Selbstwertgefühl stärker aus der Fähigkeit zur Problembewältigung ziehen.

Stimmt diese Voraussetzung, könnte die Mißerfolgsrückmeldung bei den Männern eine stärkere persönliche Betroffenheit ausgelöst und damit zu der Minderung der Problemlöseleistung bei den Männern gegenüber den Frauen geführt haben. Die Frauen der Mißerfolgsgruppe waren unter Umständen durch die Mißerfolgsrückmeldung weniger stark betroffen, da die richtige Aufgabenlösung für sie weniger selbstwertrelevant ist. Eventuell wurde bei den Frauen durch die Mißerfolgsrückmeldung die Leistungsbereitschaft bzw. die bislang fehlende Anstrengungssteigerung erst aktualisiert, was sich positiv auf die Problemlöseleistung ausgewirkt haben könnte.

In der Kontrollgruppe - ohne leistungsbezogene Rückmeldung - wäre die Leistungsverschlechterung der Frauen auf eine zunehmend geringer werdende Bedeutungseinschätzung einer erfolgreichen Aufgabenlösung und der damit einhergehenden geringeren Anstrengungsbereitschaft zurückführbar. Die Männer zeigen dagegen, gemäß ihrer höheren Bedeutungszumessung bezüglich der Problemlösefähigkeit, eine stärkere Anstrengungsbereitschaft und erzielen deshalb zunehmend bessere Ergebnisse in den Kriterienaufgaben.

Innerhalb der Erfolgsgruppe trat kein Unterschied in der Problemlöseleistung zwischen den Geschlechtern auf. Es scheint, als ob die positive Leistungsrückmeldung den in der Mißerfolgs- und Kontrollgruppe gefundenen Unterschied zwischen den Geschlechtern egalisiert. Eine Erklärung dieses Befundes könnte in ähnlicher Weise erfolgen wie für die zuvor besprochenen Geschlechtseffekte. Trifft es zu, daß sich Männer und Frauen in ihrer Bedeutungszumessung der Problemlösefähigkeit unterscheiden, wäre die Rückmeldung von Erfolg für die Männer als Entlastung und Selbstwertbestätigung anzusehen. Für die Frauen könnte die Erfolgsrückmeldung dagegen einen ähnlichen leistungsmotivierenden Effekt haben wie für die Frauen in der Mißerfolgsgruppe, weshalb sich beide Geschlechter in der Erfolgsgruppe nicht voneinander unterscheiden.

Die Bedeutung geschlechtsspezifischer Änderung der Problemlöseleistung sollte, trotz der vergleichbaren Befunde von HEUSER (1976), nicht überschätzt werden. Die Ergebnisse weisen für die benötigten Lösungszeiten der zweiten abhängigen Variablen des Leistungsbereiches, nur in der Tendenz einen Geschlechtsunterschied auf. Darüber hinaus handelt es sich bei dem Unterschied zwischen den Geschlechtern in der Variablen Anzahl benötigter Züge ausschließlich um die linearen Trendeffekte innerhalb der drei Kriterienaufgaben. Die orthogonalen Kontraste zwischen der ersten zu bearbeitenden Aufgabe (A1) und dem Mittelwert der drei Kriterienaufgaben ergaben keine Unterschiede zwischen den Geschlechtern.

Neben den Befunden zur Geschlechtsabhängigkeit zeigen sich in den orthogonalen Kontrasten der Variablen Anzahl benötigter Züge auch deutliche Unterschiede zwischen den Untersuchungsgruppen ohne Berücksichtigung des Faktors Geschlecht.

Zum einen ergab sich eine geringere Anzahl von Zügen der Erfolgsgruppe gegenüber der Mißerfolgsgruppe, zum anderen ein besseres Abschneiden der Kontrollgruppe gegenüber den zusammengefaßten Experimentalgruppen.

Wie vermutet, wirkt sich die Mißerfolgsrückmeldung stärker leistungsmindernd aus als sich die Erfolgsrückmeldung leistungsfördernd auswirkt. Die leistungssteigernde Wirkung von Erfolg fehlt sogar gänzlich, wie aus den Gruppenmittelwerten hervorgeht ist. Obwohl statistisch nicht geprüft, kann allein aus den graphischen Abbildungen der Variablen Anzahl benötigter Züge ersehen werden, daß kein Unterschied in der Problemlöseleistung zwischen Erfolgsgruppe und Kontrollgruppe besteht. Die Mittelwerte der Erfolgsgruppe liegen in den drei Kriterienaufgaben unterhalb der Mittelwerte der Kontrollgruppe, d.h. die Personen der Erfolgsgruppe schneiden, durchschnittlich betrachtet, schlechter ab als die Personen in der Kontrollgruppe.

Die durch die Hypothese HL.1 angenommene Verbesserung der Problemlöseleistung trifft weder für die Variable Anzahl benötigter Züge noch für die benötigten Lösungszeiten je Aufgabe zu. In keiner der Kriterienaufgaben schneidet die Erfolgsgruppe besser ab als die Kontrollgruppe. Zusammenfassend läßt sich feststellen, daß die Rückmeldung von Erfolg unter den beschriebenen experimentellen Bedingungen keine Verbesserung der Problemlöseleistung bewirkt.

Demgegenüber ergab sich die erwartete Beeinträchtigung der Problemlöseleistung durch die negative Leistungsrückmeldung. Es traten deutliche Leistungsminderungen sowohl in der Anzahl benötigter Züge als auch in den benötigten Lösungszeiten auf. Die in vielen denk- und streßpsychologischen Untersuchungen gefundene Beeinträchtigung der Problemlöseleistung durch induzierte Mißerfolgserlebnisse zeigt sich auch in diesem Experiment.

Die fehlende Verbesserung der Problemlöseleistung in der Erfolgsgruppe bedarf der Erklärung. Zwei Ansätze bieten sich hier an. Zum einen könnte daran gedacht werden, daß die positive Leistungsrückmeldung und die mit ihr verbundenen positiven Emotionen ebenso wie die negative Leistungsrückmeldung zu einer erhöhten physiologischen Aktivierung und damit zu einer Überaktivierung im Sinne des YERKES-DODSON-Gesetzes führten. Die physiologische Aktivierung nimmt für die Erfolgsgruppe über die Kriterienaufgaben allerdings ab. Aufgrund der Daten läßt sich dieser Erklärungsansatz somit nicht stützen. Eine aus aktivationstheoretischer Sicht zu niedrige Aktivation kann ebenfalls nicht unterstellt werden, da die physiologische Aktivierung während der Aufgabenbearbeitung der Vpn verständlicherweise immer im oberen Bereich des Aktivierungskontinuums lag.

Reicht ein allgemeiner aktivationstheoretischer Erklärungsansatz nicht aus, um die aufgetretenen Effekte zu erklären, stellt sich die Frage, ob überhaupt die Erwartung der leistungssteigernden Wirkung einer Erfolgsrückmeldung berechtigt ist.

Zur Erklärung der Leistungsminderung bei Mißerfolgserleben werden in der Regel drei Erklärungsansätze angeboten:

- Die eintretende physiologische Überaktivierung bewirkt im Sinne des YERKES-DODSON-Gesetzes die Leistungsminderung.

- Die mit der Überaktivierung einhergehende Reduktion der Informationsnutzung "cue-utilization" (EASTERBROOK 1959) führt zu dem beobachtbaren Leistungseinbruch.

- Die Leistungsminderung ist auf eine Aufmerksamkeitsverlagerung von sachorientierter zu ego-protektiver, das Selbstbild erhaltender oder verteidigender Aufmerksamkeit zurückzuführen (WINE 1971).

Alle drei Ansätze können zur Erklärung der Leistungsminderung unter Mißerfolgsstreß herangezogen werden. Das Fehlen der durch die drei Erklärungsansätze (Überaktivierung, Informationsnutzung, Aufmerksamkeitsverlagerung) postulierten Effekte bei der Gruppe mit Erfolgsrückmeldung läßt zwar erwarten, daß die Erfolgsgruppe bessere Leistungsergebnisse zeigt als die Mißerfolgsgruppe, doch entstehen umgekehrt für die Erfolgsgruppe keine Vorteile, verglichen mit der Kontrollgruppe. Die von den Leistungen der Kontrollgruppe sich nicht unterscheidenden Ergebnisse der Erfolgsgruppe lassen sich schlicht wie folgt erklären.

Positive Leistungsrückmeldungen führen direkt nach deren Auftreten zu den festgestellten emotional positiven Emotionen. In der darauf folgenden Aufgabenserie, die durch Zeitdruck und die Möglichkeit des Mißerfolges charakterisiert ist, bestehen zwar keine mit der Mißerfolgsgruppe vergleichbaren Beeinträchtigungen durch Überaktivierung, mangelde Informationsnutzung oder Aufmerksamkeitsverlagerungen, aber auch keine Vorteile gegenüber der Kontrollgruppe ohne leistungsbezogene Rückmeldung. Die Erfolgsgruppe schneidet deshalb nicht besser ab als eine Gruppe ohne weitere Beeinflussung, d.h. sie zeigt keine besseren Leistungen als die Kontrollgruppe.

Die allgemein anzutreffende Erwartung, daß Erfolg leistungssteigernd wirkt, ist wohl zum einen auf ein gewisses Analogdenken zurückzuführen, daß positive Resultate bei positiver Effektinduktion, negative Resultate bei negativer Effektinduktion entstehen. Zum anderen kann die allgemein verbreitete Erwartung aus der Beobachtung längerfristiger Entwicklungen abgeleitet sein. Hat jemand auf einem Gebiet einen Erfolg erzielt, wird er sich diesem gehäuft und vielleicht sogar mit besonderem Eifer widmen. Der nachfolgende von außen beobachtbare Erfolg, von dem aus auf die positive Wirkung einer Erfolgsrückmeldung geschlossen wird, ist das Ergebnis der motivierenden, vermehrte Übung induzierenden Wirkung von Erfolg, einem Faktor, der bei der vorliegenden Aufgabenart und der Kürze der zwischen den beiden Aufgabendarbietungen liegenden Zeit keine Rolle gespielt haben dürfte.

Aus den letzten Ausführungen ergeben sich bereits Hinweise auf die Möglichkeit der Generalisierung gewonnener Ergebnisse, die an späterer Stelle näher ausgeführt werden sollen.

5.2 DISKUSSION DER ERGEBNISSE ZUR EMOTIONALEN BEFINDLICHKEIT

Die fehlende Verbesserung der Problemlöseleistung nach Erfolgsrückmeldung könnte trivialerweise auf eine inadäquate Induktion bzw. Messung der Erfolgsbedingung zurückgeführt werden. Diese Möglichkeit kann aufgrund der vorliegenden Befunde ausgeschlossen werden.

Wie sich aus den Ergebnissen zum subjektiven Befinden in den Untersuchungsphasen ergibt, kann von einer erfolgreichen Induktion von Erfolgserleben ausgegangen werden. Dies läßt sich am deutlichsten aus der Abnahme des emotionalen Mißempfindes in der Erfolgsgruppe von der ersten Aufgabe zu den Kriterienaufgaben gegenüber einer Zunahme des emotionalen Mißempfindens in der Mißerfolgsgruppe und einer in etwa gleichen Ausprägung dieser Variablen in der Kontrollgruppe belegen. Die Vpn in der Erfolgsgruppe zeigen in den Kriterienaufgaben ein geringeres Ausmaß emotionalen Mißempfindens, verglichen mit der ersten zu bearbeitenden Umordnungsaufgabe, die Mißerfolgsgruppe weist dagegen ein höheres Ausmaß emotionalen Mißempfindens auf.

Weiter weist die Erfolgsgruppe gegenüber der Mißerfolgsgruppe von der ersten Ruhephase zur Rückmeldephase einen schwächeren Anstieg des emotionalen Mißempfindens auf. Zwar liegt das Ausmaß des emotionalen Mißempfindens in der Rückmeldephase für die Erfolgsgruppe absolut gesehen über dem der ersten Ruhephase, doch dürfte dies auf den unterschiedlichen Kenntnisstand bezüglich der experimentellen Aufgabenstellung zurückzuführen sein. In der ersten Ruhephase wußten die Vpn noch nicht, daß sie während des Untersuchungsablaufs mehrfach Problemlöseaufgaben unter Zeitdruck zu bearbeiten hatten. In der Rückmeldephase war ihnen dies bekannt, woraus ein stärkeres emotionales Mißempfinden als in der ersten Ruhephase - trotz erfolgter Erfolgsrückmeldung - resultieren konnte.

Neben den Angaben zum emotionalen Befinden weisen die unterschiedliche Beantwortung der Einzelitems und die Ergebnisse der Nachbefragung eine adäquate Induktion der Erfolgsbedingung nach. Aus der Nachbefragung ergab sich, daß die Rückmeldung von Erfolg zu positiven Emotionen, die Rückmeldung von Mißerfolg zu negativen Emotionen führte.

Zusammenfassend kann von einer adäquaten experimentellen Manipulation von Erfolgs- und Mißerfolgserleben ausgegangen werden. Die beobachteten Änderungen in den abhängigen Variablen können somit auf die positive bzw. negative Leistungsrückmeldung zurückgeführt werden. Negative und positive Leistungsrückmeldungen haben aber nicht nur Auswirkungen auf die Problemlöseleistung und das emotionale Befinden, sondern auch auf die physiologische Aktivierung.

5.3 DISKUSSION DER ERGEBNISSE ZU DEN ERHOBENEN PHYSIOLOGISCHEN VARIABLEN

Für die in HP.2 vermuteten Unterschiede in den physiologischen Variablen zwischen der mittleren Ruhesituation und der darauf folgenden Leistungsrückmeldephase ergaben sich unterstützende Ergebnisse in den abhängigen Variablen Muskelspannung und Hautleitfähigkeit zwischen den zusammengefaßten Experimentalgruppen und der Kontrollgruppe. Die zusammengefaßten Experimentalgruppen weisen eine stärkere Zunahme ihrer physiologischen Aktivierung auf bzw. die Kontrollgruppe zeigt gegenüber den zusammengefaßten Experimentalgruppen eine größere Abnahme ihrer physiologischen Aktivierung. Erfolgsgruppe und Mißerfolgsgruppe unterscheiden sich nicht, wie in Hypothese HP.1 erwartet, in den physiologischen Variablen, sondern zeigen eine in etwa gleich starke physiologische Aktivierung nach der Erfolgs- bzw. Mißerfolgsrückmeldung.

Die für Erfolgsgruppe und Mißerfolgsgruppe gleichsinnige Erhöhung der physiologischen Erregung nach erfolgter leistungsbezogener Rückmeldung stützt generelle aktivationstheoretische Ansätze, die von einer emotionsunspezifischen physiologischen Aktivierung ausgehen. Danach kommt es nach leistungsbezogenen Rückmeldungen zu einem Anstieg der physiologischen Aktivierung unabhängig von der Qualität der Rückmeldung und den begleitenden positiven oder negativen Emotionen.

Das durch die unterschiedliche Leistungsrückmeldung induzierte emotionale Befinden ist anhand der erhobenen physiologischen Variablen nicht differenzierbar. Dieser Befund steht mit den meisten diesbezüglichen experimenteller Ergebnissen in Einklang. Obwohl von mehreren emotionstheoretischen Ansätzen eine Differenzierung von Emotionen anhand physiologischer Maße oder zumindest anhand deren Muster postuliert wird, gelang der empirische Nachweis bisher nur in wenigen Untersuchungen (AVERILL 1969, AX 1953). Als Grund für den mangelnden Nachweis der spezifischen Unterschiede zwischen emotionalen Zuständen werden mangelnde methodische und statistische Verfahrensweisen angeführt, die bereits in den einführenden Kapiteln benannt wurden.

Gegenüber den spezifischen emotionspsycholgischen Zuständen wird heute von einer größeren Anzahl von Autoren (DUFFY 1962, LINDSLEY 1952, MALMO 1959, SELYE 1956, SCHACHTER & SINGER 1962) einem generellen aktivationstheoretischen Emotionsmodell der Vorzug gegeben.

Als Gründe können folgende Punkte genannt werden:

1.) Der Einfluß der oben genannten theoretischen Standpunkte, besonders des Streßkonzepts von SELYE und des kognitionspsychologischen Ansatzes von SCHACHTER, der die Unterschiedlichkeit verschiedener emotionaler Zustände auf Unterschiede in den aktuellen Kognitionen zurückzuführen versucht und damit von einem emotionsdifferenzierenden Effekt physiologischen Geschehens trennt.

2.) Die fehlenden experimentellen Belege für eine emotionsspezifische Änderung physiologischer Maße in Abhängigkeit von der Induktion unterschiedlicher Emotionen.

Trotz dieser verbreiteten aktivationstheoretischen Sicht emotionspsychologischer Prozesse muß offen bleiben, ob nicht durch verfeinerte methodische und statistische Erhebungs- bzw. Analyseverfahren eine differentielle Wirkung emotionaler Reize nachweisbar sein wird.

5.4 DISKUSSION DER VERSUCHSLEITER-VEPSUCHSPERSONEN-INTERAKTION

Die Abhängigkeit der Problemlöseleistung vom Geschlecht der Vpn wurde auch von HEUSER (1976) gefunden. Danach erscheinen Frauen von Mißerfolgsrückmeldungen in Leistungssituationen weniger beeinträchtigt zu werden als Männer. In beiden Untersuchungen waren allerdings ausschließlich männliche VI tätig. Vergegenwärtigt man sich die Überlegungen und Ergebnisse der Untersuchungen zur Versuchleiter-Versuchspersonen- Interaktion, könnten die Ergebnisse zum Geschlechtseffekt unter Umständen auch auf die Geschlechtszugehörigkeit von Versuchsleiter und Versuchsperson zurückgeführt werden. HEUSER (1976) stellt ähnliche Überlegungen an. Obwohl durchaus möglich, erscheint es wenig plausibel, daß zum Versuchsleiter gegengeschlechtliche Vpn einer höheren emotionalen Belastung ausgesetzt sein sollen. Als Gegenargument gegen die vermutete Versuchspersonen-Versuchsleiter-Interaktion kann für die vorliegende Arbeit angeführt werden, daß die Vpn während der Untersuchungsdurchführung und der Leistungsrückmeldung nicht direkt mit dem Versuchsleiter konfrontiert waren. Sie befanden sich alleine in dem Untersuchungsraum, Aufgaben und Leistungsrückmeldung wurden von einem als neutral zu bezeichnenden Computer dargeboten. Es erfolgte eine scheinbar objektive Leistungsrückmeldung, ohne daß sich der VI kritisch oder herabsetzend über die intellektuelle Leistungsfähigkeit der Vpn äußerte.

Zusammenfassend ist eine Versuchsleiter-Versuchspersonen-Interaktion zwar vorstellbar, doch zumindest für die vorliegende Untersuchungsanordnung wenig wahrscheinlich.

5.5 DISKUSSION DER EXPERIMENTELLEN MANIPULATION DIE GRUPPENBILDUNG BETREFFEND

Der Leistungsrückmeldung für die Erfolgs- und Mißerfolgsgruppe steht die Rückmeldung ohne leistungsrelevante Inhalte für die Kontrollgruppe gegenüber. Man könnte nun argumentieren, daß die beobachteten Unterschiede in den abhängigen Variablen durch die unterschiedliche Leistungsthematisierung für die Untersuchungsgruppen entstanden ist. Während für die Erfolgs- und Mißerfolgsgruppe durch die Leistungsrückmeldung nochmals die Leistungsbeurteilung in den Aufgaben hervorgehoben wurde, bevor die Kriterienaufgaben zu bearbeiten waren, erfolgte keine leistungsbezogene Rückmeldung für die Kontrollgruppe.

Der vorgetragene Einwand erscheint zunächst berechtigt. Idealerweise hätte für die Kontrollgruppe eine Leistungsthematisierung erfolgen sollen. Diese wäre aber nur durch eine Leistungsrückmeldung mit durchschnittlicher Leistungsbeurteilung möglich gewesen. Eine Leistungsrückmeldung mit durchschnittlicher Erfolgsrückmeldung hätte, aufgrund des unterschiedlichen Anspruchsniveaus der Vpn, zu der oben näher ausgeführten Unschärfe der experimentalpsychologischen Gruppenbildung geführt. In der Kontrollgruppe wären unter Umständen Vpn zu finden gewesen, die aufgrund der durchschnittlichen Leistungsrückmeldung ein subjektives Erfolgserleben aufgewiesen hätten, während andere Vpn bei gleicher objektiven Leistungsrückmeldung ein subjektives Mißerfolgserleben gezeigt hätten.

Bei der Planung des Experiments wurde dem Verzicht einer Leistungsthematisierung der Vorzug gegeben, um eine mangelnde Abgrenzung der Untersuchungsgruppen zu vermeiden. Diese Entscheidung erscheint auch im nachhinein betrachtet gerechtfertigt, da unterstellt werden kann, daß allein aufgrund der

Aufgabenstellung unter Zeitdruck die Leistungsthematisierung auch unabhängig von der erfolgten Leistungsrückmeldung gegeben war.

5.6 DISKUSSION DES AKTIVATIONSTHEORETISCHEN ERKLÄRUNGSANSATZES

Die in Hypothese HL.1 erwartete leistungssteigernde Wirkung von Erfolg auf das Problemlösen war durch folgende Überlegung begründet. Handelt es sich bei der affektiven Denkhemmung um eine Hemmung des Denkens, die in erster Linie durch physiologische Überaktivierung zustande kommt, müßte bei einer Erfolgsrückmeldung die physiologische Aktivierung in einer nachfolgenden Aufgabenserie mit vergleichbarem Aufgabentyp reduziert werden, was - im Sinne des von YERKES-DODSON postulierten Gesetzes eines umgekehrt u-förmigen Zusammenhangs zwischen Aktivierung und Leistung - zu einem für die Aufgabenlösung günstigeren Aktivationsniveau führen würde.

Wie die Ergebnisse zeigen, weist die Erfolgsgruppe gegenüber der Kontrollgruppe keine entscheidende Leistungsverbesserung in den Kriterienaufgaben auf. Die in die voran angeführte Überlegung eingehende Bedingung, nämlich die Reduktion der physiologischen Aktivierung, kann aufgrund der Ergebnisse von Fingerpulsamplitude, Pulslaufzeit und zumindest teilweise anhand der Ergebnisse der Hautleitfähigkeit als belegt angesehen werden. Mit der Reduktion physiologischer Aktivierung über die drei Kriterienaufgaben geht allerdings nicht die erwartete Leistungsverbesserung einher. Fragt man nach den Gründen für diese Ergebnisse, können mehrere Sachverhalte als mögliche Ursachen in Betracht gezogen werden.

Zum einen könnte die erfolgte Senkung der physiologischen Aktivierung zu klein gewesen sein, um leistungssteigernde Effekte auf den Denk- bzw. Problemlösungsprozeß zu zeitigen. Es könnte aber auch die Aufgabensituation selbst mit ihrer Leistungsanforderung unter Zeitdruck die ansonsten günstig wirkende Erfolgsrückmeldung aufgehoben bzw. kompensiert haben.

Leistungen in der benutzten Art von Denkaufgaben sind in nicht unerheblichen Maße von Begabungs- bzw. Intelligenzaspekten abhängig. Trifft es zu, daß die Leistungen im Denken durch emotionale Einflüsse, wie diese bei negativen Emotionen auftreten, gestört werden, muß dies nicht zwangsläufig bedeuten, daß sich positive Emotionen förderlich auf die Denkleistung auswirken.

Eine leistungsfördernde Wirkung von Erfolg kann nur für die subjektiv ansteigende Erfolgswahrscheinlichkeit unterstellt werden. In wie weit sich diese allerdings als förderlich auswirkt, ist unklar. Teilweise werden eher negative Auswirkungen erwartet und auch beobachtet: "Umgekehrt können positive Emotionen, die z.b. kurz vor der schon sicher antizipierten Zielerreichung auftreten, zu Nachlässigkeit und Oberflächlichkeit verführen. Eine entsprechende Wirkung von 'Zielnähe' konnten wir bei aussagelogischen Beweisproblemen deutlich feststellen ... ." (DÖRNER 1984, S. 16)

5.7 ZUR GENERALISIERBARKEIT DER ERGEBNISSE

Inwieweit lassen sich die im Labor gewonnenen Ergebnisse auf die außerhalb des Labors geltenden Bedingungen generalisieren?

Um diese Frage beantworten zu können, müssen zum einen die relevanten Laborbedingungen und erzielten Ergebnisse, zum anderen die Umweltbedingungen bestimmt werden, auf die die Ergebnisse der Untersuchung übertragen werden sollen.

Die wichtigste unabhängige Variable des vorliegenden Experiments sind die qualitativ unterschiedlichen Leistungsrückmeldungen. Diese spielen in der Umwelt einer Person, speziell in einem üblicherweise als "Leistungsgesellschaft" charakterisierten Gemeinwesen, eine bedeutende Rolle.

Leistungen einer Person, gleich welcher Art, werden durch die Personen der Umwelt in bezug auf ihre Güte beurteilt. Am deutlichsten wird dies in Ausbildungsgängen, wie sie in Schulen, Lehrstellen, Universitäten oder der beruflichen Weiterbildung durchgeführt werden. Doch auch innerhalb der beruflichen Arbeit werden Beurteilungen der Leistungen von Personen vorgenommen, dort allerdings weniger in differenzierten Notensystemen, sondern eher im Sinne von globalen Erfolgs- bzw. Mißerfolgsbeurteilungen. Neben der Leistungsbeurteilung durch andere ist die eigene Stellungnahme zu erbrachten Leistungen, die sich an dem individuellen Leistungsanspruch und damit an dem Anspruchsniveau orientiert, eine ständige Quelle interner Leistungsbeurteilungen.

Personen in sogenannten Leistungsgesellschaften sind somit der Beurteilung durch sich selbst und andere zwangsläufig ausgesetzt. Schon von daher ist es von weitreichender praktischer Relevanz, welche Auswirkungen positive und negative Leistungsrückmeldungen auf die Leistungsfähigkeit und die begleitenden emotionalen und physiologischen Prozesse haben.

Die Frage nach der Generalisierbarkeit von Ergebnissen aus Laboruntersuchungen ist eng mit der externen Validität verbunden.

Für diese können zwei Voraussetzungen genannt werden:

1.) Der ansonsten üblicherweise implizit angenommene Sachverhalt, daß in einem Experiment überhaupt etwas untersucht wurde, was außerhalb des Experimentes existiert.

2.) Die im Labor gewonnenen Ergebnisse sollen auf die Bedingungen außerhalb des Labors übertragbar sein. Genauer bedeutet dies, daß die Laborbedingungen selbst den Zusammenhang der untersuchten Variablen nicht verfälschen und durch die im Experiment notwendige Reduktion der wirksamen Faktoren wichtige und einflußstarke Randbedingungen nicht mit in Rechnung gestellt wurden.

Betrachtet man die zahlreichen Einzelergebnisse der vorliegenden Untersuchung, müssen drei Hauptergebnisse hervorgehoben werden:

Diese sind:

1.) die geschlechtsabhängige leistungsmindernde Wirkung von Mißerfolgsrückmeldung,

2.) die fehlende leistungssteigernde Wirkung von Erfolgsrückmeldung auf die Leistungsgüte beim Problemlösen trotz verminderter emotionaler Mißempfindungen und reduzierter physiologischer Aktivierung,

3.) die im subjektiven Befinden feststellbare emotional positive Reaktion auf Erfolg und emotional negative Reaktion auf Mißerfolg, die sich allerdings anhand physiologischer Indikatoren nicht differenzieren lassen.

Zwei der drei als Hauptergebnisse anzusehenden Resultate können ohne Probleme mit den Erfahrungen und Erwartungen des Alltags in Einklang gebracht werden.

Die leistungsmindernde Wirkung von Mißerfolgsrückmeldung für aktuell nachfolgende Leistungen gleicher Art ist das als affektive Denkhemmunge bekannte Phänomen. Allerdings ist die geschlechtsspezifische Beeinträchtigung der Problemlöseleistung ein von der Alltagserwartung her nicht vermuteter Effekt.

Positives emotionales Erleben nach Erfolgsrückmeldung, das mit einen physiologischen Aktivierungsanstieg einhergeht, ist der Erfahrung eines jeden Menschen durchaus bekannt. Die unterschiedliche Wirkung von Erfolg und Mißerfolg auf das emotionale Befinden, im Sinne von positivem Befinden bei Erfolg und negativem Befinden bei Mißerfolg, entspricht auch der Erwartung und kann durch die Ergebnisse des durchgeführten Expertenrating für den erweiterten A-State-Fragebogen belegt werden.

Ein gewisses Problem für die Einordnung stellt die fehlende leistungsfördernde Wirkung von Erfolg dar.

Eine Befragung von Personen außerhalb der Untersuchung, was sie bezüglich der Leistungsfähigkeit bei Denkaufgaben erwarten würden, wenn eine Person zuvor ein Erfolgserlebnis bei der gleichen Art von Aufgaben erfahren hätte, führte fast ausschließlich zu der geäußerten Erwartung, daß eine Leistungssteigerung eintritt. Aus der geforderten Begründung war allerdings zu entnehmen, daß diese Einschätzung auf ein "Komplementärprinzip" zurückzuführen ist. Dieses könnte formuliert werden als: "Verschlechtert sich die Leistung nach Mißerfolg, verbessert sie sich nach Erfolg". Wurde dieses "Komplementärprinzip" nicht in Anspruch genommen, war die Grundüberlegung von einem zum gleichen Ergebnis führenden "Analogdenken" bestimmt. Der negativen Auswirkung einer negativen Leistungsrückmeldung wird analog eine positiven Auswirkung positiver Leistungsrückmeldung gegenübergestellt.

Diese beiden Begründungen sind nicht erfahrungsbedingt, sondern resultieren aus gedanklichen Erwägungen. Demgegenüber waren Begründungen aus der längerfristigen Wirkung von einmaligem Erfolgserleben, wie oben näher ausgeführt, selten anzutreffen.

Zu der am Beginn des Kapitels gestellten Frage nach der Generalisierbarkeit der Ergebnisse ist zu sagen, daß die Untersuchungssituation als insgesamt sehr künstlich, d.h. realitätsfern bezeichnet werden muß. Die Bearbeitung von computersimulierten Problemlösungsaufgaben, während eine Aufzeichnung physiologischer Maße erfolgt, darf als eine atypische Lebensbedingung angesehen werden. Es stellt sich deshalb die Frage nach der Generalisierbarkeit der Ergebnisse um so eindringlicher.

Trotz ihrer Künstlichkeit weist die Untersuchungssituation auf der anderen Seite Elemente auf, denen jede Person alltäglich ausgesetzt ist. Hier ist zum einen die Konfrontation mit einem Problem zu nennen, das durch Denken gelöst werden muß, aber auch die Notwendigkeit der Leistung, d.h. die Bearbeitung von wie auch immer gearteten Problemen unter Zeitdruck gehört hierzu. Die Rückmeldung von Leistungsbeurteilungen ist ebenfalls ein alle Personen betreffendes Vorkommnis, das je nach deren Qualität zu unterschiedlichen emotionalen und physiologischen Reaktionen führt.

Stellt man der Künstlichkeit der experimentellen Bedingung die Elemente gegenüber, die charakteristisch sind für die üblichen Lebensbedingungen, auf die generalisiert werden soll, und zieht man die gewonnenen Ergebnisse zur Bewertung mit heran, kann von einer Übertragbarkeit oder Generalisierbarkeit ausgegangen werden, wenn dabei eine Beschränkung auf die tatsächlich in dem Experiment wirksamen und untersuchten Faktoren erfolgt.

Besonders wichtig ist diese Aussage für die Wirkung von Erfolg auf die Leistung. Eine Verallgemeinerung der Ergebnisse, die behaupten würde, es wäre pädagogisch uneffektiv, zu loben, da hierdurch, wie die Untersuchung zeige, keine Leistungsverbesserungen eintreten, muß als Übergeneralisierung abgelehnt werden. In der Untersuchung selbst ist die längerfristige motivierende Wirkung von Erfolg, die unter Umständen zu einer Leistungsverbesserung führt, nicht untersucht worden. Darüber hinaus handelt es sich im pädagogischen Bereich häufig um die Lernmotivation zum Wissenserwerb, während in der vorliegenden Studie der Einfluß von Erfolg auf das produktive Problemlösen untersucht wurde.

6 AUSBLICK

Eine in experimentellen Ansätzen notwendige Reduktion der Realiät auf wenige kontrollierbare Variablen bedingt, daß sich weitere psychologische Konstrukte auf der Seite der unabhängigen Variablen als mögliche Beeinflussungsgrößen anbieten, die in der vorliegenden Arbeit nicht systematisch erhoben werden konnten. Hierzu gehört der Einfluß von Persönlichkeitseigenschaften, wie Extraversion-Introversion, Neurotizismus, Ängstlichkeit, Maße der Leistungsmotivation, der Streßverarbeitung oder individuelle Attributionsgewohnheiten. Auf der Seite der abhängigen Variablen wäre es wünschenswert, weitere Kennwerte zu erheben, die als Indikatoren der innerpsychischen emotionalen und motivationalen Prozesse gelten können. Hier ist an die Erhebung von Ausdrucksverhalten, Motorik oder Sprachverhalten zu denken.

Neben der Modifizierung in den abhängigen und unabhängigen Variablen ergeben sich weitere Fragen:

1.) Welche Ergebnisse sind zu erwarten, wenn Vpn nicht nur einmal, sondern mehrmals positive oder negative Leistungsrückmeldungen erhalten? Wie entwickelt sich die Leistungsgüte bei Problemlöseaufgaben bei wiederholter Erfolgsrückmeldung, wie bei wiederholter Mißerfolgsrückmeldung, wie bei wechselnder Erfolgs- und Mißerfolgsrückmeldung?

2.) Welche Resultate ergeben sich bei einer Vorgabe der Aufgaben ohne Zeitdruck? Bedingt der fehlende Streßcharakter, der durch den Zeitdruck entsteht, eine veränderte Wirkung von Erfolgs- bzw. Mißerfolgsrückmeldungen?

3.) Ergeben sich die gleichen Ergebnisse für andere Aufgabentypen, die, verglichen mit der verwendeten Umordnungsaufgabe, einen höheren oder niedrigeren Komplexitätsgrad aufweisen?

Die genannten Fragen können durch geeignete Wahl der experimentellen Bedingungen in einem erweiterten Ansatz geprüft werden. Es zeigt sich, daß die vorliegende Arbeit nur einen kleinen Teil der innerhalb dieses Forschungsbereiches zu stellenden Fragen thematisieren konnte. Weitere Untersuchungen erscheinen angezeigt und aufgrund des zu erwartenden Erkenntnisgewinns lohnenswert.

7 GESAMTZUSAMMENFASSUNG

Die vorliegende Arbeit beschäftigt sich mit der Frage, welche Auswirkungen positive und negative Leistungsrückmeldungen auf die Leistungsfähigkeit beim Problemlösen, das emotionale Befinden und die physiologische Aktivierung ausüben.

In der bisherigen psychophysiologischen Streßforschung liegt das Schwergewicht auf der Untersuchung von emotional negativ wirkenden Untersuchungsbedingungen. Die Bearbeitung von Aufgaben unter Zeitdruck, unlösbare oder sehr schwere Aufgaben, verbunden mit Kritik von seiten des Versuchsleiters an den erbrachten Leistungen, ist ein häufig anzutreffend Induktionsmethode zur Erzeugung von psychologischem Streß.

Aus dem Streßkonzept SELYES (1956) ist ableitbar, daß auch positive, d.h. freudig erlebte Situationen als Streßsituationen anzusehen sind. Die Wirkung positiver, d.h. von Vpn freudig erlebten Situationen wurde bisher nur in wenigen Arbeiten untersucht, worauf z.B. DÖRNER et al. (1983) und LAZARUS et al. (1980a) hinweisen. Ein Grund hierfür dürfte sein, daß die Induktion positiver Gefühle innerhalb von Laboruntersuchungen schwieriger ist als die Induktion negativer Gefühle. Eine naheliegende Möglichkeit der Induktion emotional positiver Reaktionen besteht in der Vermittlung individuellen Erfolgserlebens. Analog zu den Rückmeldungen von Mißerfolg, die, wie die Untersuchungsergebnisse vieler Streßarbeiten zeigen, zu massiven Änderungen in einer Reihe von Variablenbereichen führten, kann die Rückmeldung von Erfolg als Möglichkeit zur Induktion positiver Emotionen angesehen werden.

Die Intention der vorliegenden Untersuchung war es, durch positive und negative Leistungsrückmeldungen qualitativ unterschiedliche emotionale Reaktionen bei den Vpn der Untersuchungsgruppen auszulösen und die Auswirkungen im Leistungsbereich, genauer im Bereich des produktiven Denkens, des emotionalen Befindens und der physiologischen Aktivierung zu erfassen.

Aus der Breite des Untersuchungsansatzes und der Anzahl der abhängigen Variablen ergibt sich das Problem der Zuordnung dieser Arbeit zu einem psychologischen Forschungsgebiet. Die Verwendung von Problemlöseaufgaben bzw. die Erfassung der Problemlöseleistung läßt eine Zuordnung zum Gebiet der Denkpsychologie zu. Auf der anderen Seite kann nicht angenommen werden, daß die Rückmeldung von Erfolg oder Mißerfolg an sich einen Einfluß auf die

Leistungsgüte beim Problemlösen hat. Vielmehr müssen vermittelnde Prozesse innerhalb der Person angenommen werden, die als eigentliche Bedingungen der Leistungsveränderung anzusehen sind. Hiermit sind emotionale und motivationale Prozesse bzw. Reaktionen gemeint, die vermittelnd in das Erleben von Erfolg und Mißerfolg eingreifen und die Leistungsveränderungen beeinflussen. Aufgrund dieser Sachverhalte wäre eine Zuordnung der Untersuchung zum Gebiet der Motivationspsychologie, aber ebensogut zum Gebiet der Emotionspsychologie möglich. Nicht zuletzt könnte die Arbeit zu dem weiten Gebiet der Streßforschung zugeordnet werden. Die Bearbeitung der Aufgaben unter Zeitdruck, die Leistungsrückmeldung bzw. Leistungsbewertung und die Erfassung von physiologischen Variablen als Indikatoren der induzierten Aktivierung sind typische Kennzeichen streßpsychologischer Untersuchungen.

Im theoretischen Teil der Arbeit wird versucht, die wichtigsten Modelle und Theorien sowie die Hauptergebnisse in ihrem Bezug zu der vorliegenden Arbeit darzustellen. Eine eindeutige Zuordnung der vorliegenden Arbeit zu einem der Gebiete Denken, Emotion bzw. Motivation und Streß kann nicht vorgenommen werden. Die Arbeit liegt mit ihrer Themenstellung am Schnittpunkt dieser psychologischen Forschungsgebiete. Am ehesten ist eine Zuordnung zur Psychologie des Denkens und Problemlösens möglich. Diese Gewichtung kann mit dem Hinweis auf den Erklärungswert motivationaler, emotionaler und psychophysiologischer Variablen für die Problemlöseleistung begründet werden. Darüber hinaus stellten die Änderungen im produktiven Denken nach Erfolgs- und Mißerfolgsrückmeldung das Hauptinteresse bei der Konzeption der Untersuchung dar.

Aus der vorgenommenen Literaturdurchsicht ergab sich, daß es zwar eine Vielzahl von Arbeiten zur Wirkung von Mißerfolg gibt, im Verhältnis hierzu aber nur wenige Arbeiten zur Auswirkung von Erfolg auf das Problemlösen durchgeführt wurden. Die Arbeiten zu dieser Frage erhoben nahezu ausnahmslos Leistungsdaten, gelegentlich auch Daten der emotionalen Befindlichkeit. Die Erhebung physiologischer Aktivierungsindikatoren ist bisher nur in wenigen Arbeiten (SCHNORE 1959, BLATT 1961) erfolgt. Aufgrund des allgemein zu erwartenden Zusammenhangs zwischen Aktivierung und Leistung (YERKES-DODSON-Gesetz) erschien es naheliegend, zusätzlich zu den Leistungsdaten und den Daten des emotionalen Befindens, gleichzeitig die physiologische Aktivierung zu erheben.

Um die Leistung der Untersuchungsgruppen erfassen zu können, mußte ein Aufgabentyp gefunden werden, der mehrere Voraussetzungen erfüllte. Diese waren unter anderem die Möglichkeit der Quantifizierung erbrachter Problemlöseleistungen, die Unabhängigkeit der Aufgaben von spezifischem Vorwissen oder die Möglichkeit, eine größere Anzahl von Aufgaben gleichen Schwierigkeitsgrades zu bilden. Die Wahl fiel auf die sogenannte Umordnungsaufgabe, die bereits von SÜLLWOLD (1958) und HEUSER (1976) zur Untersuchung des Problemlösens eingesetzt wurden. Aufgaben vom Typ der Umordnungsaufgaben bestehen aus in einem Rechteck angeordneten Feldern (siehe Anhang 31), die mit Nummern versehen sind. Auf den Feldern befinden sich verschiebbare Elemente mit Zahlen. Die zu lösende Aufgabe bestand darin, die Zahlen aus einer ungeordneten Konstellation durch Verschieben numerisch zu ordnen und sie damit auf die Felder mit den gleichen Nummern zu bewegen. Bei jedem Zug darf nur ein Element bzw. eine Zahl über das freie Feld bewegt werden. Diagonale Züge und das Überspringen von Feldern sind nicht erlaubt. Als Umordnungsaufgaben wurden Aufgaben mit sechs Feldern (2*3) verwendet, die von eins bis sechs in Leserichtung numeriert waren. Auf den Feldern befanden sich, als verschiebbare Elemente, die Zahlen eins bis fünf. Alle dargebotenen Aufgaben wurden mittels Computerprogramm dargeboten und von den Vpn am Bildschirmterminal bearbeitet.

Drei Untersuchungsgruppen waren erforderlich, um Aussagen über die Wirksamkeit von Erfolgs- und Mißerfolgsrückmeldungen machen zu können. Eine Gruppe mit positiver Leistungsrückmeldung, eine Untersuchungsgruppe mit negativer Leistungsrückmeldung und eine Kontrollgruppe ohne leistungsrelevante Rückmeldung. Die Geschlechtsabhängigkeit der Streßwirkung, die sich aus der Untersuchung von HEUSER (1976) ergab, ließ es sinnvoll erscheinen, das Geschlecht der Vpn als weitere unabhängige Variable in den Untersuchungsplan aufzunehmen. Als unabhängige Variablen gingen die Art bzw. der Inhalt der erfolgten Leistungsrückmeldung (GR), das Geschlecht der Vpn (MW) und ein Verlaufsfaktor (V), der durch die wiederholten Messungen konstituiert wurde, in das experimentelle Design ein.

Abhängige Variablen waren für den Leistungsbereich die Anzahl der benötigten Züge pro Aufgabe und die benötigte Bearbeitungszeit. Das emotionale Befinden in den Untersuchungssituationen wurde anhand des erweiterten State-Angstinventars (SPIELBERGER et al. 1970) erhoben. Als abhängige Variablen des physiologischen Bereichs wurden die Fingerpulsamplitude, die Pulslaufzeit, die Herzperiode, die Hautleitfähigkeit und das Elektromyogramm am Unterarm erfaßt. Die Aufzeichnung und Auswertung aller abhängiger Variablen erfolgte durch Computereinsatz.

In der Untersuchung wurden 30 männliche und 30 weibliche Studenten unterschiedlicher Fachrichtungen zufällig einer Gruppe mit leistungsbezogener Erfolgsrückmeldung (Erfolgsgruppe), mit leistungsbezogener Mißerfolgsrückmeldung (Mißerfolgsgruppe) und einer Gruppe ohne leistungsbezogene Rückmeldung (Kontrollgruppe) zugeordnet. In jeder der drei Gruppen befanden sich jeweils zehn Frauen und zehn Männer. Es handelt sich somit um einen randomisierten 3*2*K Untersuchungsplan mit K Meßwiederholungen. Die K-Meßwiederholungen waren aus inhaltlichen und untersuchungstechnischen Gründen von Variablenbereich zu Variablenbereich unterschiedlich häufig.

Zu Beginn der Untersuchung erfolgte eine vorexperimentelle Ruhephase, sodann die Bearbeitung der ersten Umordnungsaufgabe, die zur unbeeinflußten Erhebung des Leistungsgrades diente. Hierauf bekamen die Vpn nacheinander zehn Aufgaben für zehn Sekunden auf dem Bildschirm gezeigt. Diese Aufgaben hatten die Vpn nicht zu bearbeiten, sondern je Aufgabe anzugeben, wieviel Züge zur Lösung dieser Aufgabe erforderlich sein würden. Die zehn Einschätzungen der notwendigen Zugzahlen waren Grundlage für die fingierten Leistungsbeurteilungen der Untersuchungsgruppen, die die eigentliche experimentelle Manipulation darstellte. Nach der Bearbeitung der zehn Einschätzaufgaben und einer kurzen Ruhephase erfolgten die gruppenspezifischen Rückmeldungen von Erfolg bzw. Mißerfolg, worauf nochmals drei weitere Umordnungsaufgaben, die als Kriterienaufgaben dienten, gelöst werden mußten.

Als allgemeine Hypothese wurde erwartet, daß die Mißerfolgsgruppe gegenüber der Erfolgs- und Kontrollgruppe schlechtere Problemlöseleistungen erzielt, nach der Leistungrückmeldung in stärkerem Umfang emotionales Mißempfinden berichtet und innerhalb der nachfolgend zu bearbeitenden drei Kriterienaufgaben physiologisch stärker aktiviert ist.

Für die Erfolgsgruppe wurde gegenüber der Mißerfolgsgruppe und Kontrollgruppe eine verbesserte Problemlöseleistung, eine Verringerung des emotionalen Mißempfindens nach der positiven Leistungsrückmeldung und eine Senkung der physiologischen Aktivierung in den nachfolgend zu bearbeitenden Kriterienaufgaben erwartet.

Neben diesen allgemeinen Hypothesen wurden für die drei Variablenbereiche a priori Hypothesen formuliert die sich auf spezifische Interaktionseffekte zwischen dem Gruppen- und dem Meßwiederholungsfaktor bezogen.

Die Auswertung der Daten erfolgte anhand dreifaktorieller Varianzanalysen mit Meßwiederholung. Neben einer multivariaten varianzanalytischen Auswertung der Leistungsvariablen kamen univariate Varianzanalysen zum Einsatz. Die Prüfung der a priori Hypothesen bzw. der mit ihnen verbundenen Unterschiede zwischen den Zellenmittelwerten wurde durch orthogonale Kontraste vorgenommen.

In bezug auf die Anzahl benötigter Züge ergab sich eine Dreifachinteraktion zwischen den Faktoren Gruppe, Geschlecht und Verlauf ($p=.0157$). Die gebildeten orthogonalen Kontraste ergaben für die linearen Verlaufsanteile über die drei Kriterienaufgaben Geschlechtsunterschiede in der Mißerfolgsgruppe und der Kontrollgruppe. Die Frauen der Mißerfolgsgruppe zeigen eine Abnahme, die Männer eine Zunahme der benötigten Anzahl von Zügen ($p=.0328$). Demgegenüber zeigen die Männer der Kontrollgruppe eine Abnahme, die Frauen eine Zunahme der benötigten Anzahl von Zügen über die Kriterienaufgaben ($p=.0175$). Zwischen der ersten zu bearbeitenden Aufgabe und dem Mittelwert der drei Kriterienaufgaben weisen die zusammengefaßten Experimentalgruppen gegenüber der Kontrollgruppe eine Zunahme ihrer benötigten Lösungszeiten auf ($p=.0416$). Zwischen der Erfolgsgruppe und der Mißerfolgsgruppe fanden sich dagegen keine signifikanten Unterschiede.

Die erwartete und in den Hypothesen formulierte Verbesserung von positiver Leistungsrückmeldung (Erfolg) auf die Problemlöseleistung trat nicht ein. Dagegen konnte die leistungsmindernde Wirkung negativer Leistungsrückmeldung (Mißerfolg) auf das produktive Denken belegt werden.

Die gefundenen Ergebnisse bestätigen weiter die von HEUSER (1976) gefundene Geschlechtsabhängigkeit der Problemlöseleistung unter Mißerfolgsbedingungen. Frauen scheinen danach - mit Einschränkung - durch Mißerfolgsstreß in ihrer Denkleistung weniger beeinträchtigt zu werden als Männer.

Für die emotionale Befindlichkeit ergab sich in der einfaktoriellen Varianzanalyse eine Zweifachinteraktion Gruppen mal Verlauf. Die gebildeten orthogonalen Kontraste ergaben Unterschiede zwischen der mittleren Ruhephase und der Leistungsrückmeldephase sowohl im Vergleich der zusammengefaßten Experimentalgruppen mit der Kontrollgruppe ($p=.007$) als auch zwischen Erfolgsgruppe und Mißerfolgsgruppe ($p=.005$). Die zusammengefaßte Erfolgs- und Mißerfolgsgruppe weist gegenüber der Kontrollgruppe, ebenso wie die Mißerfolgsgruppe gegenüber der Erfolgsgruppe, eine stärkere Zunahme des emotionalen Mißempfindens auf. Vergleicht man die Veränderung des emotionalen Befindens zwischen der ersten zu bearbeitenden Aufgabe und den drei Kriterienaufgaben, ergibt sich nur für den orthogonalen Kontrast zwischen der Erfolgsgruppe und Mißerfolgsgruppe ein signifikantes Ergebnis (p=.001). Während die Mißerfolgsgruppe einen Anstieg in ihrem emotionalen Mißempfinden von der ersten zu bearbeitenden Aufgabe zu den Kriterienaufgaben aufweist, reduziert sich für die Erfolgsgruppe das Ausmaß des emotionalen Mißempfindens.

Aus diesen Ergebnissen zur emotionalen Befindlichkeit geht hervor, daß die Rückmeldung von Mißerfolg nicht nur zu einer kurzfristigen Steigerung des emotionalen Mißempfindes führt und die Rückmeldung von Erfolg nicht nur zu einer kurzfristigen Reduktion emotionalen Mißempfindens. Es zeigen sich auch längeranhaltende emotionale ent- bzw. belastende Effekte in den nachfolgenden Kriterienaufgaben. Die Gruppe mit Erfolgsrückmeldung erlebt erwartungsgemäß in den Kriterienaufgaben weniger emotionales Mißempfinden als die Mißerfolgsgruppe.

In bezug auf die physiologischen Variablen weisen die zusammengefaßte Erfolgs- und Mißerfolgsgruppe gegenüber der Kontrollgruppe in der Muskelspannung des Unterarms (p=.040) und tendenziell in der Hautleitfähigkeit (p=.061) von der vorangegangenen mittleren Ruhephase zur Rückmeldephase eine stärkere Zunahme ihrer physiologischen Aktivierung bzw. die Kontrollgruppe eine Abnahme ihrer physiologischen Erregung auf. Dagegen ergab sich zwischen der Erfolgsgruppe und der Mißerfolgsgruppe für keinen der physiologischen Parameter eine signifikant unterschiedliche physiologische Aktivierungsänderung zwischen der mittleren Ruhephase und der Rückmeldephase, in der die gruppenspezifische Leistungsrückmeldung erfolgte.

Dieses Ergebnis entspricht der Erwartung, die aus einem allgemeinen Aktivationskonzept (DUFFY 1957, LINDSLEY 1952, MALMO 1959) ableitbar ist. Die Leistungsrückmeldungen führen danach zu einem physiologischen Aktivierungsanstieg, unabhängig davon, ob eine positive oder negative Leistungsrückmeldung mit den zu erwartenden unterschiedlichen emotionalen Reaktionen erfolgte.

Die über die drei Kriterienaufgaben gemittelten physiologischen Parameter unterscheiden sich in keinem orthogonalen Kontrast zur ersten zu bearbeitenden Aufgabe. Signifikante Ergebnisse fanden sich dagegen für die linearen Verlaufsanteile über die drei Kriterienaufgaben. Die Erfolgsgruppe zeigt im Vergleich zur Mißerfolgsgruppe sowohl in der Pulslaufzeit (p=.004) als auch tendenziell in der Fingerpulsamplitude (p=.054) einen unterschiedlichen linearen Trend. Beide linearen Trends weisen auf eine Abnahme der physiologischen Aktivierung in der Erfolgsgruppe und eine Zunahme der physiologischen Aktivierung in der Mißerfolgsgruppe über die drei Kriterienaufgaben hin.

Als Ergebnis der physiologischen Variablen ist festzuhalten, daß es für die Experimentalgruppe direkt nach erfolgter positiver und negativer Leistungsrückmeldung zu einer erhöhten physiologischen Aktivierung gegenüber der Kontrollgruppe kam. Diese erhöhte physiologische Aktivierung kann als Ausdruck der induzierten emotionalen Prozesse angesehen werden. Bezieht man sich auf die gemittelten physiologischen Werte, traten die erwarteten Unterschiede in dem Ausmaß der physiologischen Aktivierung zwischen den beiden Aufgabenphasen, die vor und nach den Leistungsrückmeldungen lagen, für die Erfolgs- und Mißerfolgsrückmeldungen nicht ein. Es ergaben sich allerdings Trendeffekte über die Kriterienaufgaben, die auf eine verminderte physiologische Aktivierung der Erfolgsgruppe gegenüber der Mißerfolgsgruppe hinweisen.

Zusammenfassend zeigt sich, daß, wie erwartet, nicht nur negative, sondern auch positive Leistungsrückmeldungen, wie die Rückmeldung von Erfolg, eine Veränderung in den Variablenbereichen Problemlöseleistung, emotionale Befindlichkeit und physiologische Aktivierung bewirken.

Die Rückmeldung von Erfolg führt gegenüber der Rückmeldung von Mißerfolg zu einer Reduktion des emotionalen Mißempfindens, zu einer linearen Abnahme der physiologischen Aktivierung in einer nachfolgenden Aufgabensituation und zu einem geringeren Leistungsabfall in der Problemlösungsleistung. Negative Leistungsrückmeldungen induzieren Mißerfolgserleben und führen zu einer Reduktion der Problemlöseleistung. Dieser Effekt kann allerdings nicht generell festgestellt werden, sondern ist von der Geschlechtszugehörigkeit abhängig. Wie sich zeigt, gilt die voran gemachte Aussage in erster Linie für Männer. Frauen werden - mit den in der Diskussion genannten Einschränkungen - von Mißerfolgserleben in ihrer Problemlöseleistung nicht oder vergleichsweise nur wenig beeinträchtigt. Erfolgsrückmeldung wirkt sich, entgegen der Erwartung, nicht leistungssteigernd auf das Lösen komplexer Denkaufgaben aus.

Dieser erwartungswidrige Befund bedarf der Erklärung. Als Erklärungsmöglichkeiten werden aktivationstheoretische Ansätze, das Informationsnutzungs-Modell (EASTERBROOK 1959) und die Aufmerksamkeitsverlagerung (WINE 1971) von sach- zu ego-protektiven Kognitionen diskutiert. Alle drei Ansätze können zur Erklärung der Verminderung der Problemlöseleistung herangezogen werden. Sie vermögen allerdings nicht, das Fehlen der erwarteten Leistungssteigerung durch Erfolgsrückmeldung zu erklären.

Betrachtet man die Ergebnisse der subjektiven Befindlichkeit und der physiologischen Variablen, sind die erwarteten Ergebnisse für die Erfolgsgruppe eingetreten. Diese weist ein vermindertes emotionales Mißempfinden und eine Senkung der physiologischen Aktivierung auf, die sich allerdings nur in linearen Trendeffekten über die drei Kriterienaufgaben zeigt. Als mögliche Erklärung für die fehlende Leistungssteigerung nach Erfolgsrückmeldung könnte eine zu geringe Verminderung der physiologischen Aktivierung angesehen werden.

Ist eine Leistungsverbesserung nicht aufgrund der reduzierten physiologischen Aktivierung zu erwarten, stellt sich die Frage, welchen Vorteil die Erfolgsgruppe, unter Berücksichtigung der oben genannten Erklärungsansätze gegenüber der Kontrollgruppe aufweist. Der Schluß liegt nahe, daß die Erfolgsgruppe keinen Vorteil gegenüber der Kontrollgruppe aufweist. Die allgemein anzutreffende Erwartung, daß Erfolg sich leistungssteigernd auswirkt, dürfte in erster Linie auf die längerfristig motivierenden Effekte von Erfolgserleben zurückzuführen sein. In der vorliegenden Arbeit wurden allerdings kurzfristige Effekte thematisiert. Darüber hinaus zeigen sich leistungssteigernde Effekte von Erfolg häufig aufgrund von intensiverer Beschäftigung mit dem betreffenden Sachgebiet und der damit einhergehenden Übung, einem Faktor, der bei kurz aufeinander folgender Vorgabe von Aufgaben, die produktives Denken beim Problemlösen erfordern, nur bedingt eine Rolle spielen dürfte.

Es bleiben noch motivationale Faktoren, die sich auf die Problemlöseleistung auswirken könnten. Diese motivationalen Faktoren wurden in der Arbeit nicht direkt erfaßt. Aus dem Leistungsergebnis der Erfolgsgruppe läßt sich aber ablesen, daß sie gegenüber den anderen wirksamen Faktoren zu keiner bedeutenden Leistungsverbesserung führen konnten.

Zum Abschluß der Arbeit erfolgt eine Diskussion bezüglich der Generalisierbarkeit gewonnener Ergebnisse, die trotz der Künstlichkeit der gegebenen Laborbedingungen aufgrund der in ihr enthaltenen lebensnahen Elemente wie Problembearbeitung unter Zeitdruck und Leistungsbewertung gegeben ist. Weiterhin wird eine Darstellung der noch offenen Fragestellungen gegeben, die zu weiteren Forschungsarbeiten Anlaß geben.

LITERATUR

Alpert, R. & Haber, R.N.:
Anxiety in academic achivement situations. J. abn. soc. Psychol., 61, 207-215, 1960.

Andreassi, J.:
Psychophysiology. Human behaviour and physiological response. New York: Oxford, 1980.

Appley, M.H. & Trumbull, R.:
On the concept of psychological stress. In: Appley, M.H. & Trumbull, R. (Eds.): Psychological Stress: Issues in research. New York: Appleton-Century-Crofts, 1967.

Arnold, M.B.:
Physiological differentiation of emotional states. Psychol. Rev., 52, 35-48, 1945.

Arnold, M.B.:
Emotion and personality. Vol. II. Neurological and physiological aspects. New York: Columbia Univ. Press, 1960.

Aronson, E. & Carlsmith, J.M.:
Performance expectancy as a determinant of actual performance. J. abn. soc. Psychol., 65, 178-182, 1962.

Atkinson, J.W. & Litwin, G.H.:
Achievement motive and test anxiety as motives to approach success and to avoid failure. J. abn. soc. Psychol., 60, 52-63, 1960.

Averill, J.R.:
Autonomic response patterns during sadness and mirth. Psychophysiology, 5, 399-414, 1969.

Ax, A.F.:
The physiological differentiation between fear and anger in humans. Psychosomatic Medicine, 15, 433-422, 1953.

Bartenwerfer, H.:
Herzrhythmik-Merkmale als Indikatoren psychischer Anspannung. Psychol. Beitr., 4, 7-25, 1960.

Bartenwerfer, H.:
Über Art und Bedeutung der Beziehung zwischen Pulsfrequenz und skalierter psychischer Anspannung. Z. exp. angew. Psychol., 10, 455-470, 1963.

Bartlett, R.J.:
Does the psychogalvanic phenomenon indicate emotion? Brit. J. Psychol., 18, 30-50, 1927.

Bauer, E. & Bauer, W.:
Physiologische Psychologie: Aktivation. Erlangen: FIM-Verlag, 1978.

Bayton, J.A. & Whyte, E.C.:
Personality dynamics during success-failure sequence. J. abn. soc. Psychol., 45, 583-591, 1950.

Beckman, F.H. & Stein, M.I.:
A note on the relationship between per cent alpha time and efficiency in problem solving. J. Psychol., 5 , 169-172, 1961.

Beier, E.G.:
The effect of induced anxiety on flexibility of intellectual functioning. Ps. Monogr., 65, (whole No. 326), 1951.

Beyer, H.-G.:
Die Herzfrequenz unter Streßbedingungen von Meditierenden der Transzendentalen Meditation und Nicht-Meditierenden. Unveröffentlichte Arbeit zur Diplom-Vorprüfung. Psychologisches Institut Frankfurt, 1978.

Beyer, H.-G.:
Auswirkungen positiver und negativer Leistungsrückmeldungen auf die physiologische Aktivierung und das subjektive Befinden. Vortrag auf der 13. Tagung für Psychophysiologische Methodik. Trier, 1984.

Beyer, H.-G.:
Können Differenzwerte zwischen physiologischen und subjektiven Daten als Indikatoren der individuellen Angstverarbeitung herangezogen werden. Z. exp. angew. Psychologie, 26, 351-375, 1984.

Birch, H.G. & Rabowitz, H.S.:
The negative effects of previous experience on productive thinking. J. exp. Psychol., 41, 121-125, 1951.

Blatt, S.J.:
Patterns of cardiac arousal during complex mental activity. J. abn. soc. Psychol., 63, 272-282, 1961.

Blitz, P.S., Hoogstraten, J. & Mulder, G.:
Mental load, heart rate and heart rate variability. Psychol. Forsch., 33, 277-288, 1970.

Block, J.: Studies in the phenomenology of emotions. J. abn. Psychol., 54, 358-363, 1957.

Blohmke, M., Schaefer, O., Stelzer, B. Allmann, H.H.:
Vegetative Tonisierung des Herzens während geistiger Belastung gemessen am EKG. Int. Z. angew. Physiol. Arbeitsphysiol., 24, 181-193, 1967.

Bortz, J.:
Lehrbuch der Statistik. Berlin: Springer, 1977.

Bottenberg, E.H.:
Erneuter Vergleich zwischen Faktoren und Typen von Emotionen. Psychol. u. Praxis, 12, 140-142, 1968.

Bottenberg, E.H.:
Stimmungen: Dimensionierte Messung, Situations- und Persönlichkeitsabhängig. Psychol. u. Praxis, 18-37, 1970.

Bottenberg, E.H.:
Emotionspsychologie. München: Goldmann, 1972.

Boucsein, W. & Frey, M.:
Physiologische und psychische Wirkungen von Mißerfolgsstreß unter Berücksichtigung des Merkmals Repression-Sensitization. Z. exp. angew. Psychol., 21, 339-366, 1974.

Broadbent, D.E.:
A reformulation of the Yerkes-Dodson law. Brit. J. math. statist. Psychol., 18, 145-157, 1965.

Broadhurst, P.L.:
Emotionality and the Yerkes-Dodson law. J. exp. Psychol., 54, 354, 1957.

Broadhurst, P.L.:
The Yerkes-Dodson-Law revived. Acta Psychol., 16, 321-328, 1959.

Brown, C.C.:
The techniques of plethysmography. In: Brown, C.C. (Ed.): Methods in psychophysiology. Baltimore: Williams & Williams, 1967.

Brown, C.C.:
Instruments in psychophysiology. In: Greenfield, N. & Sternbach, R. (Eds.): Handbook of psychophysiology. New York: Holt, Rinehart & Winston, 1972.

Brown, C.C. (Ed.):
Methods in psychophysiology. Baltimore: Williams and Wilkins, 1967.

Burdick, J.A.:
Heart rate variability (CVT): Concurrent validity and test-retest reliability. Percept. mot. skills, 26, 1047-1053, 1968.

Burdick, J.A.:
Measurements of "variability". J. gen. Psychol., 86, 201-206, 1972.

Burdick, J.A. & Scarbrough, J.T.:
Heart rate and heart rate variability: An attempt to clarify. Percept. mot. skills, 26, 1047-1053, 1968.

Burgess, M. u. Hokanson, J.E.:
Effects of increased heart rate on intellectual performance. J. abn. soc. Psychol., 68, 85-91, 1964.

Burnstein, K.F., Feny, W.D., Bergeron, J. & Epstein, S.A.:
A comparison of skin potential and skin resistance as measures of emotional responsivity. Psychophysiology, 2, 14-24, 1965.

Cannon, W.B.:
The interrelation of emotions as suggested by recent physiological researches. Amer. J. Psychol., 25, 256-282, 1914.

Cannon, W.B.:
The James-Lange-Theory of emotions: a critical examination and alternate theory. Amer. J. Psychol., 33, 106-124, 1927.

Cannon, W.B.:
Against the James-Lange and the thalamic theories of emotion. Psychol. Rev., 38, 281-295, 1931.

Cofer, C.N. & Appley, M.H.:
Motivation: Theory and research. New York: Wiley, 1964.

Cohen, R.J. & Huston, D.R:
Fear of failure and rigidity in problem solving. Perceptual & Motor Skills, 40, 930, 1975.

Conlon, E.T.:
Performance as determined by expectation of success and failure. Diss. Abstr. Int., 26, 4850, 1966.

Costello, C.G.:
Ego-involvement, success and failure: a review. In: Eysenck, H.J. (Ed.): Experiments in motivation. Oxford, 1967.

Cowen, E.L.:
A study of the influence of varying degree of psychological stress on problem solving rigidity. J. abn. soc. Psychol., 47, 512-519, 1952.

Craparo, J.S., Hines, R.P. & Kayson, W.A.:
Effects of experienced success or failure on self-esteem and problem-solving ability. Psychological Reports, 49, 295-300, 1981.

Crown, D.P. & Marlowe, D.A.:
A new scale of social desirabilty independent of psychopathology. J. consult. Psychol., 24, 349-354, 1960.

Dana, C.L.:
The anatomic seat of the emotions: A discussion of the James-Lange-Theory. Arch. Neurol. Psychiat., 6, 634-639, 1921.

Darwin, C.:
Der Ausdruck der Gemütsbewegung bei den Menschen und Tieren. Stuttgart: 1884.

Davis, G.A.:
Current status of research and theory in human problem-solving. Psychol. Bull., 66, 36-54, 1966.

David, G.A.:
Psychology of problem solving. New York, 1973.

Debus, G.:
Gefühle. In: Herrmann, Th., Hofstätter, P.R., Huber, H.P., Weinert, F.E. (Hrsg.): Handbuch psychologischer Grundbegriffe. Müchen: Kösel, 1977.

Dixon W.J. & Brown, M.B:
Biomedical Computer Programms, P-Series. Berkley: University of California Press, 1979.

Dörner, D.:
Die kognitive Organisation beim Problemlösen. Bern: Huber, 1974.

Dörner, D.:
Problemlösen als Informationsverarbeitung. Stuttgart: Kohlhammer, 1979.

Dörner, D., Reither, F. & Stäudel, T.:
Emotionen und problemlösendes Denken. In: Mandl, H. & Huber, G.L. (Hrsg.): Kognition und Emotion. Urban & Schwarzenberg, 1983.

Donahoe, J.:
The effect of variations in the form of feedback on the efficiency of problem solving. J. exp. Psychol., 60, 193-199, 1960.

Donaldson, M.:
Positive and negative information in matching problems. Brit. J. Psychol., 50, 235-262, 1959.

Duffy, E.:
The relationship between muscular tension and quality of performance. Amer. J. Psychol., 44, 535-536, 1932.

Duffy, E.:
An explanation of "emotional" phenomena without the use of the concept "emotion". J. gen. Psychol., 25, 283-239, 1941.

Duffy, E.:
The psychological significance of the concept of "arousal" or "activation". Psychol. Rev., 64, 265-275, 1957.

Duffy, E.:
Activation and behaviour. New York: Columbia Univ. Press, 1962.

Duffy, E.:
Activation. In: Greenfield, N.S. & Sternbach (Eds.): Handbook of psychophysiology. New York: Holt, 1972.

Duncan, C.P.:
Recent research on human problem solving. Psychol. Bull., 56, 397-429, 1959.

Duncker, K.:
Zur Psychologie des produktiven Denkens. Berlin: 1935.

Dunn, J.A.:
Anxiety, stress, and the performance of complex intellectual tasks: A new look at an old question. J. consult. clin. Psychol., 32, 669-673, 1968.

Easterbrook, J.A.:
The effect of emotion on cue utilization and the organisation of behaviour. Psychol. Rev., 66, 183-201, 1959.

Edelberg, R.:
Electrical activity of the skin: Its measurement and uses in psychophysiology. In: Greenfield, N.S. & Sternbach (Eds.): Handbook of psychophysiology. New York: Holt, 1967.

Edelberg, R.:
The information content of the recovery limb of the electrodermal response. Psychophysiology, 6, 527-539, 1970.

Edelberg, R.:
The electrodermal system. In: Greenfield N.S. & Sternbach, R.A. (Eds.): Handbook of psychophysiology. New York: Holt, 1972

Eggert, D:
Eysenck-Persönlichkeits-Inventar (EPI). Göttingen: Hogrefe 1974.

Ehlers, T.:
Über persönlichkeitsbedingte Unfallgefährdung. Arch. ges. Psychol., 117, 252-279, 1965.

Ekman, G.:
Eine neue Methode zur Erlebnisanalyse. Z. exp. angew. Psychol., 2, 167-174, 1954.

Ekman, G.:
Dimensions of emotion. Acta Psychol., 11, 279-288, 1955.

Engel, B.T.:
Stimulus-response and individual-response specifity. Arch. gen. Psychiat., 2, 305-313, 1960.

Engel, B.T.:
Response specifity. In: Greenfield, N.S. & Sternbach, R.A. (Eds.): Handbook of psychophysiology. New York: Holt, 1972.

Ertel, S.:
Die emotionale Natur des "semantischen" Raumes. Psychol. Forsch., 28, 1-32, 1964.

Ewert, O.:
Gefühle und Stimmungen. In: Thomae, H. (Ed.): Handbuch der Psychologie. Motivation, Bd. 2, Göttingen: Hogrefe, 1965.

Fahrenberg, J.:
Zur Frage der differentiellen Physiologie der Affekte. Psychol.
Forschung, 28, 422-438, 1965.

Fahrenberg, J.:
Psychophysiologische Persönlichkeitsforschung. Göttingen: Hogrefe, 1967.

Fahrenberg, J.:
Die Bedeutung individueller Unterschiede für die Methodik der
Aktivierungsforschung. In: Schönpflug, W. (Ed.): Methoden der
Aktivierungsforschung. Bern: Huber, 1969.

Fahrenberg, J.:
Psychophysiologie. In: Kisker, K.P., Meyer, J.-E., Müller, C. &
Strömgren, E. (Eds.): Psychiatrie der Gegenwart, Bd. I/1, Berlin:
Springer, 1979.

Fahrenberg, J.:
Psychophysiologische Methodik. In: Groffman, K.J. & Michel, L. (Eds.):
Psychologische Diagnostik. Handbuch dr Psychologie. Bd. 6, Göttingen:
Hogrefe, 1980.

Fahrenberg, J. & Myrtek, M.:
Zur Methodik der Verlaufsanalyse: Ausgangswerte, Reaktionswerte
(Reaktivität) und Verlaufswerte. Psychol. Beitr., 10, 58-77, 1967.

Fahrenberg, J., Walschburger, P., Foerster, F., Myrtek, M. u.a:
Psychophysiologische Aktivierungsforschung. Ein Beitrag zu den
Grundlagen der multivariaten Emotions- und Streßtheorie. München:
Minerva, 1979.

Fahrenberg, J., Walschburger, P., Foerster, F., Myrtek, M. u.a.:
An evaluation of trait, state, and reaction aspects of activation
process. Psychophysiology, 20, 188-195, 1983.

Feather, N.T.:
The relationship of persistence at a task to expectation of success and
achievement related motives. J. abn. soc. Psychol., 63, 552-561, 1963.

Feather, N.T.:
The relationship of expectation of success to reported probability task
structure, and achievement related motivation. J. abn. soc. Psychol.
231-238, 1966.

Feather, N.T.:
Attribution of responsibility and valence of success and failure in
relation to initial confidence and task performance. J. pers. soc.
Psychol., 13, 129-144, 1969.

Fehr, F.S. & Stern, J.A.:
Peripheral physiological variables and emotion: The James-Lange Theory
revisited. Psychol. Bull., 74, 411-424, 1970.

Feldman, R.S. & Bernstein, A.G.:
Degree and sequence of success as determinants of self-attribution of
ability. J. soc. Psychol., 102, 223-221, 1977.

Fisch, R. & Schmalt, H.-D.:
Vergleich von TAT und Fragebogendaten der Leistungsmotivation. Z. exp.
angew. Psychol., 17, 608-634, 1970.

Foerster, F. & Schneider, H.J.:
Individualspezifische, stimulusspezifische und motivationalspezifische Reaktionsmuster in zweimal wiederholten Aktivierungsexperimenten. Z. exp. angew. Psychol., 29, 598-612, 1982.

Foerster, F. & Walschburger, P.:
Zur Beurteilung individualspezifischer, stimulusspezifischer und motivationsspezifischer Reaktionsmuster im Aktivierungsexperiment. Z. exp. angew. Psychol., 27, 172-192, 1980.

Frankel, A.:
Performance decrement following unsolvable problems: Learned helplessness or failure anxiety? Dissertation Abstracts International, 38(8-B), 3955, 1978.

Frankl, V.E.:
Der Wille zum Sinn. Ausgewählte Vorträge über Logotherapie. Bern: Huber, 1978.

Freeman, G.L.:
The facilitative and inhibitory effects of muscular tension upon performance. Amer. J. Psychol., 45, 17-52, 1933.

Fry, P.S.:
Success, failure, and self-assessment ratings. J. cons. clin. Psychol., 44, 413-419, 1975.

Fulkerson, S.C.:
Individual differences in reaction to failure-induced stress. J. abn. soc. Psychol., 27, 61-84, 1975.

Gale, D.S.:
Locus of control, information seeking, and reaction to sucess and failure. Dissertation Abstracts International., 31(4-B), 2281-2281, 1970.

Gates, G.S. & Rissland, L.Q.:
The effect of encouragement and discouragement upon performance. J. educ. Psychol., 14, 21-26, 1923.

Glaser, R.G.:
Varianzanalyse. Stuttgart: Fischer, 1978.

Goldstein, M.L.:
Physiological theories of emotion: A critical history review from the standpoint of behavior theory. Psychol. Bull., 69, 23-40, 1968.

Goldstein, M.J.:
Individual differences in response to stress. Amer. J. Community Psychol., 1, 113-137, 1973.

Graham F.K.:
Constraints on measuring heart rate and period sequentially through real and cardiac time. Psychophysiology, 15, 492-495, 1978.

Graumann, C. F.:
Denken. Köln: Kiepenheuer & Witsch, 1965.

Graumann, C.F.:
Motivation. Einführung in die Psychologie, Bd. 1, Frankfurt: Akademische Verlagsgesellschaft, 1969.

Greenberg, D.B.:
The relative effects on success, failure and depression on causal attribution and performance. Dissertation Abstracts International, 39, 997-B, 1978.

Greenfield, N.S. & Sternbach, R.A. (Eds.):
Handbook of psychophysiology. New York: Holt, Rinehart and Winston, 1972.

Guski, R.:
Sieben Konstruktionsmethoden für psychophysiologische Variablen. Z. exp. angew. Psychol., 23, 413-432, 1976.

Hampel, R.:
Entwicklung einer Skala zur Selbsteinschätzung der aktuellen Stimmung (SKAS). Phil. Diss., Freiburg, 1971.

Harleston, B.W.:
Test-anxiety and performance in problem-solving situations. J. Pers., 30, 557-573, 1962.

Harvey, W.:
Success and failure in problem solving: An investigation of mental processing. Dissertation Abstracts International, 42, 4916, 1982.

Hayes, S.P.:
A study of the affective qualities. The tridimensional theory of feeling. Amer. J. Psychol., 17, 358-393, 1906.

Hays, L.H.:
Statistics for the social sciences. London: Holt, Rinehardt and Winston, 1973.

Hecheltjen, K.-G. & Mertensdorf, F.:
Entwicklung eines mehrdimensionalen Stimmungsfragebogens (MSF). Gruppendynamik, 4, 110-112, 1973.

Heckhausen, H.:
Hoffnung und Furcht in der Leistungsmotivation. Meisenheim am Glan: Anton Hain, 1963.

Heckhausen, H.:
Eine Rahmentheorie zur Motivation in 10 Thesen. Z. exp. angew. Psychol., 10, 604-626, 1963.

Heckhausen, H.:
Leistungsmotivation. In: Thomae H. (Ed.): Handbuch der Psychologie. Bd. 2., Göttingen: Hogrefe, 1965.

Heckhausen, H.:
Motivationsanalysen. Berlin: Springer, 1974.

Heckhausen, H.:
Motivation und Handeln. Lehrbuch der Motivationspsychologie. Berlin: Springer, 1980.

Heckhausen, H. & Kemmler, L.:
Entstehungsbedingungen der kindlichen Selbständigkeit. Z. exp. angew. Psychol., 4, 603-622, 1957.

Heckhausen, H. & Roelofsen, I.:
Anfänge und Entwicklung der Leistungsmotivation: Im Wetteifer des Kleinkindes. Psychol. Forsch., 26, 313-397, 1962.

Heckhausen, H., Boteram, N. & Fisch, R.:
Attraktivitätsänderung der Aufgaben nach Mißerfolg. Kognitive Dissonanztheorie versus Leistungsmotivationstheorie. Psychol. Forsch., 33, 208-222, 1970.

Heckhausen, H. & Wasna, M.
Erfolg und Mißerfolg im Leistungswetteifer des imbezillen Kindes. Psychol. Forsch., 28, 391-421, 1965.

Helm, J.:
Über den Einfluß affektiver Spannungen auf das Denkhandeln. Z. Psychol., 157, 23-105, 1954.

Helm, J.:
Über die Wirkung von Erfolgsserien auf das Denkhandeln. Z. Psychol., 162, 3-114, 1958.

Hesse, F.W., Spies, K. & Lüer, G.:
Einfluß motivationaler Faktoren auf das Problemlöseverhalten im Umgang mit komplexen Problemen. Z. exp. angew. Psychol., 30, 400-424, 1983.

Heuser, J.:
Zur differentiellen Wirkung von Stress auf das Problemlösen. Z. exp. angew. Psychol., 25, 379-406, 1978.

Hodges, W.F. & Felling, J.T.:
Types of stressful situations and their relation to trait anxiety and sex. J. Cons. Clin. Psychol., 34, 333-337, 1970.

Hoppe, F.:
Erfolg und Mißerfolg. Psychol. Forsch., 14, 1-62, 1931.

Izard, C.E.:
The emotions and emotion constructs in personality and culture research. In: Cattel, R.B. (Ed.): Handbook of modern personality theory. Chicago: Aldine, 1969.

Izard, C.E.:
The face of emotions. New York: Appleton-Century-Crofts, 1971.

Izard, C.E.:
Human emotion. London: Plenum Press, 1977.

Izard, D.E.:
Die Emotionen des Menschen. Eine Einführung in die Grundlagen der Emotionspsychologie. Weinheim: Beltz, 1981.

James, W.:
What is Emotion? Mind, 9, 188-205, 1884.

Janke, W.:
Methoden der Induktion von Aktiviertheit. In: Schönpflug, W. (Eds.): Methoden der Aktivierungsforschung. Bern: Huber, 1969.

Janke, W. & Debus, G.:
Eigenschaftswortliste (EWL). Eine mehrdimensionale Methode zur Beschreibung von Aspekten des Befindens. Göttingen: Hogrefe, 1978.

Johnson, L.C. & Lubin, A.:
On planning psychophysiological experiments. In: Greenfield, N.S. & Sternbach, R.A. (Eds.): Handbook of psychophysiology. New York: Holt, 1972.

Kaufmann, D., Panitz, B., & Pahlke, B.:
Zur Streßreaktion von hochängstlichen und niedrigängstlichen Personen.
Unveröffentlichter Untersuchungsbericht zum experimentalpsychologischen
Praktikum II. Psychologisches Institut, Frankfurt, 1979.

Kilpatrick, D.G.:
Differential responsiveness of two electrodermal indices to
psychological stress and performance of a complex cognitive task.
Psychophysiology, 9, 218-226, 1978.

Kirk, R.E.:
Experimental design: Procedures for the behavioral sciences.
Belmont, Ca.: Wadsworth, 1968.

Kleinsmith, L.J., Kaplan, S. & Tarte, R.D.:
The relationship of arousal to short and long term verbal recall.
Can. J. Psychol., 17, 393-397, 1963.

Klinger, E., Gregoire, K.C. & Barta, S.G.:
Physiological correlates of mental activity: eye movements alpha and
heart rate during imagining, suppression, concentration, search and
choice. Psychophysiology, 10, 471-477, 1973.

Knobloch, H.:
Eine Untersuchung zur Spezifität physiologischer und psychologischer
Reaktionsmuster. Phil. Diss. Freiburg i. Br., 1976.

Knobloch, H. & Knobloch, J.:
Zum Problem physiologischer und psychologischer Reaktionsspezifität.
Psychol. Beitr., 20, 154-167, 1977.

Knobloch, J., Behrmann, H. & Bauer, W.:
Eine psychophysiologische Untersuchung zur Streßanfälligkeit. Z. exp.
angew. Psychol., 20, 591-613, 1973.

Kuhl, J:
Emotion, Kognition und Motivation I. Auf dem Weg zu einer
systemtheoretischen Betrachtung der Emotionsgenese. Sprache &
Kognition, 2, 1-27, 1972.

Lacey, J.I.:
The evaluation of autonomic responses: Towards a general solution. Ann.
New York Acad. Sc., 170, 724-734, 1956.

Lacey, J.I. & Lacey B.C.:
Verification and extension of the principle of autonomic response-
stereotypy. Amer. J. Psychol., 71, 50-73, 1958.

Lanc, O.:
Psychophysiologische Methoden. Stuttgart: Enke, 1976.

Lange, C.G.:
Über Gemütsbewegungen. Eine psycho-physiologische Studie. Leipzig:
Thomas, 1887.

Laux, L., Glanzman, P., Schaffner, P. & Spielberger, C.D.:
Das State-Trait-Angst-Inventar. Weinheim: Beltz, 1981.

Lazarus, R. & Opton, E.M. jr.:
The study of psychological stress. A summary of theoretical formulations
and experimental findings. In: Spielberger, C.D. (Ed.) Anxiety and
behavior. New York, 1966

Lazarus, R.S.:
Psychological Stress and the coping process. New York: McGraw-Hill, 1966.

Lazarus, R.S. & Alfert, E.:
Short circuiting of threat by experimentally alterating cognitive appraisal. J. abn. soc. Psychol., 195-205, 1964.

Lazarus, R.S., Opton, E.M., Nomikos, M.S. & Rankin, N.O.:
The principle of short-circuiting of threat: Further evidence. J. Pers., 33, 622-635, 1964.

Lazarus, R.S., Kanner, A.D. & Folkman, S.:
Emotion: A cognitive-phenomenological analysis. In: Plutchik, R. & Kellerman, H. (Eds.): Emotion: Theory, research and experience. (Vol. 1). New York: Academic Press, 1980a.

Lazarus, R.S., Cohen, J.B., Folkman, S., Kanner, A. & Schäfer, P.:
Psychological stress and adaption. Some unresolved issues. In: Selye, H. (ed.): Selye (Vol. 1), New York: Van Nostrand, 90-117, 1980b.

Lazarus, R.S., Deese, J. & Osler, S.F.:
The effect of psychological stress upon performance. Psychol. Bull., 49, 293-317, 1952.

Lazarus, R.S., Joseph, C., Speisman, D. & Mordkoff, A.M.:
The relationship between autonomic indicators of psychological stress, heart rate and skin conductance. Psychosom. Med., 25, 16-30, 1963.

Lefford, A.:
The influence of emotional subjective matter on logical reasoning. J. gen. Psychol., 34, 127-151, 1946.

Legewie, H.:
Indikatoren von Kreislauf, Atmung und Energieumsatz. In: Schönpflug, W. (Ed.): Methoden der Aktivierungsforschung. Bern: Huber, 1969.

Lienert, G.A.:
Über die Anwendung von Variablen-Transformationen in der Psychologie. Biometrische Zeitschrift, 4, 147-181, 1960.

Lienert, G.A.:
Verteilungsfreie Methoden in der Biostatistik. Meisenheim: Anton Hain, 1973.

Lindsley, D.B.:
Emotions. In: Stevens S.S. (Ed.): Handbook of experimental psychology. New York: Wiley, 473-516, 1951.

Locke, E.A.:
Relationship of task success to satisfaction: further Replication. Psychol. Reports, 19, 1132-1132, 1966.

Lowell, E.L.:
The effect of need for achivement on learning and speed of performance. J. Psychol., 33, 31-40, 1952.

Lowin, A. & Epstein, G.F.:
Does expectancy determine performance? J. exp. soc. Psychol., 1, 248-255, 1965.

Luchins, A.S.:
Mechanisation in problem solving. The effect of Einstellung. Psychol. Monogr., 54, No. 6 (whole No. 248), 1942.

Lück, H.E. & Ortlieb, P.:
Zur Validierung des Fragebogens zur Messung der Angst in sozialen Situationen (SAP). Diagnostica, 19, 3-8, 1973.

Lück, H.E. & Timaeus, E.:
Skalen zur Messung der Manifesten Angst (MAS) und Sozialer Wünschbarkeit (SDS-E und SDS-CM). Diagnostica, 15, 134-141, 1969.

Lykken, D.T.:
Range correction applied to heart rate and to GSR data. Psychophysiology, 3, 373-379, 1972.

Lykken, D.T. & Venables, P.H.:
Direct measurement of skin conductance: A proposal for standardization. Psychophysiology. 5, 656-627, 1971.

Maier, N.R.F.:
Reasoning in humans. On direction. J. comp. Psychol., 10, 115-143, 1930.

Malmo, R.B.:
Activation: A neurophysiological dimension. Psychol. Rev., 66, 367-386, 1959.

Mandl, H. & Huber, G. L.:
Emotion & Kognition. München: Urban & Schwarzenberg, 1983.

Mandler, G. & Sarason, S.B.:
A study of anxiety and learning. J. abn. soc. Psychol., 47, 166-173, 1952.

Martens, R. & Landers, D.M.:
Motor performance under stress: A test of the inverted U-hypothesis. J. pers. soc. Psychol., 16, 29-37, 1970.

Maslow, A.H.:
Toward a psychology of being. Toronto: 1962.

Maslow, A.H.:
Psychologie des Seins. München: Kindler, 1977.

Mayer, R.E.:
Denken und Problemlösen. Eine Einführung in menschliches Denken und Lernen. Springer: Heidelberg, 1979.

McClelland, D.C.:
Personality. New York: The Dryden Press, 1953.

McLean, P.D.:
The limbic system and its hippocampal formation: studies in animals and their possible application to man. J. Neurosurg., II, 29-44, 1954.

Mehl, J.:
Über Erfolge und Mißerfolge im Leistungs- und Zufallsbereich. Zeitschr. Psychol., 77, 177-276, 1962.

Meyer, J.P.:
Dimensions of causal attribution for success and failure: A multivariate investigation. J. pers. soc. Psychol., 38, 689-703, 1980.

Meyer, W.-U.:
Leistungsmotiv und Ursachenerklärung von Erfolg und Mißerfolg. Stuttgart: Klett, 1973.

Miller, D.T.:
Ego involvement and attribution for success and failure. J. pers. soc. Psychol., 34, 901-906, 1976.

Morris, L.W. & Liebert, R.M.:
Relationship of cognitive and emotional components of test anxiety to physiological arousal and academic performance. J. cons. clin. Psychol., 35, 332-337, 1970.

Motowidlo, S.J.:
A laboratory study of the effects of situational characteristics and individual differences on expectancy of task success and motivation to perform a numerical task. Dissertation Abstracts International, 37, 3131, 1976.

Müncher, H. & Heckhausen, H.:
Influence of mental activity and achievement motivation on skeletal muscle tonus. Percept. mot. skills, 14, 217-218, 1962.

Myrtek, M.:
Psychophysiologische Konstitutionsforschung. Ein Beitrag zur Psychosomatik. Göttingen: Hogrefe, 1980.

Myrtek, M., Foerster, F., Wittmann, W.:
Das Ausgangswertproblem. Theoretische Überlegungen und empirische Untersuchungen. Z. exp. angew. Psychol., 24, 463-491, 1977.

Näätanen, R.:
The inverted - U relationship between activation and performance. A critical review. In: Kornblum, S. (Ed.): Attention and Performance IV. New York: Academic Press, 1973.

Nie, H.H., Hull, C.H., Jenkins, J.G., Steinbrenner, K.G. & Bent, D.H: SPSS: Statistical package for the social sciences. New York: 1975.

Oerter, R.:
Psychologie des Denkens. Donauwörth: Ludwig, 1971.

Oldham, P.D.:
A note on the analysis of repeated measurements of the same subjects. J. chron. Dis., 15, 969-977, 1962.

Opton, E.jr., Ranking, N.O., Lazarus, R.S.:
A simplified method of heart rate measurement. Psychophysiology, 2, 87-97, 1966.

Papez, J.W.:
A proposed mechanism of emotion. Arch. Neurol. Psychiat., 78, 128-142, 1957.

Patrick, C.:
Studies in rational behavior and emotional excitement. J. comp. Psychol., 18, 1-22 + 153-159, 1934.

Patrick, C.:
Creative thought in artists. J. Psychol., 4, 1937.

Patrick, C.:
Scientific thought. J. Psychol., 5, 1938.

Patty, R.A. & Stafford, S.F.:
Motive to avoid success, motive to avoid failure, state-trait anxiety, and performance. In: Spielberger, C.D. & Sarason, I.G. (Eds.): Stress and anxiety. Vol. 4., Washington, D.C.: Hemisphere, 1977.

Pawlik, K.:
Psychologische Maße der Aktivierung. Z. exp. angew. Psychol., 10, 19-34, 1963.

Perez, R.C.:
The effect of experimentally induced failure, self-esteem, and sex on cognitive differentiation. J. abn. Psychol., 81, 74-79, 1973.

Plutchik, R.:
The emotions: Facts, theories and a new model. New York: Random House, 1962.

Plutchik, R.:
Psychophysiology of individual differences with special references to emotions. Am. N.Y. Acad. Sci., 134, 776-781, 1966.

Plutchik, R.:
Emotion: A psychoevolutionary synthesis. New York: Harper, 1980.

Plutchik, R. & Ax, A.F.:
A critique of determinants of emotional state by SCHACHTER and SINGER (1962). Psychophysiology, 4, 79-82, 1967.

Plutchik, R. & Kellerman, H.:
Emotion. Theory, research and experience: Theories of Emotion. New York: Academic Press, 1980.

Plutchik, R. & Kellerman, H. & Conte, H.R.:
A structural theory of ego defense and emotions. In: Izard, C. (Ed.): Emotions in personality and psychopathology. New York: Plenum, 1979.

Polak, F. & Knobloch, F.:
Ist das Ausgangswertgesetz von Wilder ein Naturgesetz? Acta neurovegetativa, 15, 473-481, 1957.

Pripram, K.H.:
The new neurology and the biology of emotion: A structural approach. American Psychologist. 22, 830-838, 1967.

Proppe, A. & Bertram, B.:
Bemerkungen zum Wilderschen Ausgangswertgesetz. Strahlentherapie, 88, 574-596, 1952.

Putz-Osterloh, W.:
Über die Beziehung zwischen Testintelligenz und Problemlöseerfolg. Zeitschrift für Psychologie, 189, 79-100, 1981.

Putz-Osterloh, W. & Lüer, G.:
Über die Vorhersagbarkeit komplexer Problemlöseleistung durch Ergebnisse in einem Intelligenztest. Z. exp. angew. Psychol., 28, 309-334, 1981.

Raaheim, K. & Kaufmann, G.:
Level of activation and success in solving an unfamiliar task. Psychological Reports, 30, 271-274, 1972.

Randolph, L.C.:
A study of the effects of praise, criticism and failure on the problem solving performance of field-dependent and field-independent individuals. Dissertation Abstracts International, 32(5-B), 3014-3015, 1971.

Raphelson, A.C.:
The relationship among imaginative direct verbal and physiological measures of anxiety in a achievement situation. J. abn. soc. Psychol., 54, 13-18, 1957.

Ray, W.S:
Complex tasks for use in human problem-solving research. Psychol. Bull., 1955, 134-149, 1955

Reid, J.W.:
An experimental study of "analysis of the goal" in problem solving. J. gen. Psychol., 59, 221-226, 1952.

Renn, H.:
Zur Methodik der Verlaufsanalyse: Das Problem der Nicht-Orthogonalität von Ausgangswerten und Faktoren der Änderung. Psychologische Beiträge, 16, 61-67, 1974.

Rennert, M.:
Einige Anmerkungen zur Verwendung von Differenzwerten bei der Veränderungsmessung. Psychol. Beitr., 19, 100-109, 1977.

Restle, F. & Davis, J.H.:
Success and speed of problem solving by individuals and groups. Psychol. Rev., 69, 520-536, 1962.

Roessler, R.:
Personality, psychophysiology, and performance. Psychophysiology, 10, 315-327, 1973.

Rotter, J.B.:
Generalized expectancies for internal versus external control of reinforcement. Psychol. Monogr., 80, 1-28, 1966.

Schachter, S.:
The interaction of cognitive and physiological determinants of emotional state. In: Berkowitz, L. (Ed.): Advances in experimental and social psychology. Vol. 1., New York: Academic Press, 1964.

Schachter, S.:
Cognition and peripheralist-centralist controverses in motivation and emotion. In: M. Gazzaniga, M. & Blakemore, C. (Eds.): Handbook of psychobiology. New York: Academic Press, 1975.

Schachter, S. & Singer, J.E.:
Cognitive, social, and physiological determinants of emotional state. Psychological Review, 69, 379-399, 1962.

Schachter, J., Williams, T.A., Rowe, R., Schachter, J.S. u.a.:
Personality correlates of physiological reactivity to stress. Amer. J. Psychiat., 121, 12-24, 1965.

Schalon, C.L.
Effect of self-esteem upon performance following failure stress. J. cons. clin. Psychol., 32, 241-268, 1968.

Schandry, R.:
Psychophysiologie. Körperliche Indikatoren menschlichen Verhaltens. München: Urban & Schwarzenberg, 1981.

Schlosberg, H.:
Three dimensions of emotion. Psychol. Rev., 61, 81-88, 1954.

Schmalt, H.D.:
Die Messung des Leistungsmotivs. Göttingen: Hogrefe, 1976.

Schmidtke, H.:
Grundlagen physiologischer Motivationstheorien. In: Thomae, H. (Hrsg.): Motivation. Handbuch der Psychologie, Bd. 2/II. Göttingen: Hogrefe, 1965.

Schneider, D.J.:
Tactical self-presentation after success and failure. J. pers. soc. Psychol., 13, 262-268, 1968.

Schnore, M.M.:
Individual patterns of physiological activity as a function of task difference and degree of arousal. J. exp. Psychol., 58, 117-127, 1959.

Schönpflug, W.:
Vorgänge psychologischer Aktivierung und drei Ansätze zu ihrer Untersuchung. In: Schönpflug, W. (Ed.): Methoden der Aktivierungsforschung. Bern: Huber, 1969.

Schönpflug, W.:
Phänomenologische Indikatoren der Aktiviertheit. In: Schönpflug, W. (Ed.): Methoden der Aktivierungsforschung. Bern: Huber, 1969.

Schöttke, H., Gediga, G., Rogner, J. & Tücke, M.:
Streßverarbeitung und Leistung bei verschiedenen Typen von Problemlöseaufgaben. Psychologischer Forschungsbericht 31. Universiät Osnabrück, 1983.

Schwartz, G.E. & Weinberger, D.A.:
Patterns of emotional responses to affective situations: Relations among happiness, sadness, anger, fear, depression and anxiety. Motivation and Emotion, 4, 175-191, 1980.

Selye, H.:
Einführung in die Lehre vom Adaptationssyndrom. Stuttgart: Thieme, 1953.

Selye, H.:
The stress of life. New York: 1956.

Selye, H.:
Die Entwicklung des Streßkonzepts. Streß und Herzkrankheiten. Med. Welt, 20, 915-933, 1969.

Selye, H.:
Stress without distress. Philadelphia: Lippincot, 1974.

Selye, H.:
Confusion and controversy in the stress field. J. hum. Stress, 1, 37-44, 1975.

Selz, O.:
Über die Gesetze des geordneten Denkverlaufs. Stuttgart: Spemann, 1913.

Selz, O.:
Die Gesetze der produktiven und reproduktiven Geistestätigkeit. Bonn: 1914.

Shrauger, J.S. & Rosenberg, S.E.:
Self-esteem and the effects of success and failure feedback on performance. J. Pers., 38, 404-417, 1970.

Siegel, S.:
Nichtparametrische statistische Methoden. Frankfurt: Fachbuchhandlung für Psychologie, Verlagsabt., 1976.

Silverman, I.:
Self-esteem and differential responsiveness to success and failure. J. abn. soc. Psychol., 69, 115-119, 1969.

Singer, K. & Weyer, G.:
Die Messung der Pulswellengeschwindigkeit beim Menschen. Elektronik. 29, 49-52, 1980.

Sorgatz, H.:
Convergent and discriminant relationships between factor matrices of motor performance and arousal data. Perc. mot. Skills, 42, 459-465, 1976.

Speisman, J.C., Lazarus, R.S., Davidson, L. & Mordkoff, A.A.:
Experimental analysis of a film used as a threatening stimulus. J. consult. Psychol., 28, 23-33, 1964.

Spielberger, C.D., Gorsuch, R.L. & Lushene, R.E.:
Manual for the State-Trait Anxiety Inventory. Palo Alto, Calif.: Consulting Psychologists Press, 1970.

Stennet, R.G.:
The relationship of performance level to level of arousal. J. exp. Psychol., 54, 54-61, 1957.

Sternbach, R.A.:
Principles of psychophysiology. New York: Academic Press, 1966.

Strasser, H.:
Beurteilung ergonomischer Fragestellungen mit Herzfrequenz und Sinusarrhythmie (Indikatoren von mentaler Beanspruchung und Ermüdung). Int. Arch. Arbeitsmed., 32, 261-287, 1974.

Strongman, K.T.:
The Psychology of Emotion. London: John Wiley, 1973.

Süllwold, F.:
Experimentelle Untersuchungen über die Rolle des Einfalls im Denkprozeß. Z. exp. angew. Psychol., 2, 173-207. 1954a.

Süllwold, F.:
Experimentelle Untersuchungen über den Zufall als Determinante im Problemlösungsverhalten. Ber. 21. Kongr. Dt. Ges. Ps., Göttingen, 178-181, 1958.

Süllwold, F.:
Bedingungen und Gesetzmäßigkeiten des Problemlösungsverhaltens. Ber. 22. Kongr. Dt. Ges. Ps., Göttingen, 96-115, 1959.

Süllwold, F.:
Das unmittelbare Gedächtnis und seine denkpsychologische Bedeutung. Göttingen: Hogrefe, 1964.

Süllwold, F.:
Zur Phänomenologie und Bedeutung des unmittelbaren Konfigurationsgedächtnisses. Z. exp. angew. Psychol., 27, 26-43, 1980

Synder, C.R. & Katahn, M.:
The relationship of state anxiety, feedback, and ongoing selfreported affect to performance in complex verbal learning. Amer. J. Psychol., 86, 555-565, 1973.

Taylor, J.A.:
A personality scale of manifest anxiety. J. abn. soc. Psychol., 48, 285-290, 1953.

Thorndike, E.L.:
Animal intelligence. New York: Macmillian. 1911.

Traxel, W.:
Die Möglichkeit einer objektiven Messung der Stärke von Gefühlen. Psychol. Forsch., 23, 75-90, 1960.

Traxel, W. & Heide, H.J.:
Dimensionen der Gefühle: Das Problem der Klassifikation von Gefühlen und die Möglichkeit einer empirischen Lösung. Psychol. Forsch., 26, 179-204, 1961.

Truax, CH. B. & Martin, B.:
The immediate and delayed effect of failure as a function of task complexity and personalisation of failure. J. abn. soc. Psychol., 55, 16-20, 1957.

Vaitl, D.:
Psychophysiologische Meßmethoden. In: Schmidt, L.R. (Ed.): Lehrbuch der klinischen Psychologie. Stuttgart: Enke, 1978.

Van Buskirks, C.:
Performance on complex reasoning tasks as a function of anxiety. J. abn. soc. psychol., 62, 201-209, 1961.

Van der Bijl, W.:
Fünf Fehlerquellen in wissenschaftlicher statistischer Forschung. Annalen der Meteorologie. 4, 183-212, 1951.

Venables, P.D. & Christie, M.J.:
Research in psychophysiology. London: Wiley, 1975.

Venables, P.H. & Martin, J. (Eds.):
A manual of psychophysiological methods. Amsterdam: North Holland, 1967.

Wall, K.-D.:
Statistische Anmerkungen zum Ausgangswertproblem. Z. exp. angew. Psychol., 24, 519-524, 1977.

Wallas, G.:
The art of thought. New York: Harcourt, 1926.

Walschburger, P.:
Zur Beschreibung von Aktivierungsprozessen. Phil. Diss., Freiburg, 1976.

Walschburger, P.:
Zur Operationalisierung der psychophysischen Reaktivität. In: Tack, W. (Ed.): Ber. 30. Kongr. DGfP, Regensburg 1976, Göttingen: Hogrefe, 1977.

Wasna, M.:
Die Entwicklung der Leistungsmotivation. München. Ernst Reinhardt, 1970.

Weiner, B.:
The role of success and failure in the learning of easy and complex tasks. J. pers. soc. Psychol., 3, 339-344, 1966.

Weiner, B.:
Die Wirkung von Erfolg und Mißerfolg auf die Leistung. Stuttgart: Klett, 1975.

Weiner, B.: Theorien der Motivation. Stuttgart: Klett, 1976.

Weiner, B.: The role of affect in rational (attributional) approaches to human motivation. Educational Researcher, 9, 4-11, 1980.

Weiner, B.: Motivationspsychologie, Weinheim: Beltz, 1984.

Weiss, R.A.:
The effects of valenced locus of control of responsibility and success or failure experience upon performance and causal attribution. Dissertation Abstracts International, 36(2-B), 926-927, 1975.

Wenzl, A:
Theorie der Begabung. Leipzig, 1934.

Wertheimer, M.:
Produktives Denken. Frankfurt, Kramer, 1945.

Weyer, G. & Blythe, S.: Zur Behandlung des Ausgangswertproblems durch die Datentransformation mit orthogonalen Polynomen. Z. exp. angew. Psychol., 25, 500-521, 1983.

Wilder, J.:
Das "Ausgangswert-Gesetz" - ein unbeachtetes biologisches Gesetz; seine Bedeutung für Forschung und Praxis. Klinische Wochenzeitschrift, 10, 1889-1893, 1931.

Wilder, J.:
The law of initial values. Psychosom. Med., 12, 392, 1950.

Winer, B.J.:
Statistical principles in experimental design. New York: McGraw Hill, 1971.

Wine, J.:
Test anxiety and direction of attention. Ps. Bull., 76, 92-104, 1971.

Winterbottom, M.R.:
The relation of need for achivement to learning experience in independency and mastery. In: Atkinkson, J.W. (Ed.): Motives in fantasy, action, and society. Priceton, N.J.: Van Nostrand, 1958.

Wundt, W.:
Grundzüge der physiologischen Psychologie. Leipzig: Engelmann, 1874.

Wundt, W.:
Grundriß der Psychologie. Stuttgart, 1922.

Yerkes, R.M. & Dodson, J.D.:
The relation of strength of stimulus to rapidity of habit-formation. J. comp. neur. Psychol., 18, 459-482, 1909.

Zajnonc, R.B. & Brickman, P.:
Expectations and feedback as independent factors in task performance. J. exp. soc. Psychol., 11, 148-156, 1969.

Zeller, A.F.:
An experimental analoque of repression: III. The effects of induced failure and success on memory measured by recall. J. exp. Psychol., 6, 59-66, 1951.

Zerssen v., D. & Koeller, H.-D.: Die Befindlichkeits-Skala (Bf-S). Beltz: Weinheim, 1976.

Zuckerman, M.:
The development of an affect adjective checklist for the measurement of anxiety. J. Cons. Psychol., 24, 457-462, 1960.

Zuckerman, M. & Lubin, B.:
Manual for the Multiple Affect Adjective Check List. San Diego, Calif.: Educational Industrial Testing Service, 1970.

ANHANG 1

LEISTUNGSRÜCKMELDUNG FÜR DIE ERFOLGSGRUPPE

BEI DEN LETZTEN AUFGABEN HABEN

91 VON 100 PERSONEN SCHLECHTER

GESCHAETZT ALS SIE!

NOTE: SEHR GUT!!!

ANHANG 2

LEISTUNGSRÜCKMELDUNG FÜR DIE MISSERFOLGSGRUPPE

> BEI DEN LETZTEN AUFGABEN HABEN
>
> 9 VON 100 PERSONEN SCHLECHTER
>
> GESCHAETZT ALS SIE!
>
> **NOTE: MANGELHAFT!!!**

ANHANG 3

RÜCKMELDUNG FÜR DIE KONTROLLGRUPPE

DIE RUHEPAUSE IST IN KUERZE ZU ENDE

ANHANG 4

DARSTELLUNG DER UMORDNUNGSAUFGABE AUF DEM BILDSCHIRMTERMINAL
BEI DER SCHÄTZAUFGABE (SCH)

```
!111111111111!222222222222!333333333333!
!1          1!2          2!3          3!
!1          1!2          2!3          3!
!1    2     1!2    5     2!3    4     3!
!1          1!2          2!3          3!
!1          1!2          2!3          3!
!111111111111!222222222222!333333333333!
!444444444444!555555555555!666666666666!
!4          4!5          5!6          6!
!4          4!5          5!6          6!
!4    1     4!5          5!6    3     6!
!4          4!5          5!6          6!
!4          4!5          5!6          6!
!444444444444!555555555555!666666666666!


*** BITTE AUF DIE ABFRAGE DER ZUGZAHL WARTEN! ***
```

ANHANG 5

DARSTELLUNG DER ZU BEARBEITENDEN UMORDNUNGSAUFGABE AUF DEM
BILDSCHIRMTERMINAL

```
!111111111111!222222222222!333333333333!
!1            1!2          2!3          3!
!1            1!2          2!3          3!
!1      4     1!2     1    2!3     3    3!
!1            1!2          2!3          3!
!1            1!2          2!3          3!
!111111111111!222222222222!333333333333!
!444444444444!555555555555!666666666666!
!4            4!5          5!6          6!
!4            4!5          5!6          6!
!4      2     4!5          5!6     5    6!
!4            4!5          5!6          6!
!4            4!5          5!6          6!
!444444444444!555555555555!666666666666!


ZAHL? =    VON FELD-NR. ? =    NACH FELD-NR. ? = ▮
```

ANHANG 6

DARSTELLUNG DER AUF DEM BILDSCHIRMTERMINAL ERSCHEINENDEN INSTRUKTION
WÄHREND DER MITTLEREN RUHEPHASE

BITTE ENTSPANNEN SIE SICH SO GUT WIE MOEGLICH,
OHNE DIE AUGEN ZU SCHLIESSEN !

ANHANG 7

MELDUNG AUF DEM BILDSCHIRMTERMINAL IN DEN VOR- UND NACHBEREITUNGS-
PHASEN DER UNTERSUCHUNGSSITUATIONEN

BITTE WARTEN SIE !

ANHANG 8

BILDSCHIRMAUFBAU BEI DER FRAGEBOGENERHEBUNG

```
┌─────────────────────────────────────────────────────────────────┐
│                                                                 │
│  ▌IN WELCHEM GRADE TRIFFT DIE AUSSAGE AUF SIE ZU ?▐              │
│                                                                 │
│  ICH SPRECHE SO GERN MIT ANDEREN MENSCHEN, DASS ICH KEINE GELEGENHEIT
│                                                                 │
│  AUSLASSE, MICH MIT EINEM FREMDEN ZU UNTERHALTEN.                │
│                                                                 │
│                                                                 │
│       1         2          3          4          5         6    │
│       I---------I----------I----------I----------I---------I    │
│     TRIFFT    TRIFFT    TRIFFT     TRIFFT     TRIFFT    TRIFFT  │
│    GAR NICHT  NICHT   EHER NICHT    EHER        ZU       SEHR   │
│       ZU        ZU        ZU         ZU                   ZU    │
│                                                                 │
│                                                                 │
│         ▌IHRE ANGABE  :▐ ▌ ▐                                      │
│                                                                 │
└─────────────────────────────────────────────────────────────────┘
```

ANHANG 9

VIERZIG ITEMS DES ERWEITERTEN A-STATE FRAGEBOGENS ZUR ERHEBUNG DER EMOTIONALEN BEFINDLICHKEIT WÄHREND DER UNTERSUCHUNGSPHASEN

Ich bin ruhig.

Ich fühle mich geborgen.

Ich fühle mich angespannt.

Ich bin bekümmert.

Ich bin gelöst.

Ich bin aufgeregt.

Ich bin besorgt, daß etwas schiefgehen könnte.

Ich fühle mich ausgeruht.

Ich bin beunruhigt.

Ich fühle mich wohl.

Ich fühle mich selbstsicher.

Ich bin nervös.

Ich bin entspannt.

Ich bin zufrieden.

Ich bin besorgt.

Ich bin überreizt.

Ich bin froh.

Ich bin vergnügt.

Ich bin ärgerlich.

Ich bin übermütig.

Ich bin enttäuscht.

Ich bin abgespannt.

Ich bin glücklich.

Ich bin träge.

Ich bin verunsichert.

Ich bin bedrückt.

Ich fühle mich minderwertig.

Ich bin erschöpft.

Ich bin freudig erregt.

Ich bin ungeduldig.

Ich bin mutlos.

Ich fühle mich unbeschwert.

Ich bin traurig.

Ich bin wütend.

Ich fühle mich beschwingt.

Ich bin deprimiert.

Ich bin heiter.

Ich bin skeptisch.

ANHANG 10

DARSTELLUNG DER VON WALSCHBURGER 1976 VERÖFFENTLICHTEN KENNLINIEN-
DIAGRAMME

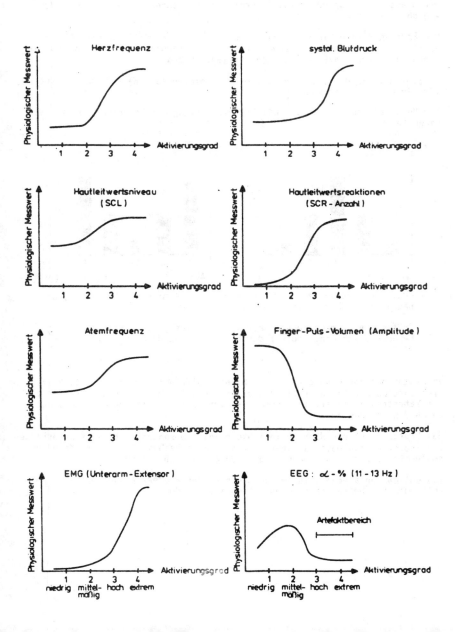

ANHANG 11

INSTRUKTION ZUR PRÜFERWAHLAUFGABE

Stellen Sie sich bitte vor, Sie hätten eine Prüfung abzulegen. Das Prüfungswissen haben Sie sich durch Selbststudium anhand von Büchern erworben. Sie haben aus diesem Grunde keine Information über Ihren Wissensstand im Vergleich zu anderen Prüflingen.

Die Prüfung können Sie bei zwei Prüfern ablegen. Beide Prüfer sind Ihnen persönlich unbekannt. Sie kennen nur die Verteilung der Prüfungsnoten, die diese in vorangegangenen Prüfungen vergeben haben.

Allein aufgrund der Information über die Noterverteilung sollen Sie sich für einen der Prüfer entscheiden.

Zur Verdeutlichung haben wir die Notenverteilung der beiden Prüfer grafisch dargestellt.

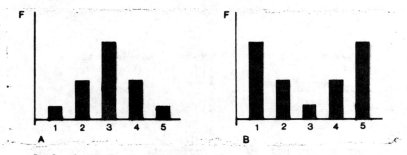

- Prüfer A gibt wenige sehr gute und wenige sehr schlechte Noten; am häufigsten gibt er durchschnittliche Noten.

- Prüfer B gibt demgegenüber häufig besonders gute, aber auch häufig besonders schlechte Noten; durchschnittliche Noten vergibt er nur selten.

Insgesamt besehen bedeutet dies, daß bei Prüfer A die Wahrscheinlichkeit, eine besonders gute Note zu erhalten eher gering ist. Ebenso gering ist aber auch die Wahrscheinlichkeit, eine besonders schlechte Note zu bekommen und damit durch die Prüfung zu fallen.

Bei Prüfer B ist die Wahrscheinlichkeit, eine besonders gute Note zu erhalten eher hoch. Ebenso hoch ist aber auch die Wahrscheinlichkeit, eine besonders schlechte Note zu erhalten und somit durch die Prüfung zu fallen.

Sie sollen nun angeben, für welchen der beiden Prüfer, A oder B, Sie sich unter den gegebenen Bedingungen entscheiden würden.

ANHANG 12

ISTRUKTION FÜR DAS AUSFÜLLEN DER PERSÖNLICHKEITSFRAGEBOGEN

vor wir mit dem eigentlichen Versuch beginnen, möchte ich Sie bitten,
nige Fragebogenitems zu beantworten.

e Fragebogenitems sind so formuliert, daß eine Feststellung getroffen
rd.

r jede Feststellung sollen Sie angeben, in welchem Grad diese auf Sie
trifft. Es steht Ihnen hierzu eine sechsstufige Ratingskala zur Verfügung.

f der linken Seite der Skala befindet sich der geringste Ausprägungsgrad
r Zustimmung "trifft gar nicht zu", auf der rechten Seite der Skala befindet
ch der stärkste Ausprägungsgrad "trifft sehr zu". Die zur Verfügung
ehenden Abstufungen sind von links nach rechts:

- TRIFFT GAR NICHT ZU
- TRIFFT NICHT ZU
- TRIFFT EHER NICHT ZU
- TRIFFT EHER ZU
- TRIFFT ZU
- TRIFFT SEHR ZU

t jeder verbalen Benennung eines Skalenpunktes ist eine Zahl von 1 - 6
rbunden. Diese werden, analog zu dem Anstieg der Zustimmung, von links
ch rechts größer. Anhand dieser sechsstufigen Skala sollen Sie beurteilen,
 welchem Grad die gerade auf dem Bildschirm dargestellte Feststellung auf
e zutrifft.

es tun Sie, indem Sie auf dem vor Ihnen befindlichen Tastenfeld mit den
llen Tastenfeldern die Zahl drücken, die mit dem von Ihnen als zutreffend
pfundenen Ausprägungsgrad übereinstimmt. Trifft die Feststellung auf Sie
r nicht zu, so drücken Sie die Zahl 1, trifft die Feststellung auf Sie
hr zu, so drücken Sie die Zahl 6; liegt der Grad des Zutreffens zwischen
esen beiden Polen, geben Sie eine Zahl zwischen 1 und 6 ein.

e eingegebenen Zahlen erscheinen auf dem Bildschirm. Durch das Drücken der
t gekennzeichneten Eingabetaste erfolgt die Übermittlung an den Computer.
ernach erscheint die darauffolgende Feststellung auf dem Bildschirm.
ben Sie eine Zahl gedrückt und die Eingabetaste noch nicht betätigt,
nnen Sie diese wieder löschen, indem Sie die grün markierte Taste drücken.

rde die rot markierte Eingabetaste von Ihnen gedrückt, ist Ihre Angabe an
n Computer übermittelt und kann nicht mehr zurückgenommen werden.

r Bildschirm, auf dem die Feststellungen nacheinander dargestellt werden,
t in allen Fällen wie folgt aufgebaut. Am oberen Bildrand befindet sich
ne dunkle Zeile mit heller Schrift. Aus ihr können Sie entnehmen, um
lche Angabe Sie gebeten werden. Darunter steht die jeweilige Feststellung,
 der Sie Stellung nehmen sollen. Hierauf folgt die Darstellung der
chsstufigen Ratingskala. Am unteren Ende des Bildschirmes erscheint in
nem dunklen Feld die Abfrage Ihrer Angabe für die dargestellte
ststellung.

Die ersten Feststellungen werden mehrmals während der Untersuchung auszufüllen sein. Diese beziehen sich auf Ihren jeweiligen momentanen Gefühlszustand, der sich von Untersuchungssituation zu Untersuchungssituation ändern kann.

Alle darauffolgenden Feststellungen beziehen sich auf Ihr gewohnheitsmäßiges Verhalten und Erleben.

Beginnen Sie jetzt bitte. Beurteilen Sie den Grad des Zutreffens der dargestellten Feststellungen.

Beeilen Sie sich bitte; arbeiten Sie aber auch sorgfältig.

ANHANG 13

ALLGEMEINDE INSTRUKTION FÜR DIE ERSTE RUHESITUATION

In der folgenden Ruhesituation sollen Sie sich so gut Sie können entspannen, ohne die Augen zu schließen. Am Ende der Ruhesituation werden die Feststellungen auf dem Bildschirm dargestellt, mit deren Hilfe Sie Ihr subjektives Befinden angeben sollen.

Ich werde nun den Raum verlassen und nach der Ruhephase zurückkommen. Bitte geben Sie, wenn ich den Raum verlassen habe, die Zahl ein, die ich Ihnen über die Sprechanlage geben werde. Danach drücken Sie bitte die rot gekennzeichnete Eingabetaste.

ANHANG 14

ALLGEMEINDE INSTRUKTION FÜR DIE ERSTE RUHESITUATION

Geben Sie nun bitte, um mit der Ruhesituation zu beginnen, nacheinander die drei Zahlen Eins, Zwei und Drei ein und betätigen Sie danach die Eingabetaste.

ANHANG 15

ALLGEMEINE INSTRUKTION FÜR DIE ZU BEARBEITENDEN UMORDNUNGSAUFGABEN

Im folgenden geht es um die Bearbeitung einiger Denkaufgaben.

Die Denkaufgaben werden Ihnen über Bildschirm dargeboten. Sie bestehen aus sechs Feldern, die in zwei Reihen zu je drei übereinander angeordnet sind. Die Felder selbst sind in Leserichtung numeriert. Die als Umrandung der Felder benutzten Ziffern stellen die Nummern der Felder dar. In der Mitte jedes Feldes befindet sich eine Zahl. Dies sind die Zahlen 1, 2, 3, 4 und 5. Eines der Felder ist unbesetzt.

Die Aufgabenstellung besteht darin, die in der Mitte der Felder liegenden Zahlen so zu verschieben, daß schließlich jede Zahl auf dem Feld mit der gleichen Nummer zu liegen kommt, also Zahl Nummer 1 auf Feld Nummer 1 und Zahl Nummer 2 auf Feld Nummer 2 usw.

Bei der Bearbeitung der Aufgaben dürfen die Zahlen nur orthogonal, d.h. senkrecht und waagerecht bewegt werden. Diagonale Bewegungen der Zahlen sowie das Überspringen eines Feldes, sind nicht erlaubt.

Auf dem vor Ihnen befindlichen Bildschirm sehen Sie eine der Aufgaben, die Sie bearbeiten sollen. Wie Sie sehen, steht in der untersten Zeile eine dreiteilige Frage.

Dort heißt es:

      ZAHL ?   VON FELD-NR. ?   NACH FELD-NR. ?

Die drei Fragezeichen sollen verdeutlichen, daß von Ihnen drei Angaben erwartet werden.

Die Frage "ZAHL ?" fragt nach der Zahl, die Sie von einem Feld auf ein anderes Feld bewegen wollen. Die zweite Frage "VON FELD-NR. ?" fragt nach dem Ausgangsfeld, also nach dem Feld, auf dem sich die Zahl gerade befindet. Die dritte Frage "NACH FELD-NR. ?" bezieht sich auf das Zielfeld, also auf das Feld, auf welches Sie die gewünschte Zahl bewegen wollen.

Sie geben Ihren gewünschten Zug durch das Eintippen von drei Zahlen, auf der vor Ihnen befindlichen Tastatur an. Die Zahlen werden direkt nacheinander – ohne Leertasten – eingetippt.

Dabei muß die Reihenfolge der Zahlen der Abfolge der Glieder in der dreiteiligen Frage entsprechen.

Sehen Sie sich nun bitte die auf dem Bildschirm dargestellte Aufgabe an. Wie Sie sehen, ist das Feld-Nr. 2 unbesetzt. Sie haben folglich die Möglichkeit, die Zahl Vier von Feld-Nr. 1 auf das Feld-Nr. 2 zu bewegen oder die Zahl Drei von Feld-Nr. 3 auf das Feld-Nr 2; oder aber die Zahl Eins von Feld-Nr. 5 auf das Feld-Nr. 2. Entscheiden Sie Sich für die letzte Möglichkeit, so heißt die Reihenfolge der einzutippenden Ziffern 152.

Der Computer setzt die Eingabe folgendermaßen um:

      - Die Zahl Eins soll von Feld-Nr. 5 auf das Feld-Nr. 2
        bewegt werden.

Geben Sie nun bitte die genannten Zahlen 1, 5 und 2 direkt nacheinander ein, und drücken Sie danach die rot markierte Eingabetaste.

Durch Drücken der rot markierten Eingabetaste wird die Eingabe an den Computer übermittelt, der gemäß Ihren Angaben den Zug durchführt und die neue Aufgabenkonstellation auf dem Bildschirm darstellt.

Am unteren Ende des Bildschirms befindet sich wiederum die Ihnen bereits bekannte dreiteilige Frage.

Sie können nun durch fortgesetztes Eintippen von drei Zahlen und durch Drücken der Eingabetaste jede erlaubte Bewegung der Zahlen auf den Feldern durchführen.

Sollten Sie einen unerlaubten Zug versuchen, erfolgt eine Fehlermeldung auf dem Bildschirm. Die Aufgabe wird dann nochmals in unveränderter Weise auf dem Bildschirm dargestellt.

Ist die Aufgabe gelöst, d.h. stehen alle Zahlen von eins bis fünf auf den Feldern mit den gleichen Nummern, wird nach dem letzten korrekten Zug eine Lösungsmeldung auf dem Bildschirm ausgegeben.

Diese lautet:

    DIE AUFGABE IST RICHTIG GELÖST !

Für jede der Aufgaben stehen Ihnen maximal vierzig Züge zur Verfügung. Werden für eine Aufgabe mehr als vierzig Züge benötigt, wird die Aufgabe abgebrochen.

Eine Aufgabe wird so lange auf dem Bildschirm dargestellt, bis eine Lösung gefunden wurde oder aber die maximale Anzahl von dreißig Zügen überschritten wird.

Beim Abbruch der Aufgabe erscheint auf dem Bildschirm die Meldung:

    - DIE AUFGABE WURDE ABGEBROCHEN

Für jede Aufgabe gibt es eine Lösung mit einer minimalen Zugzahl.

Sie sollen bei den Aufgaben versuchen, die Lösung mit der geringsten Anzahl von Zügen in der kürzestmöglichen Bearbeitungszeit zu erreichen.

Versuchen Sie nun bitte, gemäß der gegebenen Instruktion an der dargestellten Aufgabe mehrere Züge bis zu deren Lösung durchzuführen.

(Falls die Aufgabe nicht mit der minimalen Anzahl von Zügen bearbeitet wurde oder sonst Probleme bei der Bearbeitung auftraten :)

Sie haben nochmals an der gleichen Aufgabe Gelegenheit, die Durchführung zu üben.

Haben Sie die Aufgabenstellung und die Bearbeitung verstanden ?

Vor und nach jeder Aufgabenphase liegen jeweils kleinere Pausen unterschiedlicher Länge. Die Pausen werden Ihnen direkt auf dem Bildschirm durch die Zeile:

    BITTE WARTEN SIE !

angezeigt.

Bei den Aufgaben handelt es sich um Denkaufgaben, weil man durch Nachdenken und Kombinieren versuchen soll, mit möglichst wenigen Zügen in möglichst kurzer Zeit zur Lösung zu gelangen.

Wenn man unüberlegt handelt und planlos spielt, benötigt man unter Umständen viele Züge und entsprechend lange Zeit; beides wird als Ergebnis erfaßt.

Nach jeder Untersuchungsphase sollen Sie uns, anhand der Ihnen bereits bekannten Feststellungen, Angaben über Ihr subjektives Befinden machen.

Damit Sie bei der Aufgabenbearbeitung vollkommen ungestört sind, verlasse ich den Raum. Ich möchte Sie bitten, sich während den Untersuchungsphasen, zu denen auch die kurzen Pausen zu Beginn und am Ende dieser zählen, so wenig wie möglich zu bewegen.

Alle weiteren Anweisungen erhalten Sie von mir über die Gegensprechanlage oder über den Bildschirm direkt vom Computer.

ANHANG 16

SPEZIELLE INSTRUKTION FÜR DIE ERSTE ZU BEARBEITENDE AUFGABE (A1)

Sie sollen nun selbständig eine erste Aufgabe bis zu ihrer vollständigen Lösung bearbeiten.

Ist die Aufgabe gelöst und haben Sie den Fragebogen zum subjektiven Befinden bearbeitet, dann warten Sie bitte auf weitere Instruktionen.

Sind Sie bereit, mit der Aufgabe zu beginnen, so tippen Sie bitte nacheinander dreimal die Zahl Eins und drücken die Eingabetaste.

ANHANG 17

INSTRUKTION ZUR BEARBEITUNG DER SCHÄTZAUFGABE (SCH)

Bei Voruntersuchungen zeigte sich, daß Personen, die die notwendige Anzahl von Zügen bis zur Lösung einer Aufgabe - bei nur kurzfristiger Darbietung der Aufgabe - gut schätzen konnten, besonders schnell und mit wenigen Zügen zu den Lösungen von Aufgaben gelangten. Wir möchten Sie deshalb bitten, für zehn Aufgaben anzugeben, wieviel Züge bis zur vollständigen Lösung der Aufgabe notwendig sind.

Die Aufgaben werden für zehn Sekunden auf dem Bildschirm gezeigt. Diese Zeit ist absichtlich knapp bemessen. Alle Personen, auch diejenigen, die bei dieser Aufgabe besonders gute Resultate erzielen, sind sich unsicher, ob ihre geschätzte Anzahl von Zügen richtig ist. Ich möchte Sie deshalb bitten, auch wenn Sie unsicher sind, die Zahl anzugeben, die Sie für am wahrscheinlichsten halten.

Während der zehn Sekunden, in denen die Aufgabe auf dem Bildschirm zu sehen ist, erfolgt noch keine Abfrage Ihrer geschätzten Zugzahl. Die Abfrage Ihrer geschätzten Zugzahl erfolgt, gleich nachdem die Aufgabe vom Bildschirm verschwunden ist. Erst dann sollen Sie Ihre Schätzung eingeben. Anstelle der dreiteiligen Frage erscheint nun die Frage: "Wieviel Züge sind für die Lösung erforderlich?"

Nach jeder Eingabe erfolgt durch das Drücken der Eingabetaste die Übermittlung an den Computer. Danach erfolgt die Darstellung der nachfolgenden Aufgabe.

Nach der Bearbeitung der zehn Aufgaben schließt sich eine mehrminütige Ruhephase an, in der Sie sich so gut wie möglich entspannen sollen, ohne die Augen zu schließen.

Nach der Ruhephase sollen Sie, wie Sie es bereits kennen, Ihr subjektives Befinden anhand der Ratingskala angeben.

Sind Sie bereit zu beginnen, dann geben Sie jetzt bitte dreimal die Zahl Drei nacheinander ein und drücken die Eingabetaste.

ANHANG 18

ALLGEMEINE INSTRUKTION FÜR DIE KRITERIENAUFGABEN (KR)

Im folgenden sollen Sie eine Reihe von Aufgaben bis zu deren Lösung bearbeiten. Nach der Darstellung der Aufgaben auf dem Bildschirm erscheint in der letzten Zeile die Ihnen schon bekannten dreiteilige Frage, auf die Sie in der Ihnen bekannte Weise Ihre gewünschten Züge durchführen können. Versuchen Sie, so schnell wie möglich und mit der geringsten Anzahl von Zügen die Lösung der Aufgabe zu erreichen.

Am Ende der Aufgabenbearbeitung sollen Sie wiederum Ihr subjektives Befinden anhand der Ihnen bereits bekannten Ratingskala beurteilen.

Sind Sie bereit, mit der Bearbeitung der Aufgaben zu beginnen, so geben Sie bitte dreimal nacheinander die Zahl Sechs ein und betätigen die Eingabetaste.

ANHANG 19

INSTRUKTION ZUR NACHBEFRAGUNG

Zum Ende der Untersuchung sollen Sie anhand des Ihnen geläufigen sechsstufigen Beurteilungsverfahrens angeben, wie Sie die Untersuchung erlebt haben. Es werden Ihnen hierzu Feststellungen auf dem Bildschirm dargeboten, deren Zutreffen Sie bezüglich Ihres eigenen Erlebens während der Untersuchung beurteilen sollen.

ANHANG 20

SCHEMATISCHER ABLAUFPLAN DER UNTERSUCHUNG AB DER ERSTEN RUHEPHASE (R1)

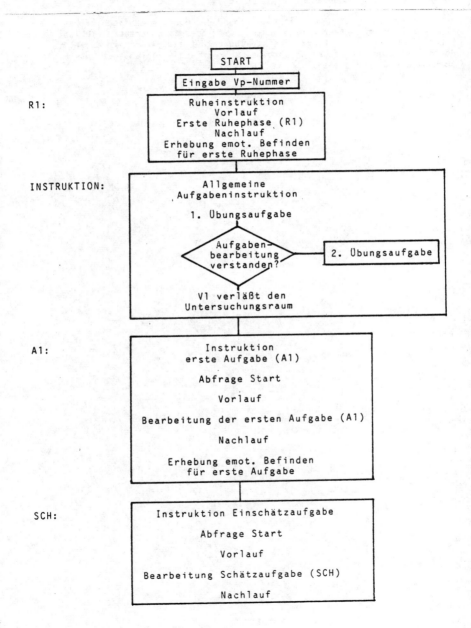

RM: Mittlere Ruhephase

RÜ:
Rückmeldung gemäß Vp-Nummer
Vp-Nummer beginnt mit 1 =³ positive Leistungsrückmeldung
Vp-Nummer beginnt mit 2 =³ negative Leistungsrückmeldung
Vp-Nummer beginnt mit 3 =³ leistungsirrelevante Rückmeldung

Nachlauf

Erhebung emotionales Befinden
für die Rückmeldephase

KR:
Instuktion Kriterienaufgaben
Abfrage Start

Bearbeitung Kriterienaufgabe 1 (KR1)

Bearbeitung Kriterienaufgabe 2 (KR2)

Bearbeitung Kriterienaufgabe 3 (KR3)

Nachlauf

Erhebung emot. Befinden
für die Kriterienaufgaben

R2:
Instuktion zweite Ruhephase

Abfrage Start

Vorlauf

Zweite Ruhephase (R2)

Nachlauf

Erhebung emot. Befinden
für die zweite Ruhephase

NACH: Strukturierte Nachbefragung

ANHANG 21

ERGEBNISSE DER MULTIVARIATEN VARIANZANALYSE FÜR DIE LEISTUNGSVARIABLEN

==

--- ANALYSIS SUMMARY ---

THE FOLLOWING EFFECTS ARE COMPONENTS OF THE SPECIFIED
LINEAR MODEL FOR THE BETWEEN DESIGN. ESTIMATES AND TESTS
OF HYPOTHESES FOR THESE EFFECTS CONCERN PARAMETERS OF THAT MODEL.

         OVALL: GRAND MEAN
         G: GRUP
         M: MW
         GM

THE FOLLOWING EFFECTS ARE COMPONENTS OF THE SPECIFIED
LINEAR MODEL FOR THE WITHIN DESIGN. ESTIMATES AND TESTS
OF HYPOTHESES FOR THESE EFFECTS CONCERN PARAMETERS OF THAT MODEL.

         OBS: WITHIN CASE MEAN
         A: AUFG

EFFECTS CONCERNING PARAMETERS OF THE COMBINED BETWEEN AND
WITHIN MODELS ARE THE COMBINATIONS (INTERACTIONS) OF EFFECTS
IN BOTH MODELS.

==

1PAGE 11 BMDP4V MULTI VAR FUER LEISTUNGS-MASSE

WITHIN EFFECT:
              OBS: WITHIN CASE MEAN

EFFECT	VARIATE	STATISTIC		F	DF		P
OVALL: GRAND MEAN							
	-ALL----	TSQ=	741.679	363.97	2,	53	.0000
	ZUEGE	SS=	454314.				
		MS=	454314.	662.34	1,	54	.0000
	TIME	SS=	560860.				
		MS=	560860.	448.83	1,	54	.0000

G: GRUP

- -ALL----
  - LRATIO= 0.898803   1.45   4, 106.00 .2221
  - TRACE= 0.112180
  - TZSQ=   6.05774
  - CHISQ =   4.41   2.990 0.2195
  - MXROOT= 0.977897E-01   .1875

- ZUEGE
  - SS= 2777.51
  - MS= 1388.75   2.02   2,   54   .1419

- TIME
  - SS= 6181.66
  - MS= 3090.83   2.47   2,   54   .0938

M: MW

- -ALL----
  - TSQ= 0.341788   0.17   2,   53   .8460

- ZUEGE
  - SS= 72.6000
  - MS= 72.6000   0.11   1,   54   .7462

- TIME
  - SS= 426.667
  - MS= 426.667   0.34   1,   54   .5614

GM

- -ALL----
  - LRATIO= 0.895142   1.51   4, 106.00 .2048
  - TRACE= 0.115644
  - TZSQ=   6.24476
  - CHISQ =   4.55   2.990 0.2064
  - MXROOT= 0.915540E-01   .2178

- ZUEGE
  - SS= 600.925
  - MS= 300.023

A

- -ALL----
  - TSQ= 475.645   71.93 6,   49   .0000
  - WCP LRATIO= 0.206198   64.52 6, 322.00 .0000
  - WCP TRACE= 2.64552
  - WCP TZSQ=   428.575
  - CHISQ = 390.09   5.363 0.0000
  - WCP MXROOT= 0.673347   .0000

- ZUEGE
  - TSQ= 380.623   122.18 3,   52   .0000
  - WCP SS= 205835.
  - WCP MS= 68611.7   103.33 3, 162   .0000
  - GREENHOUSE-GEISSER ADJ. DF 103.33 1.95, 105.44 .0000
  - HUYNH-FELDT ADJUSTED DF   103.33 2.19, 118.13 .0000

        TIME
                TSQ=   111.434   35.77   3,   52   .0000
            WCP SS=   222035.
            WCP MS=   74011.8   62.23   3,   162   .0000
            GREENHOUSE-GEISSER ADJ. DF   62.23 1.87, 101.10   .0000
            HUYNH-FELDT ADJUSTED DF   62.23 2.09, 112.89   .0000

(A) X (G: GRUP)

    -ALL----
            LRATIO= 0.745239   1.29   12,   98.00   .2346
            TRACE=   0.334733
            TZSQ=   16.7367
                CHISQ =   9.69   7.074   0.2126
            MXROOT= 0.237754   .1061
        WCP LRATIO= 0.829441   2.63   12, 322.00   .0023
        WCP TRACE=   0.203769
        WCP TZSQ=   33.0105
                CHISQ =   28.44   10.172   0.0017
        WCP MXROOT= 0.162605   .4109

    ZUEGE
            LRATIO= 0.845661   1.52   6, 104.00   .1803
            TRACE=   0.180743
            TZSQ=   9.57937
                CHISQ =   6.63   4.226   0.1763
            MXROOT= 0.145585   .1291
        WCP SS=   10275.5
        WCP MS=   1712.58   2.58   6,   162   .0206
        GREENHOUSE-GEISSER ADJ. DF   2.58 3.91, 105.44   .0428
        HUYNH-FELDT ADJUSTED DF   2.58 4.38, 118.13   .0362

    TIME
            LRATIO= 0.778736   2.31   6, 104.00   .0392
            TRACE=   0.282234
            TZSQ=   14.9584
                CHISQ =   10.64   4.226   0.0362
            MXROOT= 0.215897   .0205
        WCP SS=   31920.9
        WCP MS=   5320.16   4.47   6,   162   .0003
        GREENHOUSE-GEISSER ADJ. DF   4.47 3.74, 101.10   .0028
        HUYNH-FELDT ADJUSTED DF   4.47 4.18, 112.89   .0018

(A) X (M: MW)

    -ALL----
            TSQ=   5.46487   0.83   6,   49   .5551
        WCP LRATIO= 0.988258   0.32   6, 322.00   .9275
        WCP TRACE=   0.118673E-01
        WCP TZSQ=   1.92250
                CHISQ =   1.55   5.363   0.9290
        WCP MXROOT= 0.103906E-01   .4197

    ZUEGE
            TSQ=   4.96451   1.59   3,   52   .2021
        WCP SS=   1064.83
        WCP MS=   354.944   0.53   3,   162   .6593
        GREENHOUSE-GEISSER ADJ. DF   0.53 1.95, 105.44   .5833
        HUYNH-FELDT ADJUSTED DF   0.53 2.19, 118.13   .6033

TIME
```
        TSQ=       0.182274         0.06   3,    52   .9812
    WCP SS=        276.967
    WCP MS=        92.3222          0.08   3,   162   .9720
    GREENHOUSE-GEISSER ADJ. DF      0.08   1.87, 101.10 .9150
    HUYNH-FELDT ADJUSTED DF         0.08   2.09, 112.89 .9319
```

(A) X (GM)

    -ALL----
```
        LRATIO=    0.669586         1.81  12,   98.00  .0561
        TRACE=     0.445996
        TZSQ=      22.2998
            CHISQ =   13.35                 7.074  0.0664
        MXROOT=    0.212967                         .1765
    WCP LRATIO=    0.869031         1.95  12,  322.00  .0282
    WCP TRACE=     0.146356
    WCP TZSQ=      23.7097
            CHISQ =   20.26                10.172  0.0291
    WCP MXROOT=    0.949174E-01                    .7184
```

    ZUEGE
```
        LRATIO=    0.894936         0.99   6,  104.00  .4365
        TRACE=     0.116810
        TZSQ=      6.19091
            CHISQ =    4.10                 4.226  0.4254
        MXROOT=    0.100341                         .3402
    WCP SS=        4528.64
    WCP MS=        754.774          1.14   6,   162   .3434
    GREENHOUSE-GEISSER ADJ. DF      1.14   3.91, 105.44 .3430
    HUYNH-FELDT ADJUSTED DF         1.14   4.38, 118.13 .3438
```

    TIME
```
        LRATIO=    0.734198         2.90   6,  104.00  .0119
        TRACE=     0.334661
        TZSQ=      17.730
            CHISQ =   12.72                 4.226  0.0152
        MXROOT=    0.161375                         .0881
    WCP SS=        19466.33
    WCP MS=        3244.38          2.73   6,   162   .0150
    GREENHOUSE-GEISSER ADJ. DF      2.73   3.74, 101.10 .0365
    HUYNH-FELDT ADJUSTED DF         2.73   4.18, 112.89 .0306
```

```
    GGI EPSILON=   0.62409
    H-F EPSILON=   0.69687
```

ANHANG 22

TABELLE A22
ROHDATEN DER ANZAHL BENÖTIGTER ZÜGE JE UMORDNUNGSAUFGABE

GR	MW	A1	K1	K2	K3
1	1	9	12	11	23
1	1	9	11	11	9
1	1	13	23	11	11
1	1	9	40	11	11
1	1	10	13	11	11
1	1	9	13	40	11
1	1	9	29	11	40
1	1	9	13	40	11
1	1	9	19	11	40
1	1	10	40	40	9
1	2	11	11	40	9
1	2	25	13	40	10
1	2	9	11	22	40
1	2	9	11	14	9
1	2	9	11	11	9
1	2	9	13	11	9
1	2	9	11	13	9
1	2	11	13	11	22
1	2	9	40	40	19
1	2	11	27	19	11
2	1	19	40	40	11
2	1	11	40	40	9
2	1	9	11	40	9
2	1	9	11	40	40
2	1	13	40	40	40
2	1	11	11	18	11
2	1	9	40	12	11
2	1	9	11	40	9
2	1	12	33	11	19
2	1	9	40	37	40
2	2	26	11	19	40
2	2	16	14	40	9
2	2	9	27	40	19
2	2	9	34	27	39
2	2	11	32	11	40
2	2	9	11	27	19
2	2	10	11	40	40
2	2	11	40	25	40
2	2	11	23	40	40
2	2	9	36	13	10
3	1	10	11	29	11
3	1	15	13	11	11
3	1	19	11	11	11
3	1	9	13	40	11
3	1	9	11	40	9
3	1	9	12	11	9
3	1	12	11	40	40
3	1	9	11	11	9
3	1	9	11	11	9
3	1	11	15	22	40
3	2	11	21	11	9
3	2	9	28	13	9
3	2	11	11	11	11
3	2	14	40	17	9
3	2	9	11	11	9
3	2	19	40	15	9
3	2	11	14	13	9
3	2	9	15	21	12
3	2	11	40	40	15
3	2	13	11	20	10

ANHANG 23

ROHDATEN DER TRANSFORMIERTEN LÖSUNGSZEITEN (X'=1/X)

GR	MW	A1	K1	K2	K3
1	1	83	82	92	45
1	1	81	75	71	127
1	1	28	16	72	83
1	1	135	18	147	172
1	1	68	53	50	82
1	1	92	64	14	62
1	1	103	32	89	21
1	1	74	50	11	103
1	1	109	55	105	23
1	1	79	25	26	119
1	2	114	152	25	161
1	2	13	44	12	51
1	2	152	139	51	32
1	2	115	133	63	179
1	2	119	123	55	108
1	2	133	91	83	182
1	2	119	119	61	167
1	2	61	48	40	27
1	2	74	12	12	33
1	2	96	32	43	85
2	1	41	21	20	119
2	1	81	21	22	60
2	1	56	16	17	29
2	1	36	72	9	54
2	1	119	108	18	14
2	1	45	11	10	16
2	1	112	145	68	123
2	1	103	17	74	135
2	1	80	141	13	128
2	1	105	44	116	81
2	2	23	93	31	18
2	2	45	72	11	88
2	2	93	38	21	52
2	2	133	22	33	30
2	2	99	28	93	20
2	2	110	133	18	45
2	2	85	97	11	12
2	2	64	14	28	17
2	2	64	38	15	13
2	2	81	10	70	139
3	1	78	76	26	60
3	1	55	85	101	128
3	1	51	135	122	175
3	1	72	47	6	64
3	1	99	60	10	71
3	1	132	82	70	159
3	1	39	81	14	13
3	1	152	88	102	192
3	1	100	88	69	156
3	1	90	59	33	16
3	2	101	36	104	100
3	2	167	41	125	227
3	2	103	85	115	152
3	2	66	21	75	145
3	2	128	108	88	172
3	2	48	15	34	99
3	2	74	83	88	147
3	2	143	60	35	105
3	2	56	15	15	28
3	2	59	100	69	149

ANHANG 24

ROHDATEN ZUR EMOTIONALEN BEFINDLICHKEIT

GR	MW	R1	A1	RÜ	KR	R2
1.00	1.00	62.00	63.00	61.00	73.00	61.00
1.00	1.00	54.00	57.00	51.00	49.00	51.00
1.00	1.00	45.00	46.00	41.00	45.00	41.00
1.00	1.00	44.00	43.00	36.00	40.00	36.00
1.00	1.00	47.00	53.00	48.00	44.00	48.00
1.00	1.00	49.00	49.00	51.00	49.00	51.00
1.00	1.00	52.00	83.00	73.00	86.00	73.00
1.00	1.00	64.00	69.00	67.00	66.00	67.00
1.00	1.00	46.00	67.00	50.00	64.00	50.00
1.00	1.00	49.00	55.00	57.00	49.00	57.00
1.00	2.00	32.00	37.00	31.00	34.00	31.00
1.00	2.00	70.00	88.00	78.00	72.00	78.00
1.00	2.00	53.00	63.00	54.00	64.00	54.00
1.00	2.00	51.00	48.00	46.00	46.00	46.00
1.00	2.00	42.00	45.00	43.00	42.00	43.00
1.00	2.00	43.00	44.00	45.00	44.00	45.00
1.00	2.00	42.00	42.00	39.00	33.00	39.00
1.00	2.00	43.00	49.00	47.00	53.00	47.00
1.00	2.00	44.00	59.00	49.00	63.00	49.00
1.00	2.00	62.00	66.00	73.00	73.00	73.00
2.00	1.00	88.00	84.00	91.00	92.00	91.00
2.00	1.00	55.00	55.00	75.00	78.00	75.00
2.00	1.00	55.00	65.00	58.00	70.00	58.00
2.00	1.00	82.00	93.00	98.00	110.00	98.00
2.00	1.00	74.00	74.00	65.00	74.00	65.00
2.00	1.00	44.00	59.00	58.00	61.00	58.00
2.00	1.00	52.00	67.00	48.00	59.00	48.00
2.00	1.00	81.00	88.00	88.00	87.00	88.00
2.00	1.00	56.00	64.00	64.00	56.00	64.00
2.00	1.00	79.00	82.00	79.00	88.00	79.00
2.00	2.00	36.00	43.00	51.00	51.00	51.00
2.00	2.00	41.00	60.00	66.00	67.00	66.00
2.00	2.00	53.00	57.00	67.00	75.00	67.00
2.00	2.00	43.00	42.00	51.00	54.00	51.00
2.00	2.00	62.00	79.00	84.00	93.00	84.00
2.00	2.00	68.00	64.00	73.00	85.00	73.00
2.00	2.00	68.00	67.00	67.00	69.00	67.00
2.00	2.00	45.00	54.00	56.00	62.00	56.00
2.00	2.00	72.00	85.00	87.00	95.00	87.00
2.00	2.00	55.00	62.00	62.00	50.00	62.00
3.00	1.00	31.00	35.00	36.00	40.00	36.00
3.00	1.00	64.00	65.00	65.00	62.00	65.00
3.00	1.00	58.00	68.00	52.00	57.00	52.00
3.00	1.00	44.00	45.00	39.00	42.00	39.00
3.00	1.00	68.00	65.00	71.00	70.00	71.00
3.00	1.00	55.00	64.00	67.00	67.00	67.00
3.00	1.00	65.00	64.00	61.00	65.00	61.00
3.00	1.00	55.00	55.00	55.00	54.00	55.00
3.00	1.00	48.00	48.00	50.00	52.00	50.00
3.00	1.00	57.00	54.00	59.00	64.00	59.00
3.00	2.00	53.00	51.00	49.00	50.00	49.00
3.00	2.00	69.00	75.00	70.00	73.00	70.00
3.00	2.00	51.00	48.00	48.00	45.00	48.00
3.00	2.00	46.00	45.00	35.00	57.00	35.00
3.00	2.00	45.00	46.00	46.00	43.00	46.00
3.00	2.00	70.00	69.00	68.00	70.00	68.00
3.00	2.00	42.00	43.00	57.00	50.00	57.00
3.00	2.00	61.00	52.00	54.00	55.00	54.00
3.00	2.00	77.00	77.00	77.00	79.00	77.00
3.00	2.00	47.00	51.00	50.00	54.00	50.00

ANHANG 25

ABWEICHUNGSWERTE DER FINGERPULSAMPLITUDEN-DATEN VON DEN INDIVIDUELLEN
MITTELWERTEN JEDER VP

GR	MW	R1	A1	RM	RÜ	K1	K2	K3	K4
1.00	1.00	157.93	-48.65	-81.11	-9.95	-23.24	18.72	17.39	184.22
1.00	1.00	-11.66	-15.16	-8.57	2.01	5.09	6.80	5.93	12.05
1.00	1.00	-87.55	-74.68	-19.01	-54.43	134.49	105.11	54.95	75.03
1.00	1.00	101.11	96.11	38.69	-7.85	-57.35	-79.39	-47.47	-77.56
1.00	1.00	13.35	-92.69	-62.19	46.06	-16.06	26.19	17.81	56.52
1.00	1.00	41.48	-17.81	-56.31	-55.23	-8.77	49.52	20.27	20.89
1.00	1.00	156.68	-109.40	-113.57	-122.48	-106.98	16.93	159.72	249.39
1.00	1.00	100.37	-45.88	-65.13	-15.34	25.37	11.33	-2.08	-28.08
1.00	1.00	-150.25	-189.54	-226.91	-134.33	43.51	316.13	419.84	311.92
1.00	1.00	42.36	8.73	-4.10	-10.06	-30.35	-29.81	34.98	28.15
1.00	2.00	-17.58	-129.87	-77.96	18.50	88.67	81.00	49.58	34.34
1.00	2.00	42.44	-23.44	76.94	-35.64	-9.31	-14.77	35.94	-39.60
1.00	2.00	191.48	-178.15	-150.35	-146.56	-95.90	46.56	320.86	249.73
1.00	2.00	7.06	-77.40	-21.86	13.93	67.89	65.85	71.77	-61.94
1.00	2.00	25.69	-50.19	-66.35	-3.40	43.10	49.19	36.98	4.65
1.00	2.00	40.83	-49.75	4.87	8.16	-14.76	9.12	-3.21	23.00
1.00	2.00	-20.41	-270.12	-99.83	186.79	59.46	83.75	186.55	220.25
1.00	2.00	105.98	-78.73	-35.14	-73.77	-24.60	4.11	75.90	39.27
1.00	2.00	52.97	37.76	-84.98	-82.15	60.76	-25.53	35.60	123.85
1.00	2.00	211.60	-206.86	-97.45	19.72	54.35	67.85	142.68	56.47
2.00	1.00	-44.24	-117.74	1.38	-18.08	-17.66	40.97	67.88	175.17
2.00	1.00	125.36	-332.68	-276.72	60.40	167.44	149.86	165.07	157.15
2.00	1.00	-7.57	-7.16	-6.41	-6.28	-3.95	-2.79	4.25	43.17
2.00	1.00	-54.38	-66.75	11.54	11.71	25.75	39.75	24.58	60.00
2.00	1.00	222.15	-22.72	-45.14	53.69	-49.81	-52.60	-44.02	-49.14
2.00	1.00	108.01	-7.74	-45.83	-3.20	36.38	-22.82	-15.95	-25.87
2.00	1.00	67.59	-21.58	-10.87	-13.62	18.96	-14.03	-7.24	0.38
2.00	1.00	70.93	-74.90	-69.31	-32.40	25.43	57.31	37.56	25.19
2.00	1.00	-1.87	-82.95	12.47	6.18	45.43	11.88	31.80	13.09
2.00	1.00	15.08	56.50	-3.58	82.79	-38.08	-55.38	-59.33	19.00
2.00	2.00	-6.71	2.24	13.45	20.45	28.45	30.91	-42.30	-43.21
2.00	2.00	80.77	-92.48	-79.69	-1.94	28.56	105.85	42.48	8.43
2.00	2.00	-50.57	-96.36	-110.61	10.22	49.18	-5.82	151.35	49.52
2.00	2.00	-44.53	-204.53	-72.44	-2.65	155.01	277.26	137.39	-61.99
2.00	2.00	14.56	-89.07	-1.52	85.18	77.10	75.77	-10.40	-34.32
2.00	2.00	37.28	-63.81	-46.52	0.28	16.90	-0.97	4.90	21.32
2.00	2.00	-48.10	-38.18	-142.85	77.98	87.57	26.78	65.45	-31.14
2.00	2.00	15.80	-83.12	-72.53	-58.12	40.13	90.59	32.63	70.80
2.00	2.00	-188.73	-70.86	-102.86	-143.52	-27.98	167.81	228.43	320.81
2.00	2.00	103.50	-44.50	-36.92	-62.13	-49.54	-1.92	0.54	129.13
3.00	1.00	-30.52	-79.68	-91.39	-47.60	-26.76	81.61	207.73	107.32
3.00	1.00	69.19	-42.52	-52.10	-54.64	-19.02	-23.43	29.53	119.56
3.00	1.00	13.61	-114.93	-1.30	-25.84	26.36	94.28	52.32	4.16
3.00	1.00	128.98	3.02	-51.56	-17.27	34.77	-3.56	-21.06	-9.81
3.00	1.00	25.00	-61.29	-19.54	-15.83	4.00	43.04	9.38	73.46
3.00	1.00	14.56	-89.07	-1.52	85.18	77.10	75.77	-10.40	-34.32
3.00	1.00	22.09	20.64	-18.49	-9.57	-17.57	11.30	11.59	11.43
3.00	1.00	62.50	-51.74	-40.41	-22.41	-9.58	74.92	16.51	34.71
3.00	1.00	-1.72	-3.06	-1.89	0.65	-0.64	3.48	11.73	-0.81
3.00	1.00	9.62	41.75	-25.88	6.37	-87.55	12.33	-19.84	-9.63
3.00	2.00	27.00	28.08	-42.50	-38.46	-9.96	4.12	-9.04	-4.17
3.00	2.00	37.71	-77.84	-23.21	16.21	76.66	48.08	43.66	-44.21
3.00	2.00	222.15	-22.72	-45.14	53.69	-49.81	-52.60	-44.02	-49.14
3.00	2.00	67.87	-3.96	-39.96	-20.17	22.08	-2.34	24.16	12.96
3.00	2.00	64.23	-88.35	-28.01	-24.10	-1.27	-0.23	117.77	62.99
3.00	2.00	30.70	-52.84	-30.43	-20.63	-9.84	-5.63	79.91	41.70
3.00	2.00	-35.23	-176.90	-58.61	-0.23	59.68	181.14	89.89	146.35
3.00	2.00	39.75	-15.63	-76.25	-21.50	-3.38	76.29	54.12	50.25
3.00	2.00	56.75	10.30	55.55	-26.16	9.13	2.34	-84.41	-97.91
3.00	2.00	-61.23	-33.56	23.82	-58.56	10.60	17.27	39.10	38.36

ANHANG 26

ABWEICHUNGSWERTE DER HERZPERIDOE VON DEN INDIVIDUELLEN
MITTELWERTEN JEDER VP

GR	MW	R1	A1	RM	RÜ	K1	K2	K3	K4
1.00	1.00	-69.95	-4.04	27.65	23.93	23.25	41.81	-19.19	-14.33
1.00	1.00	-165.03	32.29	16.30	25.76	14.14	16.14	25.16	18.58
1.00	1.00	10.43	-60.48	-39.40	45.22	-16.45	30.82	77.80	48.58
1.00	1.00	1.05	-38.10	10.11	0.50	16.16	-3.08	8.30	-0.22
1.00	1.00	56.82	-32.33	-54.76	-60.48	40.52	85.67	64.33	79.60
1.00	1.00	21.37	-17.13	-14.99	-27.70	36.45	69.46	-20.80	51.54
1.00	1.00	42.24	-59.32	-37.94	3.92	30.84	33.00	37.34	5.27
1.00	1.00	48.91	-70.80	-16.63	-56.02	-2.95	40.29	62.95	57.63
1.00	1.00	61.93	-9.26	-31.33	-14.26	22.42	-18.31	8.39	-8.18
1.00	1.00	30.39	7.28	17.04	41.45	-5.33	-49.50	-36.36	-19.75
1.00	2.00	-6.44	-36.18	-37.80	-11.52	55.45	15.04	22.56	41.42
1.00	2.00	131.00	-69.36	-62.79	18.58	-49.49	-19.85	31.76	31.60
1.00	2.00	57.00	-72.34	4.44	-18.03	6.38	6.43	71.14	48.81
1.00	2.00	101.19	-14.75	95.59	73.93	75.84	-18.57	-344.87	-0.15
1.00	2.00	55.12	-36.12	-90.20	-60.75	9.92	36.40	58.25	70.79
1.00	2.00	9.98	-64.25	-97.60	-5.67	117.43	48.42	11.97	65.46
1.00	2.00	74.55	-108.71	-76.20	10.09	-35.57	37.55	102.39	94.52
1.00	2.00	27.30	-10.22	-36.79	-12.42	21.62	12.50	11.74	-6.93
1.00	2.00	80.07	-16.34	-34.29	-35.91	18.22	19.42	43.40	5.38
1.00	2.00	82.86	-75.47	2.93	-26.97	-32.49	7.89	36.26	83.02
2.00	1.00	20.12	-0.43	-58.51	-73.53	2.31	25.62	41.59	63.58
2.00	1.00	10.41	-107.35	-19.20	51.87	82.59	6.59	31.87	99.83
2.00	1.00	40.63	-32.80	-28.00	-38.48	-38.96	8.80	54.38	65.34
2.00	1.00	49.19	-132.98	-34.75	5.65	64.60	58.77	59.21	36.46
2.00	1.00	23.05	-0.90	-3.89	5.62	43.03	3.04	-31.44	-30.16
2.00	1.00	32.29	-38.93	-58.67	-10.31	22.57	36.19	28.53	22.09
2.00	1.00	86.52	-57.32	-55.56	-32.41	31.72	29.28	53.58	81.99
2.00	1.00	-30.24	-56.44	15.77	0.14	4.10	71.90	36.41	42.33
2.00	1.00	8.43	-98.59	-19.68	-12.09	40.85	72.38	35.11	44.30
2.00	1.00	21.19	-7.82	-1.14	10.14	1.68	5.89	-2.54	-17.91
2.00	2.00	79.69	4.11	-6.38	-38.65	-73.31	14.45	22.16	31.21
2.00	2.00	34.18	-1.90	-33.80	-27.10	20.44	10.24	8.52	14.36
2.00	2.00	61.94	3.91	28.68	21.74	-1.64	-29.19	-50.75	32.04
2.00	2.00	31.75	-17.37	20.35	40.04	78.26	32.36	-122.04	-95.44
2.00	2.00	-73.49	-68.58	-37.37	23.40	-20.86	5.81	47.82	37.86
2.00	2.00	5.24	-80.32	-17.47	-6.94	33.87	48.44	51.49	2.63
2.00	2.00	22.83	-41.87	15.11	-22.09	4.28	30.92	16.93	25.31
2.00	2.00	68.43	-31.88	-24.10	-50.58	0.89	20.18	23.85	2.77
2.00	2.00	-31.90	-14.83	-21.26	-11.19	-4.25	32.07	32.86	47.71
2.00	2.00	-2.24	-132.54	42.01	41.52	40.32	26.54	82.72	35.48
3.00	1.00	-42.64	-81.77	-10.54	-57.20	37.57	66.06	66.90	78.85
3.00	1.00	33.62	-40.45	-91.25	-34.90	48.91	20.31	36.07	54.36
3.00	1.00	-4.75	-77.56	-35.82	-3.57	13.48	37.01	55.46	48.33
3.00	1.00	59.55	-104.25	-16.65	-8.18	56.58	34.73	16.86	43.74
3.00	1.00	-12.16	-10.88	27.21	-30.56	3.78	7.40	20.59	26.47
3.00	1.00	-73.05	-68.17	-37.14	23.25	-20.74	5.77	47.53	37.62
3.00	1.00	91.38	-50.43	1.70	-17.47	-20.47	-72.25	13.00	109.35
3.00	1.00	26.13	-97.53	-78.30	-72.99	19.00	98.88	79.97	123.04
3.00	1.00	-12.09	35.80	-9.41	2.49	-13.02	-27.92	-0.73	36.31
3.00	1.00	-32.59	-28.68	-19.74	-18.21	12.42	41.33	34.91	35.89
3.00	2.00	2.39	-7.13	-1.63	-0.78	-11.10	16.12	6.48	-3.15
3.00	2.00	106.24	-31.68	82.66	62.09	60.11	-13.38	-323.78	23.20
3.00	2.00	22.01	-0.86	-3.71	5.37	41.08	2.91	-30.02	-28.30
3.00	2.00	41.58	1.97	0.77	-4.55	-25.70	2.67	-1.04	-17.82
3.00	2.00	24.60	-139.24	-17.73	3.67	114.46	82.31	52.22	50.06
3.00	2.00	-15.35	7.47	-41.18	-37.98	7.14	18.76	18.19	33.04
3.00	2.00	-4.57	-12.16	-7.37	11.03	2.05	12.86	2.31	10.13
3.00	2.00	102.46	-69.34	8.83	26.19	-36.61	22.63	-2.87	36.76
3.00	2.00	2.56	-27.64	-23.38	19.20	5.67	14.92	7.37	-2.46
3.00	2.00	4.38	-31.69	-8.23	5.32	-4.74	4.99	42.19	49.84

ANHANG 27

ABWEICHUNGSWERTE DER PULSWELLENLAUFZEIT VON DEN INDIVIDUELLEN
MITTELWERTEN JEDER VP

GR	MW	R1	A1	RM	RÜ	K1	K2	K3	K4
1.00	1.00	-28.24	-2.70	5.04	-3.02	9.33	12.62	9.31	2.17
1.00	1.00	4.33	-9.96	8.71	-6.96	-14.76	19.85	14.89	-15.56
1.00	1.00	-40.29	-1.53	-26.30	-90.70	40.15	37.43	24.49	20.12
1.00	1.00	46.67	-43.86	-63.93	21.41	36.66	17.67	29.15	6.43
1.00	1.00	52.18	-33.62	-37.39	-17.68	-17.57	30.51	15.92	47.53
1.00	1.00	12.70	1.08	-1.89	-9.75	-0.81	2.12	-1.57	3.67
1.00	1.00	7.89	-23.05	3.47	-31.36	-57.03	43.30	49.29	64.97
1.00	1.00	22.28	10.21	-27.74	-4.61	8.95	-10.60	-7.48	-4.86
1.00	1.00	24.34	-50.57	-6.38	17.04	1.85	12.14	28.97	16.24
1.00	1.00	16.51	-1.23	-16.24	7.49	8.70	-5.03	6.78	14.75
1.00	2.00	-12.77	-4.86	2.68	4.48	1.39	4.14	-1.18	0.02
1.00	2.00	16.98	-1.28	23.30	-6.32	-9.85	6.37	7.33	-19.74
1.00	2.00	17.20	-24.13	-1.84	-16.52	11.23	11.34	16.05	4.37
1.00	2.00	-5.19	0.99	3.28	-1.80	-11.60	8.89	10.32	4.41
1.00	2.00	36.92	6.75	-50.56	-51.16	7.56	12.59	23.34	21.95
1.00	2.00	45.00	-12.31	2.66	-18.54	-22.01	27.68	0.13	-8.85
1.00	2.00	-12.75	-5.01	-4.65	-0.54	-1.66	6.37	10.59	12.46
1.30	2.00	-1.99	-2.29	-1.90	3.87	2.92	-4.44	1.30	7.38
1.00	2.00	-9.05	-10.66	-5.05	-3.41	6.44	8.27	12.49	12.77
1.00	2.00	11.79	-5.43	-5.18	-3.07	-1.72	-2.72	7.10	5.45
2.00	1.00	-29.20	-43.04	23.90	-3.52	-0.41	27.76	20.46	58.73
2.00	1.00	15.39	-2.67	-7.15	-4.31	1.83	11.94	-2.10	7.70
2.00	1.00	-0.81	12.38	2.03	-4.66	6.54	4.60	-2.21	5.70
2.00	1.00	-22.42	-31.26	-39.01	25.48	23.04	37.30	5.59	30.01
2.00	1.00	47.34	-22.36	-19.48	18.31	-10.28	-3.38	-12.40	-14.83
2.00	1.00	7.45	1.92	-10.83	-4.30	5.05	4.38	5.46	-1.30
2.00	1.00	69.18	-13.35	1.16	17.88	-7.93	-22.83	-2.93	-24.89
2.00	1.00	6.41	4.20	-7.08	-2.69	-9.70	-0.30	5.01	4.09
2.00	1.00	-1.79	-5.49	-2.12	-1.35	4.27	9.89	-0.47	5.54
2.00	1.00	-12.44	2.04	1.25	2.01	0.81	1.95	1.59	2.00
2.00	2.00	-18.96	1.96	-6.61	3.04	3.21	6.23	5.31	0.11
2.00	2.00	16.56	-12.31	-7.06	0.38	3.38	7.19	2.57	-1.61
2.00	2.00	-30.01	4.43	28.57	77.02	8.45	-30.12	-58.59	-5.55
2.00	2.00	31.80	-10.42	-25.89	-5.89	1.26	-6.16	0.45	12.23
2.00	2.00	8.95	-27.39	23.51	44.74	33.77	14.73	-26.66	-8.91
2.00	2.00	-8.92	7.93	10.23	6.48	-6.29	-16.03	-17.41	6.82
2.00	2.00	21.20	16.59	-38.21	17.42	-0.38	-8.69	-27.65	-29.05
2.00	2.00	-2.07	1.12	-9.66	-22.65	6.60	9.54	6.72	9.30
2.00	2.00	-0.68	1.79	2.54	4.03	3.27	-9.10	-3.36	-4.37
2.00	2.00	0.54	-15.32	0.03	6.10	4.36	7.42	9.73	10.71
3.00	1.00	-0.33	-37.30	0.71	-7.85	17.50	7.41	-0.63	4.79
3.00	1.00	2.23	9.86	8.79	12.50	10.16	3.45	14.69	-44.59
3.00	1.00	-14.04	3.09	4.70	-1.69	-1.69	2.39	-0.02	-1.46
3.00	1.00	-11.22	-13.12	-9.68	8.44	1.39	7.63	3.27	-5.59
3.00	1.00	-3.22	12.84	-9.63	-8.39	6.36	0.34	4.22	9.50
3.00	1.00	8.98	-27.49	23.60	44.90	33.89	14.78	-26.75	-8.94
3.00	1.00	5.45	3.70	3.99	3.36	1.87	-2.88	-4.83	-3.42
3.00	1.00	5.36	-12.79	-10.76	-7.69	1.50	9.82	12.28	14.96
3.00	1.00	-3.75	-1.08	-4.47	5.18	-1.94	-2.61	-4.91	11.16
3.00	1.00	-1.33	0.34	-0.10	-1.85	-0.54	2.49	3.43	3.44
3.00	2.00	0.19	-0.51	-0.20	0.42	0.28	-0.03	0.24	-0.26
3.00	2.00	-2.47	-0.40	3.41	-2.43	-11.08	8.22	11.47	2.81
3.00	2.00	47.35	-22.36	-19.48	18.31	-10.28	-3.38	-12.39	-14.82
3.00	2.00	13.58	-2.35	-11.33	8.02	19.30	28.45	-3.66	-1.57
3.00	2.00	6.17	19.82	18.53	-4.40	-29.65	-14.11	-1.15	-25.65
3.00	2.00	-18.37	-2.43	-4.97	-3.45	2.17	7.68	5.70	16.07
3.00	2.00	16.49	-59.78	-45.30	37.61	1.67	42.48	15.57	44.13
3.00	2.00	3.41	-7.07	-3.51	-0.51	0.14	3.59	7.14	10.44
3.00	2.00	0.14	5.86	.93	-16.81	5.77	1.36	-4.17	5.35
3.00	2.00	-6.48	3.36	-6.31	3.87	1.82	0.82	3.01	-0.71

ANHANG 28

ABWEICHUNGSWERTE DER HAUTLEITFÄHIGKEIT VON DEN INDIVIDUELLEN
MITTELWERTEN JEDER VP

GR	MW	R1	A1	RM	RÜ	K1	K2	K3	K4
1.00	1.00	3.48	0.12	-0.33	1.04	-1.30	0.93	-1.40	-0.84
1.00	1.00	0.51	-2.11	-0.66	-1.86	0.88	-1.84	-1.52	6.61
1.00	1.00	1.92	1.04	0.97	0.13	0.09	0.35	0.06	-4.38
1.00	1.00	-8.06	3.87	-2.73	4.73	4.70	-5.44	0.05	1.00
1.00	1.00	-1.47	-0.41	-2.86	-0.49	1.22	2.36	2.52	3.48
1.00	1.00	1.29	1.86	2.12	-0.42	-2.78	-1.16	-0.16	0.86
1.00	1.00	-0.32	-1.06	-1.03	0.98	0.38	1.20	-1.57	-1.16
1.00	1.00	-2.99	0.77	1.48	-3.42	2.42	2.94	-1.77	2.37
1.00	1.00	-0.05	0.74	2.11	-1.75	-1.68	0.90	0.79	-0.90
1.00	1.00	1.97	0.65	0.75	1.42	0.85	-1.74	1.36	0.15
1.00	2.00	-1.45	0.89	0.61	0.60	0.53	0.56	-1.27	-2.47
1.00	2.00	3.53	2.65	-2.11	1.12	-3.26	-2.16	0.61	-0.60
1.00	2.00	1.74	-1.40	1.44	-1.07	-2.34	3.26	2.31	3.37
1.00	2.00	-7.11	1.68	-1.92	1.41	1.19	1.60	1.91	1.48
1.00	2.00	-1.66	1.40	-0.10	0.96	1.27	1.34	0.03	-1.84
1.00	2.00	0.85	1.36	-3.03	-1.71	0.92	0.94	0.99	0.73
1.00	2.00	0.63	0.49	0.46	-0.60	-1.41	-2.16	2.38	1.07
1.00	2.00	12.06	4.40	-9.34	6.30	-2.93	-5.18	1.44	-2.17
1.00	2.00	2.58	0.30	-1.05	-0.72	-0.88	-0.79	-0.23	-1.29
1.00	2.00	0.21	1.25	1.15	1.09	-0.37	-1.79	-0.50	0.93
2.00	1.00	1.99	1.11	1.04	0.80	-1.54	-1.00	-0.62	-1.67
2.00	1.00	-2.46	-2.34	-2.42	1.86	1.09	1.28	-0.60	2.15
2.00	1.00	0.19	2.13	-0.80	1.83	-0.90	-0.99	1.82	-1.44
2.00	1.00	-6.83	-0.23	0.95	-0.63	5.68	6.50	0.65	-3.26
2.00	1.00	-5.52	-0.84	0.36	0.25	0.56	1.38	0.76	-0.21
2.00	1.00	0.78	0.94	-0.36	-1.40	2.02	2.02	-3.82	-0.90
2.00	1.00	0.92	0.37	-2.35	-1.97	-0.98	3.53	2.86	-1.36
2.00	1.00	0.52	0.60	-1.05	0.45	-0.15	1.48	1.55	-2.57
2.00	1.00	-6.01	-1.51	1.21	0.61	1.15	1.14	0.69	-1.37
2.00	1.00	1.61	0.49	-0.12	-0.19	-0.19	-1.26	-0.03	-0.30
2.00	2.00	-3.61	3.34	-1.28	3.09	1.37	2.79	-1.94	-0.04
2.00	2.00	1.79	1.07	0.95	-3.26	2.97	-2.69	-0.72	1.98
2.00	2.00	0.94	-0.14	-0.71	-0.11	-0.12	0.56	0.21	0.11
2.00	2.00	-7.07	0.29	-1.99	2.11	-0.77	2.57	2.26	-1.72
2.00	2.00	1.43	-0.46	-0.02	-2.88	0.40	1.64	0.89	1.05
2.00	2.00	-1.66	-0.15	0.72	0.89	-1.32	1.41	-0.06	0.66
2.00	2.00	0.70	-0.55	-1.31	1.77	-1.81	2.45	-1.98	-2.65
2.00	2.00	-4.14	0.99	0.70	0.38	0.33	0.62	0.71	-0.26
2.00	2.00	-0.70	0.69	1.61	2.25	0.35	-0.72	-2.15	1.11
2.00	2.00	6.51	3.00	-7.76	0.39	-4.64	-0.17	-1.72	0.86
3.00	1.00	8.32	-3.21	-8.32	-10.59	-0.15	2.71	7.01	7.58
3.00	1.00	3.94	0.84	-0.98	-0.55	-0.87	-0.55	-2.70	-1.74
3.00	1.00	4.04	-1.43	0.81	-2.63	-0.13	-0.57	-0.01	-0.28
3.00	1.00	-3.58	1.01	0.25	-2.94	1.14	-0.01	1.99	1.88
3.00	1.00	0.08	2.33	2.17	-1.54	1.67	-6.04	-0.02	1.02
3.00	1.00	1.46	-0.47	-0.03	-2.94	0.41	1.67	0.91	1.06
3.00	1.00	7.88	6.63	-1.28	-3.49	-7.19	-5.03	-0.01	10.30
3.00	1.00	-2.34	-1.91	0.94	0.88	0.99	1.54	-1.30	0.79
3.00	1.00	0.94	-0.38	0.39	0.08	-0.14	-1.22	0.95	0.77
3.00	1.00	-4.95	-1.80	-1.92	0.99	-0.30	1.85	4.05	1.14
3.00	2.00	0.05	0.16	-0.34	-0.62	-0.05	0.15	0.12	0.13
3.00	2.00	-2.74	1.20	-2.25	0.93	0.74	1.12	1.39	0.90
3.00	2.00	-5.50	-0.83	0.36	0.25	0.57	1.38	0.76	-0.21
3.00	2.00	1.37	0.83	-0.31	-0.42	0.71	-0.17	-0.38	-1.76
3.00	2.00	-0.73	3.48	-0.31	-1.57	-0.83	-0.49	-1.88	-1.34
3.00	2.00	4.97	0.25	-1.00	-0.70	-0.68	-0.94	-0.46	-1.28
3.00	2.00	2.64	0.82	-3.87	0.06	0.09	1.33	-1.30	-0.07
3.00	2.00	-31.95	-5.52	5.49	6.15	6.46	6.26	5.71	6.00
3.00	2.00	-1.59	0.93	0.96	0.25	0.15	0.03	0.00	0.14
3.00	2.00	3.52	-0.90	0.17	-3.71	0.54	-1.33	0.80	1.48

ANHANG 29

ABWEICHUNGSWERTE DER HÄUFIGKEIT DER EMG-RESETS VON DEN INDIVIDUELLEN
MITTELWERTEN JEDER VP

GR	MW	R1	A1	RM	RÜ	K1	K2	K3	K4
1.00	1.00	3.41	0.08	-0.51	-0.22	-0.71	-1.00	-1.13	-1.42
1.00	1.00	-1.98	0.14	-0.36	1.10	0.77	1.68	1.27	-1.19
1.00	1.00	0.31	-0.07	-0.19	-0.24	-0.15	0.06	0.14	-0.28
1.00	1.00	0.27	-0.31	0.35	-0.15	-0.19	0.77	0.19	-0.40
1.00	1.00	0.41	-0.29	-0.25	-0.25	-0.21	-0.17	0.95	-0.04
1.00	1.00	1.19	0.48	0.03	-0.05	-0.81	-0.06	-0.68	0.03
1.00	1.00	0.02	-0.02	-0.15	-0.06	0.27	0.02	-0.02	0.02
1.00	1.00	0.87	0.46	-0.09	-0.46	-0.50	-0.25	-0.25	-0.34
1.00	1.00	-0.24	-0.03	-0.07	0.10	0.06	-0.15	-0.03	0.26
1.00	1.00	-0.67	0.00	-0.17	-0.21	0.79	-0.21	-0.17	0.29
1.00	2.00	0.03	-0.55	0.28	-0.09	-0.01	0.03	0.12	0.03
1.00	2.00	0.36	-0.14	-0.10	0.07	-0.14	0.03	0.11	-0.01
1.00	2.00	0.26	-0.23	-0.15	0.97	-0.20	-0.24	0.01	-0.03
1.00	2.00	0.43	-0.24	-0.24	-0.03	-0.19	0.10	-0.11	0.02
1.00	2.00	0.39	-0.07	-0.44	-0.19	-0.07	0.48	0.06	-0.19
1.00	2.00	0.23	-0.73	0.06	0.10	0.10	0.27	0.06	-0.31
1.00	2.00	-0.52	0.10	0.10	-0.48	0.10	0.10	0.23	0.14
1.00	2.00	1.00	0.04	-0.09	-0.34	-0.21	0.08	-0.09	-0.21
1.00	2.00	0.88	-0.04	-0.34	-0.29	0.29	0.04	-0.04	-0.13
1.00	2.00	0.24	-0.51	-0.35	-0.68	0.07	0.57	1.11	0.57
2.00	1.00	0.51	-0.58	-0.04	-0.12	0.05	0.04	0.09	0.17
2.00	1.00	-1.43	1.19	0.86	-0.10	-0.10	-0.06	-0.10	-0.10
2.00	1.00	-0.41	-0.70	0.13	0.96	-0.58	0.17	0.17	0.13
2.00	1.00	0.22	-0.78	-0.87	0.18	0.18	0.26	0.18	0.26
2.00	1.00	0.05	-0.24	-0.29	0.46	0.55	-0.28	-0.37	-0.16
2.00	1.00	0.10	-0.03	-0.24	-0.07	-0.07	-0.07	0.01	1.05
2.00	1.00	0.44	-0.06	-0.06	0.07	0.19	-0.02	0.15	0.15
2.00	1.00	0.26	-0.32	-0.28	0.51	-0.15	0.01	0.26	0.01
2.00	1.00	0.18	0.43	-0.11	-0.24	0.22	0.01	-0.03	-0.28
2.00	1.00	1.23	-0.99	-0.11	0.10	0.27	-0.23	-0.15	-0.11
2.00	2.00	-0.02	0.11	0.19	-0.23	-0.27	0.02	0.03	0.11
2.00	2.00	1.32	-0.10	-0.26	-0.14	-0.05	-0.51	-0.09	-0.35
2.00	2.00	0.37	0.12	0.20	0.67	-0.09	-0.21	-0.34	-0.38
2.00	2.00	0.33	-0.04	-0.92	0.08	0.12	0.08	0.08	0.04
2.00	2.00	0.51	0.01	0.09	0.05	-0.54	0.05	0.01	0.09
2.00	2.00	-1.32	1.14	1.97	0.27	-0.53	0.23	-3.44	-0.19
2.00	2.00	0.22	0.05	-0.03	-0.24	-0.03	0.05	0.09	0.01
2.00	2.00	0.22	0.14	0.05	-0.11	0.39	0.22	0.06	-0.78
2.00	2.00	0.52	-0.06	-0.15	-0.11	-0.15	-0.19	-0.15	-0.19
2.00	2.00	0.63	-0.75	1.21	0.96	-0.70	1.13	0.42	-0.62
3.00	1.00	-6.13	-1.62	0.54	-4.13	1.38	2.29	2.21	0.63
3.00	1.00	0.21	0.00	-0.08	0.21	0.37	0.21	-0.25	-0.54
3.00	1.00	0.15	0.36	-0.14	-0.02	-0.23	-0.06	-0.02	-0.02
3.00	1.00	0.04	-0.25	-0.13	-0.13	0.91	-0.05	-0.34	-0.09
3.00	1.00	-0.05	-0.09	-0.05	-0.13	0.03	-0.47	0.74	0.03
3.00	1.00	0.51	0.01	0.09	0.05	-0.54	0.05	0.01	0.09
3.00	1.00	-0.13	-0.13	0.87	-0.13	-0.17	0.41	-0.13	-0.30
3.00	1.00	0.28	-0.28	-0.41	-0.24	-0.16	1.05	-0.07	0.01
3.00	1.00	-0.14	0.86	0.28	0.45	0.57	-0.35	0.95	-1.05
3.00	1.00	0.27	0.10	0.27	-0.28	-0.52	0.14	0.14	0.10
3.00	2.00	3.47	4.10	3.43	-0.11	-2.03	-2.07	-2.36	-11.78
3.00	2.00	0.42	-0.25	-0.25	-0.04	-0.20	0.09	-0.12	0.09
3.00	2.00	0.05	-0.24	-0.29	0.46	0.55	-0.28	-0.37	-0.16
3.00	2.00	0.48	0.15	0.11	0.10	-0.44	0.10	-0.19	-0.14
3.00	2.00	0.09	0.17	-0.70	-0.08	0.97	0.09	0.46	-0.66
3.00	2.00	-0.04	0.00	-0.21	0.17	0.04	0.12	-0.04	0.00
3.00	2.00	-0.11	-0.11	-0.32	-0.11	-0.11	0.01	0.14	-0.07
3.00	2.00	-3.13	5.08	3.37	-0.84	-0.80	-2.88	-2.21	-2.96
3.00	2.00	-0.30	0.32	0.12	0.12	0.62	0.16	0.11	-0.22
3.00	2.00	0.36	-0.27	-0.23	0.11	-0.22	-0.18	-0.05	0.40

ANHANG 30

ITEMS DER NACHBEFRAGUNG

ICH KONNTE MICH BEI DER BEARBEITUNG DER LETZTEN AUFGABEN GEDANKLICH VOLLSTAENDIG KONZENTRIEREN.

DAS WISSEN UM DIE FESTSTELLUNG DER LOESUNGSZEIT STOERTE MICH.

ICH WAR VOR DER BEARBEITUNG DER AUFGABEN DER MEINUNG, DIESE MINDESTENS DURCHSCHNITTLICH ZU LOESEN.

ICH FAND DIE LETZTE AUFGABEN-SERIE INTERESSANT.

ICH STREBTE DANACH, SO GUT WIE MOEGLICH ABZUSCHNEIDEN.

MEINE GEDANKEN WAREN BEI DER BEARBEITUNG DER LEZTEN AUFGABEN IMMER NOCH BEI DEN VORANGEGANGENEN.

ICH EMPFAND ES ALS ERLEICHTERND, DASS DER VERSUCHSLEITER NICHT PERSOENLICH ANWESEND WAR.

ICH WAR WAEHREND DER BEARBEITUNG DER LETZTEN AUFGABENSERIE ZU NERVOES, UM DIESE EFFEKTIV BEARBEITEN ZU KOENNEN.

ICH HABE VON ANFANG AN BEFUERCHTET, SCHLECHT ABZUSCHNEIDEN.

ICH HABE MIR VOR DEN EINZELNEN ZUEGEN GEDANKEN UEBER DEREN NUTZEN FUER DIE AUFGABENLOESUNG GEMACHT.

DIE TATSACHE, DASS PARALLEL ZU DER AUFGABENBEARBEITUNG PHYSIOLOGISCHE MESSUNGEN ERHOBEN WURDEN, HAT MICH SEHR GESTOERT.

IM NACHHINEIN MUSS ICH FESTSTELLEN, DASS ICH DIE ART DER AUFGABEN-BEARBEITUNG DOCH NICHT RICHTIG VERSTANDEN HABE.

ES GAB PHASEN BEI DER AUFGABENBEARBEITUNG, IN DENEN ICH EHER "BLIND" GESPIELT HABE.

DIE ANGELEGTEN ELEKTRODEN UND MESSFUEHLER HABEN MICH WAEHREND DER AUFGABENBEARBEITUNG BEHINDERT.

DIE AUFGABENBEARBEITUNG DAUERTE MIR ZU LANGE.

ICH BEMERKTE BEI MIR EINEN DEUTLICHEN UEBUNGSEFFEKT.

ICH EMPFAND DIE AUFGABEN-SITUATIONEN ALS BELASTEND.

INSGESAMT BIN ICH MIT MEINEN LEISTUNGEN IN DEN AUFGABEN ZUFRIEDEN.

ICH HABE BEI DER BEARBEITUNG DER AUFGABEN MEIN BESTES GEGEBEN.

ICH FUEHLTE MICH WAEHREND DER BEAREITUNG DER AUFGABEN ZEITWEISE GEDANKLICH BLOCKIERT.

AN VERSCHIEDENEN PUNKTEN WAEHREND DER AUFGABENBEARBEITUNG HAETTE ICH AM LIEBSTEN GEFLUCHT.

ICH HABE DIE AUFGABEN SEHR UEBERLEGT BEARBEITET.

MICH WUERDE STARK INTERESSIEREN, WIE ICH IN DEN LETZTEN AUFGABEN ABGESCHNITTEN HABE.

ICH WAR WAEHREND DER AUFGABENBEARBEITUNG MOTORISCH SEHR UNRUHIG.

ES GAB PHASEN WAEHREND DER AUFGABENBEARBEITUNG, IN DENEN ICH NICHT RECHT VORANKAM.

MEINE LEISTUNGEN, DIE ICH HEUTE ZEIGTE, ENTSPRECHEN NICHT MEINER ALLGENEMEINEN LEISTUNGSGFAEHIGKEIT.

ICH HABE MICH UEBER MEINE LEISTUNG BEI DER EINSCHAETZUNG DER NOT-WENDIGEN ZUGZAHL GEFREUT.

ICH WUERDE NOCHMALS AN DER UNTERSUCHUNG TEILNEHMEN.

ICH HABE MIT DEM GEDANKEN GESPIELT, DEN VERSUCH ABZUBRECHEN.

ANHANG 31

DARSTELLUNG DER ZU BEARBEITENDEN UMORDNUNGSAUFGABE AUF DEM
BILDSCHIRMTERMINAL

```
!111111111111!222222222222!333333333333!
!1          1!2          2!3          3!
!1          1!2          2!3          3!
!1          1!2    4     2!3    5     3!
!1          1!2          2!3          3!
!1          1!2          2!3          3!
!111111111111!222222222222!333333333333!
!444444444444!555555555555!666666666666!
!4          4!5          5!6          6!
!4          4!5          5!6          6!
!4    2     4!5    3     5!6    1     6!
!4          4!5          5!6          6!
!4          4!5          5!6          6!
!444444444444!555555555555!666666666666!


   ZAHL? =    VON FELD-NR. ? =    NACH FELD-NR. ? = ■
```